Monika Zebert

Der sechzigste Geburtstag und seine erdigen Aspekte

Monika Zebert, Jahrgang 1954, lebt in Stuttgart-Degerloch. Als Diplom-Sozialpädagogin arbeitete sie beruflich jahrelang mit straffälligen jungen Menschen und verfasste schriftliche und mündliche gutachterliche Stellungnahmen für das Jugendstrafverfahren.

Im Urlaub ist sie fast ausschließlich mit dem Fahrrad unterwegs. Nichts begeistert sie so sehr, wie der direkte Kontakt zur Natur und zu den Menschen. Der Rhythmus der Landschaft, das Licht der Sonne und die Dynamik von Wind und Wetter als ständigem Begleiter, was gibt es Schöneres.

Dies ist ihre erste Buchveröffentlichung.

Monika Zebert

Der sechzigste Geburtstag und seine erdigen Aspekte

Mit dem Fahrrad durch die Anden

Für alle, die ihr geistiges Nest verlassen wollen.

———————————

„Kaum sind wir heimisch einem Lebenskreise,
Und traulich eingewohnt, so droht Erschlaffen.
Nur wer bereit zu Aufbruch ist und Reise,
Mag lähmender Gewöhnung sich entraffen".

Hermann Hesse

IMPRESSUM
Der sechzigste Geburtstag und seine erdigen Aspekte
Monika Zebert

Bibliografische Information der Deutschen Nationalbibliothek:
Die Deutsche Nationalbibliothek verzeichnet diese Publikation in der
Deutschen Nationalbibliografie; detaillierte bibliografische Daten sind
im Internet über   http://dnb.dnb.de abrufbar.
Bildnachweis: Fotos von Monika Zebert
                        Eva-Maria Kroll S. 149 oben, S. 155 unten
Umschlaggestaltung: Monika Zebert, Jakob Pott
© 2020 Monika Zebert

Herstellung und Verlag: BoD – Books on Demand, Norderstedt
ISBN: 978-3-752625301

Inhalt

Prolog

„Maquehue" prangt in großen roten Lettern am Flughafengebäude. Soeben waren wir gelandet und in unserer überhitzten Winteraufmachung steif die Metallstiege hinunter gestakst. Als ich wieder sicheren Boden unter den Füßen hatte, schaute ich ungläubig zum Flugzeug empor. Noch immer konnte ich es kaum glauben: Wir waren in Chile.

Die Idee, zu meinem sechzigsten Geburtstag mit dem Rad durch Chile und Argentinien zu fahren, hatte meine Freundin Eva schon ein Jahr zuvor geäußert, eine Idee von vielen war das, aber die letzte, die ich mir vorstellen wollte. Ausgerechnet Südamerika, wo ich noch nie den europäischen Boden verlassen hatte, keinen einzigen spanischen Satz sprechen konnte, sollte ich mal eben geschwind mit dem Rad durch die Anden fahren. Lange war ich damit beschäftigt gewesen, diesen ungeheuerlichen Gedanken wieder aus meinem Kopf zu verbannen.

Als wir uns dann doch entschieden, diese Reise anzutreten und Freunde und Verwandte einweihten, waren die Reaktionen verheerend, weit schlimmer als ich mir in meinen kühnsten Vorstellungen hätte ausmalen können. „Raub, Vergewaltigung und Mord" klingt es noch heute in meinen Ohren.

Aber da waren meine Bedenken längst einer wilden Euphorie gewichen. Dank Evas bewundernswerter Hartnäckigkeit. Und nur ihr verdanke ich es, dass ich in den Genuss kam, in Südamerika Staub zu schlucken wie ein Bäckerlehrling, als Eismumie übers Wasser zu schippern und am Ende des Tages irgendwo anzukommen, verdreckt wie ein Sandkastenkind.

Bis zu diesem Vergnügen war es allerdings ein weiter Weg, auf dem ich mich erst noch mit Farbe bekleckern und als Obdachlose durchs Land ziehen durfte. Und Nudeln mussten auch noch aus dem Gebüsch geklaubt werden.

Wir zwei ältere Damen

Für manch Außenstehenden bezeichnet das Wort „Manie" wahrscheinlich sehr treffend unseren emotionalen Zustand, was Fahrradfahren angeht, wir lieben diesen Sport, als Ausgleich zum Alltag und aus purer Freude. Wir sitzen oft und gerne im Sattel, für uns ist Radfahren wie ein in den Tag geschobener Miniurlaub. Radfahren ist unsere Leidenschaft.

Jede von uns hatte für sich irgendwann das Radfahren entdeckt, aus ganz unterschiedlichen Gründen. Als Kind voller Bewegungsdrang, gab es bei mir keinen Knopf, den man auf „Aus" drücken konnte. Hüpfen, toben, Roller fahren gingen nahtlos über in Fußball spielen, Skifahren, Schwimmen und kulminierten in Klettern, Kanusport und Bergwandern. Die Berge hatten es mir endgültig angetan und als hätte noch das Tüpfelchen auf dem „i" gefehlt, entdeckte ich als Studentin in Freiburg das Rennrad, meine große Liebe.

Ab sofort hatte ich die Wanderschuhe gegen das Rennrad getauscht, hatte Hunderte Stunden und Tausende Kilometer im Sattel verbracht und bin noch immer fasziniert davon. Rhythmus, Fahrtwind, Freiheit, Lust an Distanzen und an Geschwindigkeit, all das erlebe ich nur mit dem Fahrrad und ganz besonders in den Bergen. Pässe fahren erzeugt Glücksgefühle, auch wenn man sich manchmal selbst überwinden muss, um dann oben anzukommen und über allem zu stehen. Und dieses Gefühl beflügelt mich, es treibt mich an, motiviert.

Evas sportliche Biografie verlief völlig anders. Sechs Jahre jünger als ich, spielte sie schon als Jugendliche jahrelang erfolgreich Handball im Verein und hatte sich bis zur Regionalliga hochgeworfen. Klein, wild und muskulös war sie die geborene Kreisläuferin und vollführte lauter Bewegungen, die für den Körper nur in Ausnahmefällen vorgesehen und schon gar nicht gewünscht sind. Das machte sie Woche für Woche, Monat für Monat, jahraus, jahrein. Leider, wie sie inzwischen wehmütig denkt, doch um noch eins drauf zu satteln, begann sie Jahre später mit Marathonläufen. Irgendwann meldeten sich Schmerzen im Knie und so ungern sie sich vom Laufen verabschiedete, so begeistert wandte sie sich dem Rennrad zu, um neue sportliche Herausforderungen anzunehmen - eine späte aber große Liebe.

Radfahren als sportliche Betätigung und doch kann „Fahrradfahren" viel mehr. In sattgrünen Wäldern, mit Vogelgezwitscher und Blätterrascheln gehört es zu den besten Methoden, sich gedanklich zu befreien. Vielleicht sollten Psychiater ihre Couch hin und wieder durch ein Mountainbike ersetzen.

Evas Begeisterung fürs Radreisen mit Rucksack auf dem Rücken und Tasche am Lenker zündete bei unserer ersten gemeinsamen Tour von Verona über den Apennin an die Amalfi-Küste, und dann gleich richtig. Die Ungebundenheit hatte sie fasziniert und die wunderbare Möglichkeit, mit eigener Kraft ein Land zu entdecken. Ständig erfreut man sich an neuen Eindrücken, an unverhofften Ausblicken und unverkennbaren Gerüchen. Man ist schnell genug, um voran zu kommen, aber auch langsam genug, um mit den Menschen in Kontakt zu bleiben. Urlaub mit dem Fahrrad, dabei wollten wir bleiben.

Mit der Leidenschaft wuchs auch unser Material und wir kurbeln mit acht Rädern garantiert den statistischen Bundes-Durchschnitt bei Frauen signifikant in die Höhe. Vier Rennräder, zwei Fullies fürs Grobe und zwei Hardtails für „gemischte Bedingungen" sind ein kaum zu bewältigender Aufmarsch an Rädern in einem einzigen Kellerraum. Es musste etwas passieren und dabei halfen uns feuerrote Klapphaken, mit denen wir eine Disziplin in den Abstellraum brachten, ähnlich der in Schweizer Bahn-Gepäckwagen. Dank ihnen baumeln sie nun senkrecht an der Wand, auch wenn vor dem Baumeln erst noch ein Uraltmöbel meiner Großmutter das Feld „räumen" musste. Evas Mission.

Omas Küchenbuffet

Fast jeden Winter, wenn die Tage eine kleine Statistenrolle zwischen den Nächten spielen, befällt Eva eine gewisse Dramatik, eine innere Rastlosigkeit, die sie fahrig und unzufrieden nach außen trägt. Es ist die Zeit, in der man kaum aufs Rad kommt. So war es auch in diesem Winter, kurz nachdem mir ihre Chile-Idee wie ein Donnergrollen in die Magengrube gefahren war. Ich zumindest hatte den Eindruck, sie vibrierte hoch explosiv von Zimmer zu Zimmer. Andauernd stöberte sie nach einem Ventil, zuckte von einer Aktivität zur andern und wusste nicht wohin mit ihrem Drang und ihrer Unruhe. Räder überholen, Kleiderschränke ausmisten, Schubladen neu organisieren, Bücher aussortieren, Garage aufräumen, keine Idee schlug ein, waren nur Brosamen für ihren hungrigen Rachen. Etwas Großes musste es sein, etwas Richtiges, am liebsten etwas Handwerkliches. Ihre Anspannung hätte den Kessel zum Platzen gebracht, wäre sie nicht zufällig ihrer Beschäftigung begegnet.

Es war beim Sprudel holen, als sie nebst Flaschen auch gleich unsere winterliche Aufgabe aus dem Keller mitbrachte: "Wir werden Omas Küchenbüfett restaurieren und in die Wohnung integrieren!" Das war so entschlossen formuliert, dass sich der Spielraum für Diskussionen auf ein Minimum reduzierte. Es war mehr ein Befehl, der lediglich durch ein begeistertes Lächeln abgemildert wurde.

Hätte ich ihre vor fünf Wochen geäußerte Geburtstags-Idee, zu meinem Sechzigsten mit dem Rad durch Chile zu fahren, nicht so forsch ad acta gelegt, wäre mir die Zwickmühle erspart geblieben, in der ich mich nun sah. Die Wahl zwischen einer Fahrt ins Ungewisse und dem modrigen Keller. Denn zweimal „Nein" hätte Alltagszerwürfnis bedeutet, heimische Schieflage und die galt es zu vermeiden. Also wählte ich den Keller, der mir wesentlich vertrauter und näherlag und ließ mich auf die Restaurierung des nikotingelben, tattrigen Oma-Möbels mit der „bemerkenswerten Ausstrahlung" ein, das so unverrückbar hinter acht Rädern in der Ecke stand. Immer im Hinterkopf, dass damit sämtliche südamerikanischen Nebengeräusche verstummten.

„Entweder/Oder", kreiste in meinem Kopf, und eine Woche Bedenkzeit hatte ich mir auch ausbedungen.

Es war eines der Zugeständnisse, das man, kaum dass es ausgesprochen war, augenblicklich bereut.

Das Küchenbuffet meiner verstorbenen Großmutter ist mindestens hundert Jahre alt und besteht aus einem filigranen Oberteil und einem gigantisch schweren Unterteil mit drei Schubladen und zwei Türen. Die obere Thematik, von einem überdimensionalen Napoleon-Hut überkragt mit zwei gedrechselten Säulen und zwei Glastürchen ist professionell verzapft und verklebt und stand seit über vierzig Jahren unbewegt in der hinteren Ecke des Kellers. Seit meinem Einzug beherbergte es Elektroartikel, Fahrradzubehör, Bohrmaschine, Sägen, Maler- und Tapeziergerätschaften, Gartenutensilien und vieles mehr. Nichts sprach dafür, an diesem sinnvollen Gebrauch irgendetwas zu verändern, an der bemitleidenswerten Gesamtverfassung dieses Möbels mit den klemmenden Türchen, den polternden Schubladen, dem gesprungenen Lack, mit den hässlichen, roten Glasfensterchen und übermalten Schlossbeschlägen. Eingebettet in erdigen Modergeruch bettelte das Möbelstück mit seinen Macken geradezu, den Rest seiner Tage im Keller zu verbringen.

Die Woche war vergangen, wir schritten der großen Aufgabe entgegen, Eva mit viel, ich mit wenig Elan, und strebten zur gewittergrauen Tür des Abstellraumes. Um keinen falschen Eindruck entstehen zu lassen, verbarg sich dahinter kein säuberlich aufgeräumter Raum, wo alles seinen Platz hatte. Der Keller in seiner respektablen Dimension entsprach mehr einem Lagerraum einer Speditionsfirma und umspannte die Ausgeburt meiner Sammelleidenschaft und der weitverbreiteten Mentalität, sich nur schlecht von Dingen trennen zu können. In der kühlen Atmosphäre stritten Koffer, Bollerwagen, Stuhl, Ski und Paddel um die begehrten Plätze, wertvolle, mit einem Teppich verhüllte Ölgemälde klappten in der Ecke gegeneinander, neben Farbbottichen, Blumenübertöpfen, Fliesen und Parkettresten. Körbe, Kisten, Kartons und weiteres Kleinzeug waren mal mehr, mal weniger geschickt dazwischen eingeflochten, alles in die Enge getrieben von Schränken und Regalen. In der Mitte der Flut verhakten sich unsere Räder und in der hintersten Ecke verharrte das unscheinbare Möbel. Kurzzeitig war mir bereits an der Tür der Mut zur Restaurierung abhandengekommen.

Geflecht entwirren stand an und ausräumen. Es blieb uns keine Wahl, als den sperrigen Kram in Richtung Waschküche zu bugsieren und an den Wänden des schmalen Kellergangs entlang zu beugen. Innerhalb kürzester Zeit sah es nach vorbereitetem Sperrmüll aus, nach angeschwemmtem Treibgut, nur eben trocken. Und dann ging es los. Als praktisch kein Stapelplatz mehr zur Verfügung stand, leerten wir den auserwählten Geschirrschrank und stiegen, stolperten oder taumelten dabei je nach Geschwindigkeit und Geschicklichkeit mit dem Handwerkszeug in der Hand über am Boden liegende Sachen und drosselten den engen Kellerdurchgang auf einen einspurigen Pfad herab und verschanzten die Zugänge von acht Parteien.

Leer zeigten sich dann die tatsächlichen Verwüstungen: dichter Holzwurmbefall, gerissene Rückwand, gelöste Stützsäule, kaputter Fuß, gesprungener Kitt, krumme Einlegebretter, konserviert in erdig faulem Kartoffelgeruch. Gehörige Zweifel zerrütteten mein Vorstellungsvermögen zu Chic und Ausstrahlung, wohingegen die Zerstörungen Evas wilden Eifer entfachten, sie glühte vor Entschlossenheit.

Als erstes schraubten wir im gedämpften Schummerlicht die Türchen des Oberteils ab, vielmehr versuchten wir dies zu tun, und erlebten eine frühe Niederlage. Dem Alter des Möbels gebührend, trafen wir Schlitzschrauben an, denen bereits arg zugesetzt worden war. Der einen fehlte der halbe Kopf, der anderen der ganze. Die restlichen Köpfe waren wundgedreht und manche Schraube war gar ein Nagel. Mit Zange, Schere, Spachtel und Messer gingen wir ganz unfachmännisch ans Werk, hebelten, bogen und zerrten an den Scharnieren, die in den über hundert Jahren unzählige Male dick überstrichen worden waren – und bogen sie krumm. Wenn Demontieren mit Demolieren gleichzusetzen war, machten wir alles richtig.

Nach dieser stümperhaften Arbeit stemmten wir unsere vier Büroarme gegen die herrschaftliche Verbindung des Oberteils und drückten was das Zeug hielt, beinahe sah es nach einem Sieg für das Holzgestell aus. Ewig lange wuchteten wir auf der einen, dann auf der anderen Seite und wieder von vorn, bis sich schließlich die Verklebung doch noch mit einem schlagartigen Ruck und berstendem Getöse löste. Der Impuls ließ den Aufsatz derart in die Höhe schnellen, dass er um ein Haar kopfüber auf den Boden gekracht wäre. Aufgeschreckt wackelten wir mit dem Gestell in die Waschküche, wo wir es auf dünnbeinige Holzböcke legten.

Der Aufbau war eine Sache, der Unterbau eine ganz andere. Schwer wie ein Amboss, gab der Block ächzende Töne von sich, als wir an ihm zerrten und da wir nicht lockerließen und ruckartig weiterrissen, schließlich das irre Geheul einer kollabierenden Dampfmaschine von sich. Wir wuchteten bis zum Umfallen und kaum stand der Koloss quer im Raum, trieb uns, zur absolut unpassendsten Zeit, ein ohnmächtiger Hungeranfall fluchtartig in die Wohnung. Wir in der Küche und unten das Chaos.

So sah der Anfang dieser unsäglichen Restaurierung aus und es wurde nicht besser. Der Abstellraum hatte durch die Schrank-Evakuierung seine Funktion eingebüßt, denn nicht nur die ausgeräumten Sachen lagen mitten im Raum, nun versperrten die eigenwilligen Möbelteile hinter der Tür auch noch den Zugang. Der Keller eine Trutzburg, uneinnehmbar.

Wenn es das Wetter zuließ, bugsierten wir das filigran-ausladende Obergestell mit dem monströsen Napoleon-Hut die gewundene Kellertreppe hoch, vors Haus, fädelten uns zwischen Buschwindröschen auf der einen und dichtem Lorbeerstrauch auf der anderen Seite hindurch und legten es mittig auf die aufgestellten Holzböcke. Das war unsere Ouvertüre. Dann zogen wir den Staubschutz übers Gesicht und gingen dem Möbel mit Winkelschleifer, Stahlwolle, Bürste und sonstigen kratzenden Utensilien an den Lack und kippten Spiritus über die Holzwürmer. Es war der Beginn körperlicher Ertüchtigungen, die jedem Orthopäden Zulauf verschaffen: Reinbuckeln ins Innere, beugen über die Seiten, ducken unter die Böcke, bücken, krümmen, verbiegen, einfach lauter schreckliche Übungen, die auf Dauer unbekömmlich sind.

Der feine Lackabrieb verstopfte augenblicklich das Schleifpapier und zwang uns einen rhythmischen Schleifen-Klopfen-Schleifen-Klopfen-Walzer auf, der durch asthmatisches Husten immer wieder jäh unterbrochen wurde. Laut waren wir natürlich auch mit dem kreischenden Material, und so blieb es nicht aus, dass nette Nachbarn kamen. Vor allem die Älteren gaben gerne Tipps und brachten sogar die eine oder andere brauchbare Gerätschaft mit. Krummeisen lieferten sie ab, Flachspachtel, Stemm- und Hobeleisen und noch einiges mehr. Die Mitbringsel kamen sehr gelegen, denn für jede Kante hatten wir nun ein extra Instrument. Plötzlich tobte der Wind um die Ecke und deckelte mit Staub unsere Augen zu. Kurz Rücken durchdrücken, Augen wischen und wieder rein in die Höhle.

Mit diesem ungemütlichen Gehabe verging die Zeit und verschwanden die Lackschichten des Jahrhunderts. Kam noch Regen dazu, hetzten wir mit der ausladenden Angelegenheit in den Hausflur und schauten fragend, manchmal eher ärgerlich zum Himmel empor. Je nach Wetterkapriolen ging es runter oder eben wieder raus. Wochen vergingen mit dieser Mission und dann stellten sich der Arbeit auch noch Hürden in den Weg, die unerfreulicher nicht sein konnten.

Als auch am dritten Tag nach der Grundierung die Oberfläche noch wie angetrockneter Honig klebte, hatten wir ein Problem. Vielleicht hätte ein Motivationstrainer das Problem als eine kleine Aufgabe heruntergespielt, wohin wir geradewegs dabei waren, unsere innere Ausgeglichenheit zu verlieren. Die Gemütsverwerfung gründete sich auf den dringenden Rat eines Baumarkt-Fachmannes, das Möbelstück ja zu grundieren. Wir hatten noch Zweifel geäußert, doch da hatte die Bestimmtheit seines Fachverstandes längst unsere Unkenntnis besiegt.

Zur pappigen Fragestellung stand nichts im Handwerkerbuch, eine geeignete Methode zur Entfernung klebriger Schichten auf Möbeln schien nicht erdacht. Geschmeidig produzierten wir mit dem Schmirgelpapier wurmartige Gebilde, ehe wir intuitiv unserem Verdruss folgten und zur Stahlwolle griffen. Mit der nötigen Portion Unmut rückten wir dem zähen Material auf den Leib und schmolzen uns die Metallfäden in die Haut. Pusten, schleifen, pusten schleifen, ständig lernten wir dazu.

Zum Streichen kam nur die Garage in Frage. Garagen sind Orte der Vielfalt, wie man weiß, bisweilen lauert sogar Kunst hinterm Tor, nur frei und sauber müssen sie sein. Während ich „High-Heel" – mein Auto mit den übertrieben hochgeschraubten Stoßdämpfern – in die Parkschlange unterm Trottoir-Licht einreihte, rotierte Eva staubsaugend die Betonfluchten entlang, hielt den Rüssel in jede Ecke, und hinter jedes Rohr und jagte dem Kollektiv aus Spinnweben und Flusen hinterher. Im blitzblanken Milieu, steril wie ein Operationssaal, bockten wir schließlich das Oberteil wie eine Königssänfte auf. Dann wollte ich allein sein.

Einen Gehirnschaden galt es beim Malern auf jeden Fall zu vermeiden, hereinplatzenden Staub von der Straße ebenso. In dieser Balance meiner Überlegungen griff ich zu einem Kübel relativ ungefährlicher Farbe und sorgte für einen Spalt Frischluftzufuhr. In schäbiger Montur baute ich mir mit kleinem Klapphocker mein Malerreich auf, deckte den Boden ab, positionierte den glühend heißen Flutlichtstrahler, legte mir eine Garnitur verschiedener Pinselgrößen und Schaumstoffwalzen zurecht samt Putzzeug und ließ das Radio vor sich hin plärren.

Langsam schmatzte ich mit der weißgetränkten Rolle über die Oberfläche, zog Bahn um Bahn, mal längs, mal quer und umkreiste auf diese Art rollend und tropfend das Oberteil, bis ich dort ankam, wo ich gestartet war. Vertiefungen, Rundungen und Rillen kam ich mit dem Flachpinsel bei, Nasen wischte ich ab. Als alles unterm weißen Lack lag, hob ich leicht benebelt die Garagentür an und duckte mich ins Freie. Zwei Tage lang war es strengstens verboten, die Garage zu betreten, dann begann ich mit der Prozedur von vorn.

Das filigrane Oberteil war im Verhältnis zum plumpen Unterbau eine spaßige Vorübung, denn die Kommode hatte das ungeheure Gewicht und die Ausmaße einer Doppelwaschmaschine. Nicht nur das

Gewicht ließ uns zweifeln, man konnte sie auch kaum greifen. Bis wir den Klotz in die Garage bugsiert hatten, war unser Bedarf an Schrammen längst gedeckt. Es war deshalb gut nachvollziehbar, dass Eva bereits jetzt mit der Frage haderte, wie wir das wuchtige Möbel überhaupt in die Wohnung bekommen würden. Eine Antwort gab es auf diese furchterregende Vorstellung nicht und noch heute staunen wir über den Gewaltakt, den wir drei Stockwerke lang vollführten.

Doch erstmal regnete es. Als das graue-Platte-weißer-Korpus lackierte Unterteil mit seinen vier Anstrichen nicht mehr klebte und der Regen eine Pause einlegte, rafften wir uns auf, verkeilten die offene Eingangstür und schlichen besorgt zur Garage. Vor der eigentlichen Übung hatte Eva ihr obligatorisches „wer führt?" gefragt. Genau wie fünf Monate zuvor, als wir schon einmal in einer ähnlich vertrackten Lage waren, als es darum ging, einen wesentlich leichteren, flaschengrünen Sessel in die Wohnung zu bugsieren. Bereits an der Gartentreppe waren wir derart ins Straucheln geraten, dass wir mitsamt dem guten Möbel unelegant in den Bodendecker der Rabatte fielen. Einen Unfall mit der Kommode würden wir nicht überleben.

Als nächstes ging es in die tiefe Hocke. Das Anheben des Brockens erforderte das geübte Geschick und die Kraft eines Gewichthebers, um nicht mitsamt dem Möbel umzukippen. Und dann wurde es nicht besser, als wir mit zusammen gepressten Lippen in kleinen Entenschrittchen durch den Garten tippelten. Zuschauer gab es keine, Eva führte. Mit 1,60 m Körpergröße saß ihr die kantige Platte zackig im Genick und hebelte den Kopf wüst nach unten. In dieser Haltung schlurfte sie der großen Ungewissheit entgegen. Mit dem Kinn auf der Brust, konnte sie nur noch unverständliche, verdruckte Klagelaute von sich geben, als hätte sie einen Knebel im Mund. „M, m, mmm!" hieß sofortiges Absetzen und eine Pause einlegen. Doch Pausen hatten es in sich, denn jedes Mal zwang uns das Schwergewicht erneut in die verhängnisvolle Hocke. Zittrig, wackelig und mit vielen Unterbrechungen standen wir schließlich am Hauseingang und schauten düster die steile Treppe empor. „Von Stufe zu Stufe" sagte ich unnützerweise, was hätte man auch anderes annehmen können.

16

Evas Jammern wurde schriller als wir die erste Treppe nahmen, die Laute beängstigender, denn das Ungetüm klopfte ihr nun auch noch die Waden weich. Sie buckelte vorn und ich schindete mich hinten und am Rauputz scheuerten wir uns die Ellenbogen blank. Im Innern stimmten die Bandscheiben ihren Moll-Singsang an und spielten Vorfall, Ischias und Hexenschuss auf der Klaviatur der Orthopädie. Von Stockwerk zu Stockwerk frischten wir unsere Wundmale auf, wir taten, als gelte es, einen Goldschatz zu sichern. Die Tragezeiten unseres Büßerganges wurden kürzer, immer öfter stellten wir ab. Jede Stufe wurde mühsamer, die Beine schwächer. Schwitzend, stöhnend und rumsend arbeiteten wir uns peu a peu nach oben. Es war unfassbar, dass keine Wohnungstür aufging bei unserem überreizten Gekicher und dem Gepolter, das wir verursachten.

Nach unzähligen Stopps, Neustarts und brüllend lauten Quietschgeräuschen standen wir tatsächlich irgendwann vor unserer Wohnungstür. Nur noch 10 Schritte, ein letztes Mal dieses schwere Monstrum anheben, das Ziel vor Augen. Dann setzten wir es endgültig und ein für alle Mal an seinem neuen Platz ab. Mehr Kraft war eigentlich nicht in unseren Körpern. Im stillen Einvernehmen platzierte ich zwei Hocker neben den Schrank, dann wackelten wir mit zuckenden Knien die Treppe hinunter. Kurzzeitig war die Erschöpfung dem Gefühl der Zuversicht gewichen, als wir die leichte, dafür umso sperrigere obere Thematik in den Händen hielten. Jetzt ging es um Koordination. Mit den ausgeleierten Armen winkelten wir das Gestell übers Treppengeländer, trugen mal waagrecht, mal hochkant und ab und zu auch geduckt unter der niedrigen Treppenkante und verkniffen es tunlichst, das filigrane Stützwerk abzustellen. Es glich einem Wunder, dass wir nirgends aneckten.

Als wir vor der Kommode standen, waren wir erschlagen und noch immer hielten wir das Oberteil in den Händen. Messerscharf schnitt der Aufsatz in den Oberschenkel, der unter der Anstrengung krampfartig flatterte. Wie wir mitsamt dem Aufsatz auf die Hocker kamen, blieb mir ein ewiges Rätsel. Wieder hatte Eva auf Drei gezählt, bevor wir mit einem finalen Aufschrei an Anstrengung das Oberteil in die

Höhe rissen und es punktgenau auf die Kommode setzten. Sämtliche Holzdübel waren in ihren Löchern verschwunden, es saß. Die Erschöpfung übertraf bei weitem unseren Stolz. Kaputt knickten wir wie zwei Garderobenständer aufs Sofa und waren zu nichts mehr in der Lage.

Natürlich standen wir irgendwann wieder auf, zwei Armlängen entfernt lockte schwäbische Mandel-Schokolade und rote Klapphaken samt Dübel lagen auch schon bereit.

Schreckensbilder bei Nacht

Die Ordnung der Tage war durch die Renovierungsarbeit bedenklich zunichtegemacht, Wochen, in denen stupide über Holz gekratzt, geschmirgelt und gerollt wurde. Und in dieser hoch angespannten Zeit hatte Eva noch den Mut aufgebracht, über Südamerika zu fantasieren. „Nach Chile fliegt man 14 Stunden", hatte sie irgendwann schwärmerisch eingeworfen. Klebrig hielt sie an ihrem Thema fest, fantasierte mit trotzigem Optimismus über Anden und Vulkane, während wir uns den Rücken krümmten. Chile schwebte über unserem Tun, als redete sie über ihre Heimat.

Lange hatte ich mich gegen die Idee gewehrt, mich mit der staubigen Angelegenheit von weiteren Plänen abgelenkt und hatte erst dann, als das bemalte Unterteil in der Garage trocknete und wir an einem herrlichen Sonntag mit dem Rennrad in Richtung Schwarzwald fuhren, nachgegeben. Im Rausch der kreisenden Beine erschienen mir sonnenbeschienene Berge plötzlich weit lohnender als eine Geburtstagsfeier in der winterkalten Heimat. Wahrscheinlich tummelten sich in der Überlegung auch noch Fetzen meines Wunsches als Studentin, quer durch die Anden zu wandern, den ich nie verwirklicht hatte.

Schlagartig elektrisierte mich die Idee. Im Überschwang orientierte ich mich am Erfolg unsrer Renovierung. In dieser überschießenden Phase gab es nur wildes Vorwärtsdenken, grenzenloser Übermut, dem wir letztendlich den verwegenen Entschluss verdankten, kein enges Schnürleibchen einer Reisegruppe anzulegen, wo man morgens schon wusste, was man abends aß. Und damit waren wir mittendrin im Thema, Südamerika auf eigene Faust, dreister konnte man gar nicht starten. Aber noch war ja alles geheim, noch „wurschtelten" wir im Verborgenen vor uns hin.

Mit einer wasserfesten Chile-Karte im Maßstab 1:1,6 Millionen legten wir los. Ob die Eigenschaft „wasserfest" dem vorherrschenden Klima geschuldet war, wussten wir nicht. Mit dem Maßstab hätten wir uns jedenfalls weder in Deutschland noch in Europa auf Tour getraut. Die Karte ist mehr oder weniger ein Zwei-Farben-Druck, in Blau und

Braun. Blau ist der Pazifik, der kam nicht in Frage, dunkelbraun sind die eisigen Höhen über viertausend Meter, dort zog es uns auch nicht hin und das kränkelnde Beige war uns zu wenig. Die Mischung macht's dachten wir und suchten weiter auf diesem ellenlang vor uns ausgebreiteten Land, von links oben bis rechts unten und wieder zurück, viertausend Kilometer lang. Alles faszinierte uns, überall gab es Perlen, wir taten uns schwer.

Wenig Klarheit brachten auch ein zwanzig Jahre alter englischer Reiseführer in Papierform und zwei Radreisebücher quer durch den Südamerikanischen Kontinent, wobei die Bücher den Reiseführer bei weitem übertrafen.

Richtig Fleisch ans Gerippe kam erst mit dem PC. Mit ihm scheffelten wir Informationen und füllten dicke Notizblöcke. Alles, was wir aufschrieben, kam uns hochwichtig vor. Natürlich gab es auch Bedrohliches zu lesen, schreckliche Erlebnisse, die Radreisende zu bestehen hatten, wo neben Wassernot noch ganz andere Gefahren lauerten. Doch alles war erstmal aufregend und fesselnd, im heimischen Wohnzimmer bei Tee und Schokolade.

Nur nachts war es vorbei mit spannend. Lag man endlich im Bett, kam man mit den prallen Geschichten kaum zur Ruhe. Nachts, wenn man sich mit Grübeln den Schlaf verscheuchte, manchmal stundenlang. Und war man schließlich eingenickt, kamen die Nebenwirkungen der Lektüre. Nicht wenige Male zerfetzten heftige Träume den Schlaf, die als Traumschnipsel schemenhaft noch lange nachhallten. Angsttrümmer, die den Tag säumten, ehe er sich seine Berechtigung holte. Und dann begann das Spiel von vorn.

Lange kreiselten wir im Chile-Taumel, schichteten und schachtelten Fragen in- und übereinander, fieberten und fantasierten, wurden übermütig und maßlos, schlugen Purzelbäume und irrlichterten bereits auf dem fremden Kontinent, um im nächsten Augenblick wieder hart auf realem Degerlocher Boden zu landen. Strapaziös war diese Phase, ein wackeliges Hin und Her, zwischen Euphorie und Zweifel, Hochstimmung und Wankelmut.

Die Trümmertour

Im gedanklichen Kuddelmuddel gossen wir unsere Fiktion in praktisches Handeln, in eine Nagelprobe, wie wir sie nannten, unsere Gepäckfahrt an den Königsee. Die Tour erschien uns zu überschaubar und unaufgeregt, als dass sie der Hauch einer frühen Niederlage umwehte, zumindest redeten wir uns das ein.

Mit Erholung hatte die Etappen-Fahrt nichts zu tun. Ein reiner Test war das, eine Probe für Mensch und Material, um Fragen zu Gicht und Gebrechlichkeit zu klären, zur Robustheit der Räder und ob die Zeltausrüstung etwas taugt. Ein Breitbandtest also, eine frühe Entscheidungshilfe über Hopp oder Top. „Top" hieß Rad fahren in Südamerika, „Hopp" Geburtstag feiern in Degerloch.

Auf einer der höchst frequentierten aller überbevölkerten Strecken Deutschlands probten wir für die Anden. Eine simple Fahrt, ein passgenaues Schnittmuster für unsere Hoffnung auf kolossalen Rückenwind. Denn den brauchten wir. Für mich war es über dreißig Jahre her, dass ich mit Gepäcktaschen gefahren war, Eva betrat Neuland.

Fiebrig stellten wir eine Gepäckliste zusammen und hatten Glück, dass beim Discounter gerade Packtaschen angeboten wurden, blau für mich, rot für Eva. Wir hatten uns zu diesen Taschen überreden lassen, zur dünnen Qualität und der lächerlichen Größe.

Ähnlich sah es mit der Brauchbarkeit der Gepäckträger aus. An Evas uraltem, weißem Exemplar war der Lack splittrig abgeplatzt und rostete schartig vor sich hin. Um ihn am Rahmen zu befestigten, mussten wir zwei kantige Verbindungsstäbe zurechtbiegen. Auch für meinen labilen Alu-Gepäckträger krümmten wir Metallstreben, die wir mit einer überlangen Schraube direkt an der Sattelklemme fixierten.

Noch unprofessioneller benahmen wir uns mit meiner Sattelstütze. Da ich Sitzbeschwerden von vornherein aus dem Weg gehen wollte, tauschte ich vorausschauend meine starre gegen Evas ausgemusterte, gefederte Sattelkerze aus. Leider hat diese einen etwas zu klein bemessenen Rohrdurchmesser und rauschte ungebremst nach unten, sobald man sie in das Sattelrohr schob. In unserer Bastellaune klemmten wir ein Stück abgeschnittenen Fahrradschlauchs dazwischen, Gummi benimmt sich wie Sekundenkleber hatten wir festgestellt, die Sattelstütze steckte bombenfest – leider in der falschen Höhe. Noch ehe sie auf die richtige Sitzhöhe herunter gewuchtet war, hatte ich eine dicke Blase an der Hand. Verständlich, dass ich mit dieser quick-and-dirty-Lösung nie mehr etwas zu tun haben wollte.

Für die fünftägige Tour kam nur das Allernötigste mit, Hose und Blusen für abends, Rad- und Regenkleidung, Schuhe, einen Beutel mit Hygieneartikeln, Landkarten, Kamera, GPS-Gerät und sonstige Kleinigkeiten. Wir häufelten unsere Sachen als „Häppchen", mal mehr, mal weniger geschickt in die Packtaschen und bestaunten die eigenartige Verwandlung dieser Behältnisse hin zu einer Figur, ähnlich eines aufgeblasenen Luftballons. Die bunten Kugeln wirkten lächerlich und zur Krönung der Aufmachung klickte jede am Lenker eine Tasche ein. Ein altmütterlicher, unsportlicher Oma-look mit dem wir auf die hochwichtige Premieren-Fahrt gingen.

Unsere Anspannung steigerte sich ins Unermessliche und entlud sich in einem emotionalen Gewirr aus Begeisterung, romantisierender Jugenderinnerung und wilder Abenteuerlust. Wir kamen uns wie Teenies vor, unglaublich jung und wagemutig - auf dieser Tour der gesplitteten Waldwegchen, der runden Hügelchen, netten Sträßchen und der nahen Ortschaften, mitten in Deutschland. Und um den Wagemut nicht zu übertreiben, lud Eva den Track aufs GPS-Gerät.

Aufgeregt wie beim Schulausflug und voller Erwartung machte sich ein kühnes Gefühl breit, als wir früh morgens bei erfrischend klarem Wetter losfuhren. Ungewohnt wackelig, wegen der schweren Lenkertasche, schlingerten wir zu unserer Fahrt ins Ungewisse. Nur wenige hundert Meter hatten wir Zeit, uns an die neue Balance zu gewöhnen, dann ging es auch schon in wilder Sause die Neue Weinsteige hinab. Zum Glück war es Samstagmorgen und kaum ein Auto auf der Straße, denn unerhört großzügig nahmen wir die Kurven und bretterten waghalsig an den Blitzern vorbei.

Nach fünf Kilometern befanden wir uns am Bahnhof und steuerten direkt zur Anzeigetafel, auf der ausgerechnet unsere Zugverbindung nach Ulm nicht stand. Die Schalterbedienstete schickte uns pampig zum hintersten Abstellgleis und ich wunderte mich, wie geübt manche Menschen bereits früh morgens in schlechter Laune sind.

Zwischen Hochhauspfeilern und bunten Graffiti-Wänden schlich der Zug übers Bahnhofs-Gleisgewimmel, nachdem wir die Räder im Gepäckraum festgezurrt hatten, und polterte den Rosensteinpark entlang. Sonnenstrahlen funkelten durchs dichte Busch- und Blattwerk, als wir auf der Besichtigungsfahrt an Schleuse und Stadion vorbei glitten, bevor die Toskana-Silhouette der Rotenberg-Kapelle auftauchte. An den Hängen Weinberge, wie mit dem Lineal gezogen. Und als sich Felder, Wald und Wiesen um die größeren Anteile stritten, als Ziegen, Graureiher und Kühe staksig dem Tag entgegengingen, hatte sich auch die letzte Anspannung bei uns gelegt. In altersgerechtem Zen-Zustand strahlten wir freudig vor uns hin.

Duzende Kirchtürme fegten an uns vorbei, die sich mit ihren Türmchen verzweifelt an Sendemasten, Fabrikschloten und Hochhäusern maßen, das reinste Vorgeplänkel - wenn man ans Ulmer Münster dachte, das sich nach gut einer Stunde unverkennbar vom modernen Stadtbild abhob: stark, erhaben und doch äußerst zerbrechlich. Und als wir nach unserer Ankunft in unmittelbarer Nähe standen, die hauchdünn übereinander gebauten Gesteinssäulen emporsahen, wo Türmchen auf Strebepfeilern thronen, mit eingeflochtenen Rosetten und Rundbögen, Fialen und teuflischen Wasserspeiern, wo Verzierungen nochmals verziert und umschmückt sind, und all dies erst in über 160 Meter Höhe zu Ende ist, ergriff uns Ehrfurcht vor diesem alten Gemäuer. Über fünfhundert Jahre lang wurde daran gebaut und konstruiert und als das Münster endlich vollkommen war, tobte der Krieg. Es war ein Wunder, dass es unbeschadet blieb.

Eine Monster-Schraube fürs Glück

Mit drei Klicks aktivierte ich das GPS-Gerät. Im frischen Schwung des freudigen Anfangs kurbelten wir zur nahen Donau und stiegen genauso schnell wieder ab. Man kann sich unser Entsetzen kaum vorstellen, als uns nach knapp achthundert Metern ein augenreizender Ton aus Evas Hinterrad stoppte, das schrille Pfeifen einer Bremsscheibe. Wieso es da unten wie im Schraubstock zuging, war uns ein Rätsel. Per Zufall war ein Fachgeschäft in nächster Nähe.

Im Laden drehten sich die Köpfe irritiert zur Tür als wir eintraten, was weniger uns als vielmehr dem Gekreisch und unserem Gepäck galt. Da eine „größere Reparatur" nicht möglich war, wie der Monteur sich ausdrückte, ließ er einfach einen Teil der Bremsflüssigkeit ab und meinte, es wäre gut so. Den Torx-Schlüssel für die Ablass-Schraube gab er Eva vorausschauend mit, falls nochmals Flüssigkeit abgegossen werden muss, denn er prophezeite, dass sie noch höchstens einhundert Kilometer weit kommen würde. Die Frage, wie oft man Bremsflüssigkeit ablassen könne, bevor die Leitung trockengelegt wäre, stellte ich lieber nicht. Wir standen am Beginn unserer Tour und hatten schon weiche Knie, denn *Panne Nr. 1* war zu vermelden.

Auf der tadellos ausgeschilderten Zugangsstrecke zur Iller bogen wir zackig auf den Radweg ein und sandelten bald im Wald herum. Es gab fast keine Steigungen und genauso wenig Gefälle, was zur Erholung der Bremse und auch für uns recht angenehm war. Die eintönige Strecke war durch einen Lehm verkrusteten Bagger am Wegrand und durch eine alte Eisenbahnbrücke, die über uns querte, etwas aufgemöbelt, sowie durch eine Mühle, an der wir vorüber kamen. Zügig knirschten wir den breiten Weg entlang und doch schwankte ich wie an einem Absturz. Laut GPS fuhr ich nämlich auf einer Kante. Rechts des Wegs zeigte das Display Geländesignaturen und ein intaktes Wegenetz, links davon klaffte Weiß, also nichts. Auch wenn mir Evas Erklärung einleuchtete, dass sie nur die Baden-Württemberg-Karte aktiviert hatte und nicht die von Bayern, war es äußerst unangenehm, am Rande von „Nichts" zu fahren.

Die beglückende Begleitmusik malmender Reifen ließ uns leichtfüßig pedalieren, ein untrügliches Zeichen, dass die Maschinen liefen. Locker kurbelten wir ein schlichtes Wegchen entlang, als plötzlich ein missgestimmtes Cello den Ton verdarb. Wieder ein Ton von hinten und wieder ein Schaden. Eine meiner zwei Packtaschen schwang nur noch an einem Haken, am anderen war ein Niet gebrochen und läutete den baldigen Kollaps ein. Anscheinend waren sie eher für brave Sträßchen als für muntere Wildnispfade ausgelegt. Mit soliden Textilbändern knüpften wir das Malheur an den Gepäckträger und hofften auf eine Reparatur am Abend.

Wir bogen ab und suchten in der Marktgemeinde Altusried nach einer ersten Übernachtung und waren bass erstaunt, wie einfach man es uns hier machte. Obwohl „Don Quichote" auf der Freilichtbühne gerade Publikum aus nah und fern anlockte, ergatterten wir im Handumdrehen eine große Ferienwohnung bei einem freundlich zugewandten, älteren Ehepaar. Und wäre dies nicht Freude genug, entdeckte ich beim Rundgang durchs Appartement eine etwas betagte, einfache Standschleuder im Gäste-WC, eine ekstatische Wonne für jeden Radreisenden, fast so, als hätte man einen Trockner dabei.

Flink packte ich nach dem Duschen unsere kleine Handwäsche in die weiße Schleuder und kam unserer berechtigten Hoffnung, am anderen Morgen trockene Wäsche einpacken zu können, ein beträchtliches Stück näher. Doch dann lief alles aus dem Ruder, als die hüpfende Schleuder mit ihrem irrsinnigen Gebrüll literweise Wasser aus den paar Wäschestücken herauspresste und zwar direkt auf den Boden. Der milchige Schwall blockierte kurzzeitig mein sachliches Handeln, ehe ich ins benachbarte Wohnzimmer stürmte, den beiden blühenden Brunfelsien auf dem Esstisch die Übertöpfe entriss und zur brüllenden Schleuder zurück spurtete. Das WC schwamm schon im eigenen Saft und auch meine Schuhe gaben den Widerstand gegen die Nässe auf, als ich mich zum schwallenden Rohr hinunter buckelte und mit der Arbeit begann. Rhythmisch rotierte ich wie ein Schaufelrad, auffangen, weggießen, auffangen und hatte dabei die allergrößte Mühe, mit dem ausgestreckten Arm ans Waschbecken zu kommen.

Es war beruhigend, dass aus dem munteren Plätschern irgendwann ein zartes Tröpfeln wurde.

Der Herr des Hauses war äußerst kontaktfreudig und in gleichem Maße hilfsbereit. Mir schien sogar, dass ihm die kaputte Tasche wie gerufen kam. Eine Schraube samt Mutter und Unterlagscheibe wird sich finden lassen, meinte er und war wie ein aufgeregter Junge davongeeilt. Beflügelt von seiner Zuversicht, gingen wir zum Abendessen und prosteten uns vorab schon gutes Gelingen zu.

Als der Hausherr mit der Tasche kam, hatte er viel zu erzählen. Atemlos schilderte er seine erfolglose Suche in Schubladen und Aufbewahrungskästchen im ganzen Haus und dass er auch noch die halbe Nachbarschaft abgeklappert hatte. Aber der zweistündige Wiederaufbau hatte sich gelohnt. An der labilen Tasche strotzte nun ein unverschämt großes Bollwerk aus Schraube, Mutter und Unterlagscheibe, das nie wird kollabieren können, selbst dann nicht, wenn es schon längst keine Tasche mehr gab. Die Verankerung gab mir und unserem Unternehmen ungemein Selbstvertrauen. *Panne Nr. 2* war behoben, und wie!

Mit dieser Zuversicht vor Augen, pendelten wir am anderen Morgen zur Freilichtbühne, etwas außerhalb des Ortes im Riedbachtal, wo schon seit über 125 Jahre Freilichtspiele aufgeführt werden. Dort bewunderten wir die imposante Konstruktion des geschwungenen Holzdachs der Zuschauerränge, ein architektonisches Schmuckstück, das uns sehr beeindruckte. Beglückt fädelten wir uns zurück in die Spur des GPS-Geräts ein.

Meine Gepäcklösung

Die Strecke zog bisher sture Bögen um sämtliche Ortschaften herum, als gelte es, Kontakt zu Menschen zu vermeiden. In diese Berührungskrise platzte das Schild „Bahnhof" wie eine Sensation herein, das ich noch vor Kempten an einem Strommasten entdeckte und das rechts ab zeigte. Wir schwelgten bereits in einer Tüte Hörnchen und

Brezeln, als wir uns den steilen Weg hochdrückten, doch oben waren wir dann eine Umdrehung schlauer. Anstelle von Kiosk, Laden oder Bistro standen wir am Güterbahnhof vor einem Haus hohen Metall-Regal und starrten auf die Vorratshaltung der Deutschen Bahn, auf Achsen, Kupplungen, Rohre und Bleche. Eva drehte schon um, als ich ihr ein Zeichen gab, nur kurz einige Fotos zu schießen.

An meinem Fahrrad gibt es keinen Ständer, weshalb ich es immer an den nächstbesten Behelf anlehne. Wie schon hunderte Male zuvor griff ich auch dieses Mal an den Sattel und hob ihn an. Raketen artig schnellte mir die rechte Hand dabei nach oben mitsamt dem Sattel und einem Stück Sattelstütze unten dran. Das Rad blieb einfach stehen. Ratlos starrte ich die abgetrennte Stütze an, für mich war die Tour so gut wie beendet. Erst beim näheren Untersuchen entdeckten wir eine Rändelmutter, die sich in das feine Haargewinde einschrauben ließ. Kein großes Prozedere, und doch strahlten wir, als hätten wir die Schraube erfunden. *Panne Nr. 3* war behoben, ich konnte wieder sitzen.

Wir fuhren technikunterstützt einem lilafarbenen Strich hinterher, es war bequem, es ging bergab und doch waren wir falsch. Die beiden GPS-Touren, die Eva miteinander kombiniert hatte, der Iller -Radweg und der Bodenseeradweg, kreuzen sich in Immenstadt. Nahtlos waren wir von einem in den anderen Radweg übergewechselt, ein äußerst wünschenswerter Übergang war das sogar, nur eben in die falsche Richtung. Wir hatten keinen Anlass gesehen, irgendetwas auch nur ansatzweise in Frage zu stellen. Ständig kamen uns viele Radreisende entgegen und mit ihnen wuchsen meine Zweifel. Nach zehn Kilometern Zweifelns und Wunderns fasste ich mir schließlich ein Herz und fragte. Die Wahrheit traf uns furchtbar hart. Es waren weniger die umsonst zurückgelegten Kilometer, die uns ärgerten, sondern der verheerende Gedanke, der mir durch den Kopf jagte, wie das wohl in Südamerika mit uns werden würde. Fassungslos über diese katastrophale Leichtfertigkeit begegneten wir dem Irrtum mit einer 180 Grad Kurve. Und auch diesen Lapsus verbuchten wir als Panne, *Nr. 4*, allerdings mehr im kognitiven Bereich.

Das Iller Tal lag nun hinter und buckliges Voralpenland vor uns, wir steuerten auf den Grünten zu. Manch einer ließ sich auf diesen Berg samt Sessel hochtragen, wir dagegen zogen es vor, die ersten Steigungsprozente in Angriff zu nehmen. Wie gewonnen, so zerronnen, war das Thema dieses hügeligen Kapitels, denn kaum war man oben, ging es im Schuss bergab. Zum ersten Mal knackten wir die tausend Meter Höhenmarke und zum ersten Mal hatten wir freien Blick zu den Alpen.

Mein persönlicher Höhepunkt an diesem Tag war jedoch das außergewöhnlich inspirierende Gepäck-Transport-Unternehmen, das uns spätnachmittags begegnete und mich durch seinen praktischen Lösungsansatz auf Anhieb begeisterte. Der Ballast eines Radler-Ehepaars konzentrierte sich nicht wie bei uns auf Gepäckträger und Lenker, er lagerte in einem zitronengelben Sack auf einem windschnittigen Metallgerüst und lief dem männlichen Radfahrer auf einem kleinen Rädchen hinterher. Das Boot ähnliche Gefolge war mir äußerst sympathisch, ich wollte auch so einen bunten Sack hinter mir herziehen.

Aus der Sicht eines Wallfahrers

Anderntags waren wir alles andere als alleine und auch die Berge der näher rückenden Alpenkette tauchten nun in einer Vielzahl und Gewaltigkeit auf, wie wir sie schon lange erwartet hatten. Ab und zu setzte ein See sein i-Tüpfelchen in die Landschaft. „Wer sieht Neuschwanstein zuerst?" stachelte ich uns gegenseitig an, als wir voller Ungeduld in Richtung Hopfensee radelten. Unser Zeitbudget zu Beginn des Tages war noch prall gefüllt, was uns die Gelassenheit gab, einen Abstecher zum Märchenschloss zu machten.

Im zähen Strom der internationalen Besucher wanderten wir den steilen Weg mit den Rädern empor, geradewegs zur Marienbrücke. Eva sind wackelige Brücken ein Graus und ebenso Brücken, zwischen deren Holzbohlen man Hände durchstrecken kann. Sie blieb auf sicherem Boden, während ich mich über die gurgelnde Schlucht begab. Zwischen aufgeregtem Geschnatter und fremdsprachigem Freudentaumel ließ ich kurzzeitig diesen einmaligen An- und Ausblick in mir wirken.

Auf unserer Tour waren wir schon an vielen Radreisenden vorbeigefahren, doch nur ein Radfahrer blieb uns in Erinnerung, Johann, dem wir bei einer kurzen Rast begegneten. Er hatte nicht nur als Mensch eine feine Art, er hatte auch ein abenteuerliches Gepäcksystem dabei, das er uns freudig präsentierte. Auf seinem Gepäckträger klemmte ein Sperrholzrahmen in der Größe eines halben Esstischs, in den ein Koffer eingepasst war. Öffnete er in seinem Besitzerstolz den Deckel, erschien eine Art Bauchladen, ein liegender Setzkasten, in dem sein Sammelsurium wunderbar einsortiert lag. Kamera, Karten, Werkzeug und noch vieles mehr steckte in einem eigenen Fach. Die ausgezirkelte Konstruktion war bleischwer, also nichts für uns, und doch bestechend praktisch. Johann hatte dasselbe Ziel wie wir und war in ähnlichem Tempo unterwegs. Aller Wahrscheinlichkeit nach würden wir uns wiedersehen, doch sicher waren wir uns nicht.

Denn erst einmal stach uns der Hafer und wir entschieden uns, die klassische Strecke zu verlassen und den hübschen Schlenker über Alp- und Plansee zu fahren. Nicht, dass wir übermütig geworden wären oder der Radfahrer überdrüssig, der Schwenk war einfach attraktiver und ein paar Berghänge mehr würden bestimmt auch nicht schaden. Hatte man auf mehr Ruhe gehofft, überkam uns nun das deutliche Gefühl, in einem Tumult gelandet zu sein. Ein Marathon war in vollem Gange und als ich in so manch erschöpftes Gesicht schaute, das die Beschwernis dieser Anstrengung ausstrahlte, erfasste mich erneut ein Hochgefühl. Wie angenehm war es doch, mit dem Fahrrad so viel schneller und leichter unterwegs zu sein.

Mit dieser Erkenntnis kurbelten wir in unserer Sommeraufmachung über die Fernpassstraße und waren mehr als glücklich, dem nervösen Verkehr entkommen zu sein, als wir in Richtung Ammergebirge abbogen. Inmitten der Bergflanken kontrastierte der dunkle Wald wunderbar mit dem hellen Türkis des Plansees, auf dem ein kleines blaues

Boot rhythmisch vor sich hin dümpelte. Als ich hochschaute, brauten sich dicke Wolken zusammen, doch da laut Wettervorhersage nicht mit Regen zu rechnen war, genossen wir ausgiebig die Szenerie.

Mal mehr, mal weniger zaghaft führte uns die Straße über den Ammersattel, der so unscheinbar mitten im Wald liegt und doch als Zeichen für die nun folgende Abfahrt mehr als willkommen war. Schloss Linderhof in seinem überschwänglichen Rokoko bedachten wir nur eines kurzen Blickes und auch am Kloster Ettal legten wir eine mehr als knappe Pause ein. Wir strebten zum Loisachtal, wo wir uns in Eschenlohe wieder in die offizielle Königsee-Strecke einfädelten. Bis Benediktbeuren waren es noch vierzig Kilometer und da die Zeit merklich vorangeschritten war, erhöhten wir die Kurbelumdrehungen und schauten fast nur noch geradeaus.

Im Kloster Benediktbeuren, unserem heutigen Übernachtungswunsch, war jedes noch so schmale Bett schon belegt, im Nachhinein eine wunderbare Fügung. Denn Johann nächtigte im selben Hotel wie wir und lud uns abends in der Gaststube durch sein gewinnendes Lächeln zu sich an den Tisch, wo ein gemütliches gemeinsames Essen den Tag abschloss. Es stand mir nicht zu, mich über seinen kleinen Salatteller zu belustigen, während wir uns dicke Knödel, Braten und gebundene Soße in die Mäuler stopften, aber im Verhältnis zu seiner Körpergröße und den abgestrampelten Kilometern aß Johann fast nichts. Umso mehr Zeit hatte er, uns von seinen Gewohnheiten und Reisen zu erzählen. Auch über seinen ungewöhnlichen Ess-Rhythmus philosophierte er, alle zwei Stunden eine Vesperpause einzulegen. Essen als Prophylaxe, dachte ich und stellte mir vor, wie ich das bei meinen Portionen wohl schaffen könnte.

Wie alte Schulkameraden begannen wir, uns gegenseitig in unser Leben einzuweihen. Als Kartograph von Beruf, schien es Johann ein inneres Bedürfnis zu sein, die Symbole der Landkarten auf seinen Reisen mit den realen Gegebenheiten abzugleichen. Jede freie Minute nütze er, um unterwegs zu sein, am liebsten alleine, meistens mit dem Fahrrad. Am eindrücklichsten blieb aber seine Geschichte zur Großglockner-Wallfahrt, auf der schon seit Tausenden von Jahren gepilgert wird und an der er jährlich teilnimmt. Unter dieser Betrachtungsweise drängte sich mir der Vergleich zu unserer eigenen Etappen-Fahrt auf. Im Grunde pilgerten auch wir durchs Land um herauszufinden, ob wir bereit waren für Größeres. In diesen Gedanken lag der Reiz der Unterhaltung und mit einem Male sah ich mich schon am Beginn unserer Südamerika-Reise stehen.

Als Obdachlose unterwegs

Wie immer kontrollierten wir morgens penibel unsere schwachen Nieten und freuten uns diebisch über die gigantische Metall-Verschraubung an meinem Haken. Am nächsten Tag würden wir in Schönau ankommen, der anvisierten Ziellinie unserer Tour. Schon jetzt hatten wir wesentliche Erkenntnisse gewonnen und die lauteten: unser Material war ungenügend, doch körperlich fühlten wir uns top-fit.

In einem dieser Momente, wo man nichts als unbändige Freude empfindet, wo man mit Lust und Elan auf die Pedale eintritt und denkt, nichts könne sich einem jetzt noch in den Weg stellen, versagte meine zweite Gepäcktasche. Der komplette Haken war abgerissen, mit Schraube war da nichts mehr zu machen. Für diesen schlimmsten aller Taschen-Kollapse hatten wir, rein vorsorglich und allen Gewichtsüberlegungen zum Trotz, zwei dieser bunt melierten Gummibänder mit den gemeingefährlichen Metallhaken eingepackt, die sich in jedem Haushalt finden lassen. In Untergangsstimmung flochten wir die unberechenbaren Gummiseile um die lädierte Tasche und den gutmütigen Gepäckträger und erschufen dabei eine Verwirrnis, die es mir nun freilich nicht mehr gestattete, an den Inhalt der Tasche zu kommen. Die kaputte Aufmachung war kein Fall für den Bilderrahmen, gedanklich rutschte ich ab in Richtung „umherziehende Obdachlose". Meine liederliche Erscheinungsform peinigte mich ungemein.

Der Schwung war erstmal draußen, alle Beschwingtheit dahin. Mit *Panne Nr. 5* oblag Eva die undankbare Aufgabe der visuellen Gepäckkontrolle, denn jede Unebenheit konnte meinem Haushalt den finalen Stoß verpassen. Wir kurbelten dem unmittelbaren Totalschaden entgegen. Die Fahrt trotze uns viel Aufwand ab, in jeder Pause hieß es Gummizüge straffen, Gepäck kontrollieren.

Flüsse, Weiher und Bäder mimten einen entspannten Tag, tatsächlich bescherte er uns bis zum Abend die meisten Höhenmeter. Die Strecke gab ihr Bestes, uns vom Taschendilemma abzulenken, mal mit grandiosem Ausblick, mal mit unerwartet knackigen Anstiegen. „Radfahrer absteigen!" diktierte ein rostiges Schild an einem dieser Feldwege, die senkrecht den Hang hinaufschnüren. Da keine Überwachungskamera auszumachen war und es auch nicht so aussah, als würde man rücklings vom Rad stürzen, missachtete ich die Anweisung. Ich drückte mich auf die ungemütliche Spitze meiner Sattelnase und kurbelte mit pfeifender Lunge den Hang hoch. Eva dagegen marschierte, was sehr vernünftig war, denn ab einer gewissen Steigung macht es kaum noch einen Geschwindigkeits-Unterschied, ob man fährt oder schiebt.

Die Sonne behielt die Oberhand mit ihrem warmen Licht und doch gab es vereinzelte Passagen, die mehr einer Nachtfahrt glichen. Der Weg hatte uns in dichten Wald geführt, wo sich Fächer aus Tannenzweigen über uns schlossen und Laubbäume sich zu Düsterheit verästelten. Schulter an Schulter wiesen die Bäume dem schmalen Weg die Richtung und als zur Enge noch Wurzeln, Löcher und Steine samt Steilheit dazukamen, mussten wir absteigen. Obwohl ich als Degerlocherin Dreiviertel meiner Kindheit im Wald verbracht habe, war es mir hier entschieden zu dunkel. Beklemmende Stille umgarnte uns, als hätte die Natur den Atem angehalten. Kein Vogelgezwitscher war zu hören, kein Insektengeschwirr, stattdessen umgab uns ein unangenehmes Gefühl der Einsamkeit. Es dauerte einige Zeit, bis wieder Licht und Helligkeit durch die Baumkronen fiel, und die düsteren Gedanken verscheuchte. In einem Biergarten befreiten wir uns von den dunklen Strapazen und erneuerten uns mit Eis und kühlen Getränken.

Am Abend fädelten wir die Räder hinter dicken Strebepfeilern in eine kleine Nische zwischen gestapelten Sprudelkisten, dicken Fässern und vollbepackten Paletten ein und gaben uns den üblichen Abend-beschäftigungen hin.

Nach wunderbar durchschlafener Nacht träumten wir uns am anderen Morgen in unserer üppigen Frühstücksbegeisterung bereits nach Schönau und ließen vor unserer letzten Etappe nochmals die bunte Mischung aus Pannen Revue passieren, die wir mit viel Improvisationsgeschick in eine farbenprächtige Reparatur-Palette verwandelt hatten. Stolz waren wir und vergnügt, und in Gedanken schon fast am Ziel.

Mit ansteckend heiterer Laune schob ich mein Rad aus der Scheune und wunderte mich, wie bockig und starrköpfig es sich auf einmal benahm. Am Vorderrad tobte der Kampf zwischen Bremse und Felge, wie ich erkannte, und keine wollte klein beigeben. Es lag eindeutig am Gummi, der sich aus seinem hydraulischen Kolben herausgemogelt hatte und festsaß. Die Misere gehörte leider nicht in die mechanische, sondern in die hydraulische Abteilung, weshalb ich erst gar nicht nach dem Werkzeug kramte. Enttäuscht hievte ich mich auf den Sattel und stockte auf meiner Büßerfahrt mit angezogener Bremse Kilometer um Kilometer die Straßen entlang und stellte mich auf 117 äußerst beschwerliche Kilometer ein.

Ich wurde doch noch erlöst. Im Fahrradgeschäft, an dem wir vorbeikamen, war das Erfreulichste, dass ich gleich drankam, wohingegen das „Wie" etwas abfiel. Die erste der vorwurfsvollen Fragen, die der Monteur mir stellte, war auch gleich die unangenehmste, ob ich denn etwas an der Bremse verstellt habe. Eine derart befremdliche Frage versetzt einen nämlich in die ungemein peinliche Lage, etwas völlig Widersinniges getan zu haben und wie er dabei schaute, klang das nach „typisch Frau". Ich hielt mich zurück und hoffte auf schnelle Reparatur und hierbei zeigte er tatsächlich Sachverstand. Im Nu war *Panne Nr. 6* behoben.

Als der Weg auf der Weiterfahrt erneut im dunklen Wald verschwand und den Tacho ein letztes Mal auf 14% hochzitterte, mogelte sich mir die überzeugende Vermutung in meine Gedanken, dass dem Ort Gmain in früheren Zeiten womöglich zwei „e" abhandengekommen waren. Zum Glück war der Anstieg nur kurz und markierte den Schluss-Akkord unserer Reise. Das Tal weitete sich, vor uns thronte der Watzmann mit seinen Dienern und wir fuhren in euphorischem Schwung in Berchtesgaden ein, als sich auch schon gärende Wolken über uns zusammenbrauten. Berchtesgadener Ache, Ramsauer Ache, Königseer Ache, wir waren am Königsee - wo uns ungeheurer Trubel empfing und mitten drin Johann, der uns strahlend und herzlich in die Arme nahm.

Abends waren die Tour-Trümmer längst in überschwängliche Stimmung umgeschlagen, als wir mit Evas Freunden bei Pizza und Wein beieinandersaßen. Unsere Geschichten würzten die zwanglose Runde und plötzlich regte sich tief in mir drin untrüglicher Mut, etwas Neues, Großes zu beginnen.

Schwankende Gemüter, fliegende Räder und wackelige Verfolger

Das technische Bulletin am Ende unserer gebeutelten Knochentesttour war erschreckend und dennoch überwog die Freude über unsere Fitness und den Zustand der Gelenke. Trotz 110 Kilometern am Tag winkelten Evas Knie vollkommen schmerzfrei und noch erstaunlicher sogar geräuschlos ab.

Im Rausch der Euphorie überraschten wir alle, aber am meisten uns selbst, mit einem vermessen frühen, mutigen Entschluss und platzten mit unserer Idee heraus:

„Wir werden mit dem Fahrrad durch Chile und Argentinien fahren"

Es gab kein Zurück mehr. Die Idee war ausgesprochen und augenblicklich lastete eine ungeheure Erwartungshaltung auf uns. Laufend sollten wir Wasserstandsmeldungen abliefern, Planungsschnipsel, Konkretes. Kurz hatten wir es deshalb bereut, in diesem frühen Stadium unseren Plan geäußert zu haben, unser „Projekt" wie heutzutage alles bezeichnet wird, was über einen Spaziergang auf der Schwäbischen Alb hinausgeht. Wir sprachen von überschaubarer Rundreise, denn nichts lag uns ferner, als andere zu beunruhigen und noch weniger uns selbst. Davon abgesehen ging es auch nur um meinen Geburtstag, einen von vielen.

Unsere in Worte gefasste Begeisterung prallte an das wackelige Vorstellungsgerüst einiger eher mit schwankendem Mut gesegneten Freunde, die sich außerordentlich schwer mit unserer Südamerikatour taten. Lange hatte es gedauert, bis wir in ihren Gedanken verankert waren und als es dann endlich soweit war, brachen die Reaktionen wie ein Gewittersturm über uns herein. Während wir von Freiheit träumten, pinselten sie uns mit harschen Strichen düstere Bilder von Raub, Vergewaltigung und Mord, sofern wir die Reise überhaupt antreten sollten. In ihrer Skepsis endete unser Vorhaben direkt in der Katastrophe. Zwei Frauen konnte man einfach nichts zutrauen, schon gar nicht mit dem Fahrrad, und dann auch noch auf der unteren Seite des

Globus. „Und das in Eurem Alter", hatten sie noch nachgelegt, sozusagen in der Abendröte unseres Lebens, wenn nicht gar auf dem Weg zur letzten Erschöpfung. Erst beim näheren Betrachten wunderten wir uns über die bunte Vorstellungskraft von so manchem, der bis dahin allenfalls an der Lahn entlang geradelt war.

Die Unerschrockenen, am anderen Ende der Skala, betrachteten uns dagegen als Säulenheilige der Radfahrer. „Fremde Kulturen, atemberaubende Natur, tollkühnes Abenteuer" sprudelte es aus ihnen heraus. Ihre Augen funkelten beim Gedanken an die Anden und Vulkane, auch wenn sie keine genaue Vorstellung davon hatten, vielleicht auch gerade deshalb. Ihr Zuspruch beflügelte uns und trieb uns anderntags erwartungsvoll ins Reisebüro.

Im Reisebüro mit der persönlichen Beratung, lächelte uns die Angestellte in geübter Verkäufermanier freundlich entgegen, als wir einen Flug nach Chile im Dezember buchen wollten. Das Lächeln trübte sich dann etwas ein, als uns die Dame erklären musste, dass mit Fahrrädern üblicherweise nicht geflogen wird. Falls doch, hätten wir uns vor unserem Flug zu den Sperrgepäck-Bestimmungen zu informieren. So elastisch kann Beratung sein.

Unter Hochdruck beschäftigten wir uns nun mit fliegenden Rädern und den Bedingungen dazu. Und da das alles nicht so einfach war, gingen wir fünf weitere Male ins Reisebüro, wo man uns mit fortgeschrittener Ratlosigkeit begegnete und uns schließlich noch einen weiteren Haken servierte, eine „Bodenleistung", die wir zu buchen hätten. „Bodenleistung" bedeutete entweder Hotelübernachtung in Santiago de Chile oder Mietauto. Beides passte überhaupt nicht zu unseren Vorstellungen, Auto noch weniger als Hotel, aber Flug ohne Zusatzbuchung gab es nicht. Mit der Hotelbuchung wurde es nicht einfacher, da der neue Sommerkatalog noch nicht vorlag und als es schließlich Hoch-Sommer war, wusste man nichts mehr von dieser Bodenleistung. Die Buchungskomplexität lichtete sich erst vier Wochen vor unserem Abflug, als man uns erklärte, wir würden nicht — wie vereinbart — mit LAN sondern mit Iberia fliegen und das könnte beim Rückflug zu Problemen bei der Gepäckaufgabe geben, schob die Angestellte noch leise nach. Von negativen Gefühlsmechanismen wollten wir uns bei dieser Bemerkung jedoch nicht steuern lassen.

Nachdem sich der knifflige Beratungsdunst wieder verzogen hatte, wandte ich mich meinem Spezialgebiet, dem nächsten hochwichtigen Thema zu, wie denn Fernreisende ihr Hab und Gut transportieren. Die Vorstellung, mit Anhänger zu fahren, war zu einer regelrechten Manie in mir erwachsen. Mich drängte es nach Sportlichkeit und dem bunten Schweif hinter mir, mit dem ich über abenteuerliche Pfade und Totholz raspeln würde. Von Packtaschen, Beuteln und Rollen hatte ich längst genug.

Anhänger gab es, so meine Nachforschungen, in allen Variationen, als Hoch- und Tiefdeichsler, mit einem oder zwei Rädern, großem oder kleinem Rad, aus Kunststoff oder Metall, gefedert und starr mit aufgeschweißtem Kübel oder ohne, mir wurde ganz schwindlig. Las man drei Sätze weiter, klärte sich der Nebel. Die meisten Hänger darf man nur im Schleichgang fahren, sind bleischwer, kippen schnell und sind auf Schotter nicht zu gebrauchen. Nicht einmal fünf blieben übrig. Doch irgendwann war genug gelesen, mich hungerte nach dem Originalen.

Wahrscheinlich lag es an der Gelegenheit, Evas älteren, weinroten Hundeanhänger einfach mal auszuprobieren, der mit platten Reifen in der Garage vor sich hin staubte. Mit Außentaschen, Regenfolie, Fliegengitter und Reflektoren ähnelt er einem kleinen Kinderanhänger. Bereits leer wiegt er über elf Kilogramm, die jedoch laut Eva kaum zu spüren sind. Der Wunsch, diesen sagenhaften Hänger zu fahren, wurde übermächtig, ich montierte mir die Kupplung ans Rad.

An einem strahlenden Sonntag brachen wir erstmals mit Gespann auf. Eva wirkte doppelt so nervös wie ich und instruierte mich vorab, langsam zu fahren, Kurven nicht zu schneiden, genügend Abstand zu parkenden Autos zu halten, Gehsteige rechtwinklig anzufahren und auf Grasnarben zu achten. Ein ganzes Füllhorn an Gefahren, die auf mich lauerten.

Meine Neugier stieg ins Unermessliche und selbst die Nachbarschaft erschien, als wir mit dem Hänger aus der Garage kamen. Man kombinierte sofort, wir üben für Chile. Beladen mit Vesper-Rucksack, einer Decke und der freundlichen Dalmatiner-Stoffhündin meines Sohnes trat ich mit unbändiger Freude meine Jungfernfahrt an und zog übertriebene Bögen um Gehwege und parkende Autos. Eva schrie schon bei kleinsten Kippbewegungen mahnende Worte nach vorn, denn was hinten passierte bemerkte ich kaum. Ich war mit Jauchzen beschäftigt und mit dem Drumherum, mit den Menschen, die winkten, strahlten oder staunten, je nach Tagesform und innerer Beteiligung. Je länger die Fahrt dauerte, umso sorgloser und entspannter wurde ich. Ich rumpelte als Gespann über Feld- und Waldwege in Richtung Schönbuch, es machte riesig Spaß.

So hätte es auch bleiben können, wäre mir auf der Rückfahrt nicht ein unbedeutender, schon etwas angetrockneter kleiner Rossbollen unters Rad gekommen. Tänzelnd geriet der Hänger in eine kipplige Lage und fiel dann einfach um. Es klang nach metallischem Schneeschippen. Eva schaute erbost, doch im Gesicht einer arglosen Spaziergängerin stand das blanke Entsetzen. Mit schrillem Schrei und erhobenen Armen stürmte sie auf den Hänger zu, wollte retten, was noch zu retten war und erst als sie hinter dem Fliegengitter kein lädiertes Kind, sondern eine topfitte Stoffhündin bemerkte, wich der Schmerz erleichtertem Strahlen.

Meine Euphorie war nach dieser frustrierenden Übung absoluter Ernüchterung gewichen, ein Schuss unverbrauchte Theorie war dringend nötig. Wir stocherten weiter im world wide web, turnten durch die halsbrecherische Topografie der Anden, durchschwitzten die Klimatabellen und Temperaturverläufe Chiles, wateten in Niederschlagsübersichten und hatten sämtliche Vegetationszonen durchlitten, bis wir schließlich in der gemäßigten Zone des kleinen Südens landeten. Diesen konkreten Sektor empfanden wir als kleinen Sieg über die Karte und als großen über uns selbst.

Nach Tagen des Destillierens und Kombinierens rammte ich am Ende aller Überlegungen virtuelle Blöcke in die Karte, von Temuco im Nordwesten bis nach San Carlos di Bariloche im Südosten. Im Herzen von Araukanien würden wir vier Wochen lang die Anden rauf und runter radeln, an Seen und Vulkanen vorbei, um dann über Umwege wieder am Ausgangspunkt anzukommen. Im zweiten Teil unserer Reise würden wir von Los Andes aus eine Woche lang unsere gedachten Ausschweifungen starten, und fliegen mussten wir auch noch.

Man glaubt gar nicht, wie anstrengend dieses rein theoretische Konstrukt schon war. Und noch weniger mag man sich vorstellen, dass ab und zu die Frage aufkam, ob denn alles gut gehen wird.

Vielleicht hingen die Zweifel auch mit dem Oma-Möbel zusammen, genauer gesagt mit den drei Löchern, die so düster aus der Kommode herausgähnten, dass man jedes Mal erschauderte, wenn man daran vorbeiging. Tatsächlich bereiteten sie uns ein schlechtes Gewissen, ermahnten uns endlich mit den Arbeitshöhlen fortzufahren, unserer nächsten staubigen Aufgabe.

Die drei Auszüge dieser finsteren Höhlen hatten vor vielen Jahren Mehl, Stoffservietten mit Silberringen und Geldkasse mit Sparbüchern bewahrt. Fünfzig Jahre später beherbergten sie halsstarriges Werkzeug wie Schraubenzieher, Hämmer, Zangen und Feilen. Kein Wunder, dass die Innenwände lädiert waren, Riefen zogen sich durchs Holz mit tiefen Scharten. Doch wie durch ein Wunder lebte kein einziger Holzwurm darin.

Eva saß mit den Schüben im Schoß auf der Mauer und mehlte sich über Stunden beim Schmirgeln ein, außen mit dem Jahrhundertlack, innen mit den Macken. Zur Farbkollektion des Unterschranks wählten wir Weiß für die Front und Grau für den Knauf. Ich hätte gut daran getan, sie zum Trocknen kopfüber an Fleischerhaken aufzuhängen. Da ich solche Utensilien im Keller nicht fand, bastelte ich Rokoko-Kragen aus Krepp-Papier um jeden Knauf und unterband damit jegliche Farbdurchmischung.

Mit den leuchtenden Schüben verlor das Oma-Möbel seine Beklemmung und heiterte nicht nur den Flur, sondern auch uns deutlich auf, auch wenn in der oberen Thematik noch Hand angelegt werden musste.

Spanisch im Galopp

Die Tage hatten ihre Leichtigkeit endgültig verloren, als wir begannen, spanisch zu lernen. Der Entschluss, sich mit der Landessprache vertraut zu machen, siegte über den Wunsch, den Tagen etwas Ruhe abzugewinnen und trieb mich zum nächstgelegenen Spanisch-Kurs, zehn Häuser weiter.

„Anfängerkurs für Ältere" stand am Aushang des Degerlocher Kulturzentrums und passte beeindruckend gut zu unseren Voraussetzungen. Nur der Freitagvormittag war nicht so geschickt, er kollidierte mit der Arbeit.

Ich ging hin und fühlte mich wie ein Eindringling. Menschen in reifem Alter hatten sich zu einer Interessensgruppe zusammengefunden, die stolz darauf waren, gemeinsam etwas Sinnvolles zu tun. Da war es nebensächlich, ob man erst 75 oder schon 85 Jahre alt war. Die Gruppe strahlte eine homogene, friedfertige Trägheit aus, nur meine Nachbarin mit den schmuckschweren Fingern und dem eingravierten, nüchternen Gesichtsausdruck durchlebter Enttäuschungen fiel spürbar aus dem Rahmen. In ihrer etwas freudlos angehauchten Art erkundigte sie sich nach meinen Spanischkenntnissen, worauf ich erklärte, dass ich am Vorabend die Zahlen 1 bis 100 gelernt habe. Zahlen schienen absolut lächerlich in ihren Augen. „Das ist ja gar nichts!" posaunte sie mit triumphaler Stimme, nachdem mir das explosive „Pah!" am Beginn ihres Satzes schon vollauf genügt hätte. Kein guter Anfang einer Spanischstunde, es wurde noch verzwickter.

Die blutjunge Lehrerin befeuerte die Gruppe in einer dermaßen hyperaktiven Art und Weise, dass auch die ungeübtesten Gehirnwindungen wieder zu pochen anfingen. „Fordern und fördern" war anscheinend ihr Motto, das sie ohne Punkt und Komma auf die Menschen einreden ließ. Der Anfängerkurs – das sah ich am Buch – befand sich bereits in Lektion fünf und diesmal ging es um Zeitungsanzeigen, nachdem sie den Inhalt der letzten Stunde kurz wiederholt hatte. Mit der Schere schnitt sie kleine Schnipsel aus einer lokalen Tageszeitung heraus und verteilte sie. Die Schnipsel entpuppten sich als Anzeigen oder Veranstaltungshinweise. Es muss eine respektable Aufgabe für die Schüler gewesen sein, diese Passagen zu übersetzen, denn ein unüberhörbares Stöhnen ging durch den Raum. Das Ringen mit den Vokabeln paarte sich mit einer gewissen Unsicherheit oder Mutlosigkeit, die der Reproduktion des Gelernten nun im Wege stand. Sie taten sich durchweg schwer.

Und doch gab mir ihr Zaudern kaum Auftrieb. Nachdem sich mein Herzklopfen etwas beruhigt hatte, wand ich mich meiner vor mir liegenden Aufgabe zu. Es erstaunte mich, wie viele Zahlen in eine vierzeilige Ankündigung eines Literaturabends passten, ohne übertrieben zu wirken. Eckpfeiler, die mir Mut machten und dennoch scheiterte ich kläglich. Es waren die Wörter dazwischen, denen ich hilflos gegenübersaß und die mich anstachelten, in uralten französischen Vokabeln gedanklich zu kramen, um sie dann spanisch zu verfremden. Diese verheerenden Konstrukte zeugten von meiner sprachlichen Not, die auch meiner Nachbarin nicht entging. Ich goss Öl in ihr Freudenfeuer, das sie größer und herrschaftlicher werden ließ. Und als sie in ihrer Präsenz unübersehbar und unbesiegbar neben mir thronte, fühlte ich mich in meiner Einschätzung bestätigt, dass niemand auf schöne Alterserlebnisse verzichten muss, ganz egal worauf sie sich auch gründen.

Am Ende der Stunde ermunterte mich die Lehrerin nach einem anderen Kurs zu suchen, der ihre sei zu langsam für mich.

An der VHS Ostfildern bot man „Vivan las vacaciones", Spanisch für Urlauber an, freitagabends von 17:30 – 19:45 Uhr. Das passte zeitlich und inhaltlich hervorragend und war auch noch ganz in unserer Nähe.

Mit sieben weiteren Schülern in bunter Altersdurchmischung und mit unterschiedlichen Professionen bildeten wir eine konzentrierte Gruppe, um sprachlich voran zu kommen und Sara, unsere überschäumende Gymnasiallehrerin gab den Ton dabei an. „Sprachvermögen im Urlaub" war der häufigste Grund für die Zusammenkunft und nur zweimal hatte man aufgehorcht bei der Vorstellung seiner Interessen. Spanische Literatur war solch ein Magnet und unsere Radreise. Als besonders bemerkenswert empfand man anscheinend, dass unser Flug schon gebucht, wir aber sprachlich bei null anfingen. Diese Reaktion brachte mich innerlich kurzzeitig in Aufruhr, hinderte mich aber nicht daran, allergrößte Hoffnungen in die Künste Saras zu setzen.

Jeden Freitag trafen wir uns in einem schlichten Klassenzimmer, wo bald jeder seinen Stammplatz einnahm, um im ungewohnten Sprachraum etwas Halt zu finden. Uns gegenüber präparierte sich stets ein untersetzter, leicht nach vorn geneigter, älterer Herr mit einer kleinen Standuhr und fünf spitz zugerichteten, pechschwarzen Bleistiften für den Unterricht. Freundlich-gelassen schaute er durch zwei große, gelbe Brillengläser, in der Hoffnung, jemals lyrische Girlanden spanischer Literaten entflechten zu können. Wir hatten kolossale Achtung vor der selbst gestellten Aufgabe. Neben ihm saß ein junges Pärchen, gut gelaunt, offen und beide mit einem derart privilegierten „R" ausgestattet, dass jedes Wort automatisch einen spanischen Akzent bekam. Dann kam Robert. In jeder Gruppe scheint es einen Robert zu geben, manchmal erkennt man ihn schon am ersten Tag, manchmal erst nach Wochen. Unser Robert gab sich gleich zu erkennen durch seinen ungebrochenen Drang, mit seinen sprachlichen Kenntnissen hausieren zu gehen. Womöglich bot er uns den Spiegel für die eigene Unzulänglichkeit, doch wir würden viel zu kurz beieinander sein, um zu seinem Sprachniveau aufschließen zu können. Selbst wenn er sogar Teil unseres Antriebs war, Robert nervte einfach. Zwei Stühle weiter saßen zwei miteinander befreundete Damen. Die jüngere, mit einem Spanier verheiratet, lag auf unserem sprachlichen Niveau, die andere – Renate – fiel durch ihr grelles Äußeres und ihre dominante Präsenz auf. Zu jedem Outfit trug sie die farblich passende Brille. Neben uns schließlich saß eine blonde, witzige ältere Dame, die durch ihren trockenen Humor und ihr körperliches Lachen auffiel, ein leises Lachen, das ihren gesamten Körper in heftige Wallung versetzte.

Unterschiedlicher konnten Charaktere kaum sein und doch banden uns die sprachlichen Hoffnungen zu einer charmanten Gruppe zusammen.

Das „V" wird als „B" gesprochen, das „J" als „CH" und das „G" auch, aber eben nur manchmal. So begann Sara mit dem Alphabet und führte auch gleich die merkwürdig umgedrehten Frage- und Ausrufezeichen ein. Jeder wurde gefordert, musste Buchstaben rauf und runter sagen und tat dies mal mehr, mal weniger perfekt. Lernen für Ältere eben, mit all seinen Aspekten und die zogen an. Flutend erfrischten uns fremde Vokabeln und es dauerte nicht lange, da waberten schon kleine Sätze durch den Raum. Grammatikalische Kleinigkeiten, Satzergänzungen und Wörter in einen sinnvollen Zusammenhang bringen, es ging bergauf. Einmal übten wir im Uhrzeigersinn, das nächste Mal entgegen. Im Reigen aus zuhören, abschreiben, verstehen und ja nicht den Faden verlieren war man unablässig gefordert.

Beharrlich lernten wir, uns unterwegs zurechtzufinden, fragten nach dem Weg, erkundigten uns nach der Touristeninformation oder suchten nach einem Zimmer. Hatten wir tatsächlich „una habitacion doble" gefunden, platzte prompt kaltes Wasser aus der Dusche, war die Steckdose kaputt oder klemmte das Fenster. Wir kriselten uns durch die Tücken des Alltags, stolperten von einem Problem zum nächsten, bis endlich der Magen zu knurren begann.

Diese Angelegenheit brachte Leidenschaft in die Runde, als bunte Fleischtöpfe und üppige Fischpfannen vor uns zu dampfen begannen und appetitliche Tapas in Reih und Glied vor uns lagen. Niemand wählte „menu del dia" aber gemeinsam löffelten wir Flan als Nachtisch. „Que aproveche!"

Wir lernten die spanische Mentalität kennen und die Besonderheiten der Landesregionen. Langeweile kam nie auf und passte es zur Thematik, flocht Sara eigene sprachliche Anekdoten mit ein. „Haben Sie Zeit für mich?" war solch ein Lapsus, wo sie doch eigentlich nur die Uhrzeit wissen wollte. Und die galoppierte uns jedes Mal davon.

Der Urlaubs-Kurs bestand aus acht Einheiten, kaum mehr als ein kümmerlicher Keim, den man im Nu wieder vernichten konnte. Es wunderte mich deshalb nicht, dass sich beim gemeinsamen Abschlussessen meine rudimentär erworbenen Sprachkenntnisse restlos in den Hintergrund duckten, als wären sie in einer unzugänglichen

Gedächtnislücke versackt. Panisch bettelte ich um einen Folgekurs und stieß damit auf offene Türen. Natürlich war es Renate, die an diesem Abend eine froschgrüne Lesebrille zu einem grün weiß karierten Halstuch trug und mit unüberhörbarer Stimme versprach, einen Aufbaukurs in gleicher Besetzung zu organisieren.

Die Kartoffel-Tour

Keinen Meter weit waren wir bis jetzt unter voller Last gefahren, als uns im September das späte, dafür umso heftigere Gefühl übermannte, der Sache womöglich nicht gewachsen zu sein. An Kompensationsmöglichkeiten herrschte bittere Leere, was die Tragweite der Herbstausfahrt, die ich flugs zusammenzimmerte, um ein Vielfaches erhöhte. Eine Tour als Entscheidungsmarke, als Pendel zwischen Hochgefühl und Selbstzerfleischung, zwischen der Verwirklichung eines Traumes und absolutem Fiasko.

Als Szenario entwarf ich einen Kurs im eigenen Ländle, rauf auf die Alb, runter an den Bodensee, rüber zum Schwarzwald und querdurch zurück nach Degerloch. Noch immer waren wir auf Rückenwind aus, vor allem in psychischer Hinsicht, und auf gutes Wetter, sollte es in Richtung Strapazen gehen. Der Tour setzte ein Tiefausläufer Grenzen, der über Frankreich kreiselte und Fahrt in Richtung Deutschland aufnahm. Ich kramte deshalb Italienkarten aus der Schublade, denn Italien protzte mit Sonne und Wärme. Zur erwachsenen Gepäckausstattung packten wir das Spanischbuch mit ein. Tagsüber Fahrrad fahren, abends Zelt aufbauen und sonstige Fisimatenten und obendrein auch noch lernen. An Langeweile war nicht zu denken.

Mit unverhohlenem Ehrgeiz hievten wir in Eppan die Räder samt eleganten Edelstahlgepäckträgern vom Fahrrad-Ständer, wuchteten die neuerstandenen, weltumrundungstauglichen Gepäcktaschen an die Träger und drapierten Zelt, Schlafsäcke und Schutzfolie oben drauf. Von der Seite glich mein Fahrrad einem gut genährten Dromedar. Mit der spaßigen Ausschmückung bei unserer Königsee-Testfahrt hatte diese Beladung nichts zu tun. Wir machten richtig was her.

Um auf den Sattel zu kommen, musste ich mit dem Bein in großem Abstand zum Rad weit ausschlagen, eine akrobatische Übung, die man in meinem Alter nur noch selten ausführt, und in einem Schwung über Gepäckwulst und Sattel zielen, um dann erstmal mit eingeklemmtem Rad dazustehen. Eva hatte für sich eine andere Technik entdeckt und fädelte sich graziös mit hochgezogenem Knie zwischen

Lenker und Sattel ein. Aber egal, ob rüber geschwungen oder durchgefädelt, mit zittrigen Armen standen wir am Fahrbahnrand und erkannten, wie waghalsig es ist, so wackelig auf die Hauptstraße zu fahren. Die Balance war futsch und es ging auch noch aufwärts.

Rechts von der Hauptstraße bog ein schmaler Weg ab und gaukelte uns eine verlockende, autofreie Abkürzung vor. Mit ihm hofften wir, Zeit zu scheffeln. „Freu Dich nicht zu früh" schien uns bald das kleine Sträßchen entgegen zu schreien, denn urplötzlich raffte es sich auf und kletterte als schmales Teerband stramm durch Wald den Berg hinauf. Die Straße erweckte den Eindruck, etwas ganz Besonderes, Einmaliges zu sein, als am linken und rechten Fahrbahnrand riesige Metall- und Holzskulpturen auftauchten, die auf uns herab lugten: eine große Metallkugel hoch oben am Berg, ein riesiger Dackel in nächster Nähe, der mit seiner ellenlangen Zunge quer über den Weg am gegenüberliegenden Blattwerk leckte, ein übereinander geschachteltes Räderwerk, verschiedene Pendel und Phantasiegebilde. Die Kunstwerke in ihrer verstörenden Größe kamen so unverhofft in den Blick, dass man gar nicht anders konnte, als sie zu bestaunen. Zum Anfahren war es viel zu steil, um geradewegs daran vorbei zu fahren, unsere Neugier zu groß. Also riss jede bei ihrer Schlangenfahrt, mit weit nach vorn geneigtem Oberkörper, den Kopf schnell hastig mal nach links und mal nach rechts hoch und beide hatten wir dabei alle Hände voll zu tun, uns keinen Nackenschaden zu holen, ganz abgesehen vom Gleichgewicht, das uns entglitt. Als wir keuchend endlich oben waren, wussten wir, wie es sich mit großem Gepäck auf längeren Steilstücken anfühlt. „Beschwerlich" traf den Zustand nur halb, es war schlimm, furchtbar sogar. Doch noch schlimmer war die Erkenntnis, dass der kleine Weg uns an der Nase herumgeführt hatte. Auf der anderen Seite ging es mindestens genau so steil wieder bergab und traf exakt auf die Straße, auf der wir locker und entspannt, ganz ohne Anstrengung den Berg hätten umrunden können. Soviel Aufwand für nichts! Und so viel zu Abkürzungen.

Den Abend im Genick, schauten wir nach einer Unterkunft und fanden einen Campingplatz, auf dem nicht viel los war. Es entsprach unserer anfänglichen Bequemlichkeit, in einem voll ausgestatteten Holzhüttchen zu nächtigen, das eingebettet unter Bäumen, mit Stockbetten, Tisch und Stuhl eine heimelige Gemütlichkeit ausstrahlte, die uns gleich begeisterte. Die erste Nacht war in trockenen Tüchern und als wir die nagelneuen Sanitäranlagen und die Pizzeria gleich um die Ecke entdeckten, keimte der zaghafte Wunsch in uns auf, dass es doch so bequem auf der gesamten Tour bleiben möge. Elegant hatten wir uns um Zeltaufbau und Kochen gedrückt, wo es doch höchste Zeit war, Nägel in felsigen Untergrund zu klopfen.

Der Radweg führte an der Etsch entlang und offenbarte die verschwenderische Fülle an roten und grünen Äpfeln, die links und rechts des Weges auf ewig gleichen Bäumen wuchsen. Eine Monotonie an akkuraten Reihen, ein einziges, duftendes Obstregal. Bei so viel Gleichförmigkeit konnte auch der Radweg kaum Abwechslung bieten, doch es war angenehm, wie schnell man vorwärtskam. Tausende wurden über diesen Radweg geschleust und da niemand verdursten sollte, gab es beruhigend viele Wasser-Zapfstellen am Wegesrand. Tranceartig ließ ich mich auf das monotone Treten ein, als Metall-Radrennfahrer-Skulpturen mit waghalsigen Kapriolen daran erinnerten, dass Radfahren auch immer Auf und Ab bedeutete. Vorerst spielte sich das Gelände noch nicht unnötig auf. Erst ganz zum Schluss stellte sich uns ein kleiner Hügel in den Weg, damit man wenigstens 200 Höhenmeter verbuchen konnte, bevor es schließlich im tackenden Leerlauf nach Torbole ging.

Strömender Regen empfing uns im Ort, anscheinend hatte Frankreich seine Finger im Spiel. Hastig flüchteten wir unter die Arkaden, wo uns zwei Kleiderständer voll bunter Rad-Trikots um den Verstand brachten. Als hätten wir nicht schon genug zu schleppen, kaufte Eva eine schwarzweiße Rad-Garnitur und ich eine frühlingshaft grüne. So durfte es nicht weitergehen. Wir fummelten uns in die störrische Regenkleidung und fuhren mit zwitscherndem Polyestersound in strömendem Regen nach Riva.

Die Erinnerung von vor einem Jahr holte uns wieder ein, als wir in der schon bekannten Unterkunft nach einem Zimmer fragten. Da-

mals war mir ein unmöglicher Lapsus passiert, in Form eines fliegenden Trinkschlauchs. Ich sah ihn noch vor mir, wie ich ihn wie üblich
in kreisenden Bewegungen rotieren ließ, um ihn vom Restwasser zu
befreien und er mir dann in einem Moment der Unachtsamkeit aus
den Fingern gerutscht und zu einem bizarren Eigenleben gestartet
war. Mit wirbelnder Energie hatte er sich wie eine traumatisierte
Schlange in die Luft empor geschraubt, hoch und immer höher, bis er
in ruckartigen Schleifen abgetrudelt, zuckend überm Dach erschlafft
und mit einem deutlichen „Klack" gelandet war. Der Aufwand für
diese Ungeschicklichkeit war beträchtlich und dennoch nahm man
uns als Urlauber wieder auf.

Vergnügt erwachten wir am Morgen, der Regen war der Sonne gewichen, und schauten fasziniert auf die im Morgenlicht beschienenen
Berge. Auf dem Gardasee ging es schon hoch her, Segelboote und
Surfer flitzten dahin. Schäumende Wellen, strahlende Sonne und die
flache Fahrt berauschten und bescherten uns sorgenfreie Urlaubsge-
fühle like „ice in the sunshine". Nur mein Hinterreifen lahmte und
hatte auch nach mehrmaligem Aufpumpen keine Lust auf Rollen.

Die Werkstatt, in die wir bald kamen, hatte ihre Blüte längst hinter
sich und wirkte wie ein lost place. Ausgebeinte Metallkarossen verrot-
teten in den dunklen Ecken, der Boden dick mit altem Öl verkrustet,
unförmige Berge aus schmierigen Schläuchen, dazu Metallteile und
abgefahrene Reifen, die kreuz und quer übereinanderlagen und all das
unter einer schwach glimmenden Funzel. Mein freundliches „Hallo"
hauchte der Halle nur kurzzeitig Leben ein. Nach einer gewissen
Dauer schlich ein abgearbeiteter, alter Mann mit zittrigen Händen ins
Verlies, der schon lange keine Kundschaft mehr erwartete. „Luft für
den Hinterreifen" bat ich mit einem Fingerzeig zum Ventil. Nach
mehreren Versuchen brummte der Kompressor den weichgewalkten
Reifen knallhart auf. Die Freude war mir die zwei Euro wert, doch als
ich das Rad aus der Werkstatt schob, stockte es gewaltig, die Felge
händelte mit dem Gummi. Luft raus, Luft rein, war nun das Motto
unsrer Tour, auch wenn mir der Sinn dieses Wechselspiels verborgen
blieb. Für Nachforschung war jetzt sowieso keine Zeit, denn um ein

Haar wäre uns die mittägliche Ladenschließzeit in die Quere gekommen.

Zelterfahrungen

Leichte Bewölkung zog auf, als wir am südlichen Teil des Sees ankamen und den Campingplatz in Pedenghe ansteuerten. Wenn es denn überhaupt möglich ist, auf einem Campingplatz unbeobachtet sein Zelt aufzustellen, hier jedenfalls nicht. Kaum hatten wir zwischen zwei Wohnwagen, einem großen Hauszelt und einem verwachsenen Baum begonnen, den Stoff in Form zu bringen, als sich auch schon die Sitzgelegenheiten um uns herum füllten. Zeltaufbau schien jeden zu interessieren und Zeltaufbau von zwei älteren Damen war die Sensation des Tages. Die Sensation blieb aus, da wir die Systematik der Anleitung befolgten und wie beschrieben zogen, hämmerten, fummelten und strafften und uns damit peinliche Momente ersparten. Die Stoffhütte stand schneller als gedacht.

Auch beim Einräumen gab es Gedankenauffrischung, an unsere schreckliche erste Zeltübernachtung in Roth im Jahr davor. Wir hatten Evas Sportfreunde und Kollegen besucht, die sich auf den bevorstehenden Triathlon vorbereiteten. Das Angebot, in der Turnhalle zu übernachten, hatten wir dankend abgelehnt, da uns die Luft durch nassgeschwitzte Trikots und feuchtgetretene Sportschuhe doch arg gesättigt vorkam. Stattdessen zelteten wir auf der angrenzenden Wiese in trockener, windstiller Nacht. Das Radtraining hatte uns müde gemacht und wir waren gleich, nachdem das Zelt eingerichtet war, eingeschlafen. Nur einmal hatte ich in der Nacht im Vierfüsslerstand meiner etwas porösen Thermo-Schlafmatte frische Luft eingehaucht.

Zum Ende der friedlich durchschlafenen Nacht war es dann vorbei mit der Idylle, als Eva mit ungewohnt schrillem Ton kreischte, sie liege mit nassen Haaren in einer Pfütze, ich solle etwas tun. Es war ein frühmorgendlicher Tritt ins Kreuz. Gedanklich befand ich mich noch weit davon entfernt, nach halbwegs akzeptablen Lösungen oder gar

Ursachen zu suchen. Mehr als eine umgefallene Flasche kam mir nicht in den Sinn, während Eva schon längst mit den Händen aufgeregt umher getapst war, und so das Ausmaß der Nässe kannte. Das Erstaunlichste an dem Vorfall war, dass meine Seite trocken war, für Eva war das natürlich kein Trost.

Nach längerer Suche waren wir der Ursache tatsächlich ein Stück nähergekommen. An der Innenseite des Außenzeltes hatte sich Kondenswasser gebildet und als Eva mitsamt dem Innenzelt dagegen gerollt war, nahm das Wasser seinen Lauf. In unserem Entsetzen war uns nur ein kapitaler Produktionsfehler eingefallen und wir hatten das Zelt nach der Rückkehr mit einem ausführlichen Mängelbericht an den Händler zurückgeschickt. Sehr kulant hatte man ein Ersatzzelt geliefert, obwohl das Material „nach Prüfung keinen offensichtlichen Fehler" hatte. Das Vertrauen in diese Stoff-Hütte war gebröckelt, auch wenn wir viele Tipps erhalten hatten. Abspann-Gummischlaufen war so ein Tipp, doch die lagen in Plastik verpackt zuhause.

Diese wässrige Erinnerung vor Augen, krabbelte Eva ins Zelt, gab den Thermoplast-Matten einen Schubs, befreite die Daunensäcke aus ihrer engen Umklammerung und knuddelte Kleidungsstücke zu einem Kissen zusammen. Die Bettstatt friedeten wir mit unseren Gepäck-Taschen ein, Kleinteile kamen in Zeltinnentaschen, Schuhe, Kochgeschirr und meine nächtliche Essration landeten auf einer Plastiktüte unterm schmalen Vorzelt. Wie immer lag mein Platz direkt am Eingang.

Als wir in unserer schlichten Textil-Hütte lagen wurden die Stimmen ums Zelt herum leiser, dafür frischte der Wind auf. Keine fünf Minuten später begann es sachte zu regnen und ohne Vorwarnung laut zu donnern. Ein Gewitter im Zelt hatten wir noch nie erlebt, es gehört zu unseren schrecklichsten Erfahrungen. Schutzlos lagen wir unter den fadendünnen Stoffbahnen, als ein tagheller Blitz vom Himmel jagte, dem ein krachend lauter Donnerschlag folgte. Und dann begann das Kesseltreiben. Blitz und Donner krachten ineinander, ein Aufguss an Getöse und Schlaglicht, ein irres, beängstigendes Spektakel. Erstarrt hielten wir unterm Tumult den Atem an, als sich auch noch ein ohrenbetäubender Wolkenbruch zum allgegenwärtigen Radau gesellte, der mit fauchenden Böen gegen die Zeltbahnen gefegt wurde. Noch nicht mal die Nähte hatten wir versiegelt. Ich sah das Zelt kollabieren und wir hofften inbrünstig, dass nicht noch Hagel die Bahnen zerfetze. Stocksteif starrten wir nach oben, als ein erstes Tröpfchen auf das transparente Innenzelt kullerte. Die Schleuse schien geöffnet und noch heute erstaunt es mich, dass das Gewitter nach einem zweiten Tropfen plötzlich abzog. Übermütig schnippte ich die Wasserkügelchen ans Außenzelt, wir nickten ein.

Am anderen Morgen war die Welt wieder in Ordnung, selbst der Gardasee schien vor lauter Freude Purzelbäume zu schlagen. Aufgekratzt schäumte er unter der schrägstehenden Morgensonne sattes Türkis zu weißer Gischt ans Ufer. Doch irgendjemand hat ja meistens schlechte Laune und diesmal war es mein Fahrrad. Es lehnte mit Plattfuß am Baum.

Schlauchwechsel auf einem dicht besiedelten Campingplatz ist eine weitere Sensation und genau die richtige Bühne für interessierte oder gelangweilte Zuschauer, zumindest wenn ihn Frauen durchführen. Als ich die Flickarbeit erledigt hatte, ging es darum, mit einer 15 cm langen Mini-Luftpumpe 3,5 Bar Luftdruck in den Reifen zu pressen, eine unsäglich monotone Übung, nichts anderes als stupides Ziehen und Drücken. Doch damit nicht genug, hat man es auch noch mit einer hundsgemeinen Gesetzmäßigkeit zu tun: ist man noch frisch, muss man nur wenig Press-Widerstand überwinden, sind die Arme müde, drückt man gegen eine Wand. Ich hatte es mir angewöhnt, die Hübe zu zählen. Hundert Hübe für mich, siebzig für Eva, dann wieder ich, doch soweit kam es erst gar nicht, da sich ein energiegeladener Camper mutig aus den Zuschauerreihen löste und um die Pumpe bat. Wie wild pumpte er sich Blut in die Adern und Luft in den Schlauch, der im Nu hart war. In der allgemeinen Euphorie hatte ich jedoch leider vergessen, dass ein dick aufgeblasener Pneu nicht mehr durch die hydraulische Felgenbremse passt. Das war mehr als unangenehm, eine oberpeinliche Situation, ich fühlte mich entsetzlich Technik-fern.

Wir kurbelten auf eine Anhöhe, von der wir einen letzten, herrlichen Ausblick zum Gardasee genossen, dann zweigten wir ins Landesinnere ab. Noch vor Brescia kamen wir an einem Steinmetz-Betrieb vorbei, von dessen Besuch ich mir erhoffte, ein Marmorwürfelchen in der Größe 2x2x2 Zentimeter für den heimischen Wasserkocher zu ergattern. Auf dem Firmengelände lagen quadratische Blöcke und an Holzgestellen lehnten hochpolierte, auf Maß gesägte Platten in allen Marmor-Variationen, schwarz, weiß, meliert, mit grober oder ganz feiner Textur. Vorsichtig schlängelte ich mich durch die beklemmende Enge schwerer Transportmaschinen hindurch und wandelte, immer dem gellenden Krach hinterher, durch zwei Hallen, bis ich in der hintersten Werkstätte auf einen Mund- und Ohrenschutz bewehrten jungen Mann traf. An eine Unterhaltung war nicht zu denken, weshalb ich ihm mit voller Lunge das Wort „Carara" ins Ohr brüllte, nachdem wir etwas Abstand zu den kreischenden Maschinen gewonnen hatten. Es musste ihm eine besondere Freude sein, mir einen Stein zu schenken, denn er nahm einen dreihundert Gramm schweren Brocken aus dem Holzregal und drückte ihn mir lächelnd in die Hand. Ein kleiner Fels für einen Wasserkocher, dachte ich mir und sollte das mit der Gepäckzunahme so weitergehen, würde ich nach wenigen Tagen zusammenbrechen.

Kein Geringerer als Stirling Moss war es, der 1955 mit seinem Mercedes 300 SLR die Tausend Meilen von Brescia nach Rom und wieder zurück mit einer nie wieder erreichten Durchschnittsgeschwindigkeit von knapp 160 Km/h zurückgelegt hatte. Für die autoverrückten Italiener das schönste Rennen der Welt, für uns Radfahrer eine unvorstellbare und aberwitzig riskante Hatz durch die engen Straßen der Stadt. Aber anschauen wollten wir uns die Sehnsuchtsautos unserer Kindheit schon, mit ihren nostalgisch unverwechselbaren Attributen an Form und Design. Das Tausend Jahre alte Gemäuer des ehemaligen Klosters Santa Eufemia della Fonto bietet den charismatischen Rahmen, um die alten Autos, vom filigranen Vorkriegswagen über den eleganten Sportwagen bis hin zum muskulösen Nachkriegsrennwagen zu präsentieren. Ein Ort der Kulturpflege und ein Ort, der luxuriöse Armbanduhren, piekfeine Anzüge und hochpolierte Lederschuhe als Kleiderordnung einzufordern vermag. Wie immer fielen wir in unserer kunterbunten Sportkleidung auf, und wie immer schworen wir, trotz all der hübschen Boliden, dem Rad die ewige Treue.

In nördlicher Richtung schlichen wir uns aus dem Straßengetümmel durchs Val Trompia und über einen Höhenrücken nach Polaveno. Die Straße war kaum befahren, umso mehr erstaunte mich ein schreckliches Quietschgeräusch, das mir in den Ohren gellte. Aus den Augenwinkeln sah ich einen dunkelhäutigen Jugendlichen, der mit seinen schlaksig dürren Beinen wild auf die Pedale seines alten Rades einstampfte, während er mit dem Oberkörper von links nach rechts kippte. Unter diesen Bewegungen kann kein Rad geradeaus fahren und weil er sich so anstrengte, schlingerte er in wilden Kurven die Straße hinauf. Er hatte einen kleinen Wettkampf entfacht und sich mit strahlendem Lachen ins Zeug gelegt. Als er in eine Seitenstraße abbog, gaben wir uns einen freundlichen Wink als Anerkennung und Zeichen für eine gute Weiterfahrt. Eva hatte unter der Tempoverschärfung endgültig den Faden zu mir verloren und war nicht mehr zu sehen.

In der Abendsonne rauschten wir ratternd die Serpentinen nach Iseo hinunter, und rechneten damit, dass die meisten Touristen schon abgereist waren, doch weit gefehlt. Der erste Campingplatz war belegt und auf dem zweiten wies man uns ein abgenagtes Miniaturplätzchen zwischen den Deichseln zweier Wohnwagen zu. Die Winterschließung stand unmittelbar bevor. Wir trimmten die Alu-Heringe in das von Steinen durchsetze und Wurzel durchwobene Stückchen erdigen Bodens und waren von dessen halsstarriger Meuterei ungeheuer überrascht. Die kühle Abendbrise fächelte uns beim Duschen hinter den halbhohen Wänden eine zittrige Gänsehaut auf den Leib, denn auch das saisonale Warmwasser schien schon abgestellt. Bibbernd lernten wir noch vier, fünf spanische Vokabeln unter der glimmenden Stirnlampe und schlossen dann Buch und Augen.

Felszeichnungen, Skulpturen und Hunger bei Nacht

Die Luft war kühl am nächsten Morgen, feiner Nebel verhüllte und umschleierte geheimnisvoll den See als wir losfuhren. Sachte tauchte die aufgehende Sonne die bewaldeten Hänge am gegenüberliegenden Ufer in zartes Moosgrün. Herb wirkt der Lago d'Iseo und ursprünglich. Wir fuhren am östlichen Ufer des S-förmigen Sees entlang, wo Fischerkähne und kleine Ausflugsboote an weiß-blauen Pfählen festgebunden waren. Sie hatten den größten Trubel bereits hinter sich. Bald würden sie eingemottet. Wir dagegen kurbelten unaufhörlich unserer letzten Bergprüfung entgegen, dem Paso del Tonale, unserem Damoklesschwert. Sollten hier Knie, Hüfte oder Bandscheiben klemmen, wäre es aus mit Chile und den Anden.

Das Dunkel des grubenschwarzen Tunnels, in den wir am Ende des Sees eintauchten, glich einer Wand, einem unbeleuchteten Kohlenkeller, ohne jegliche Orientierung. Genauso gut hätte man die Augen schließen können. Mein flackerndes Helmlicht wurde von der Schwärze verschluckt, schwankend zitterte ich ins Ungewisse und krachte prompt in einen tiefen Schachtdeckel. Eva fuhr mit ihrem Stirnlampen-Geflimmer nun vorneweg und ich zuckelte mit weit aufgerissenen Augen dem schwachen Schummer hinterher und hätte mir ein Flutlicht ans Rad gewünscht. Ständig rechnete ich mit einem Randstein oder noch schlimmer mit einer Wand. Im Schneckentempo wackelten wir durch die schwarze Röhre. In solch schrecklichen Momenten fühlen sich hundert Meter wie zwei Kilometer an. Wehe, es lauert ein tiefes Loch, wehe, es kommen Lastwagen oder knatternde Motorräder, wehe, wehe, wehe! Wir hatten richtig Muffensausen und waren heilfroh, als uns das gleisende Tageslicht wieder blendete.

Wir fuhren in nordöstlicher Richtung an der Bahnstrecke und am Fiume Oglio entlang nach Breno, immer den eigentlichen Brocken unserer Testfahrt vor Augen. Der Pass Ende September als Test für Chile im Dezember, pochte es in meinem Gehirn. Knapper ging es kaum. Doch jeden Kilometer, den wir nicht wegknickten, feierten wir als Erfolg, manchmal auch mit Kaffee und Kuchen.

An einer Cafeteria hatten wir den Tisch und die Stühle etwas den Hang hinaufgetragen und saßen nun zwar äußerst ungelenk, dafür aber sonnenbeschienen auf schrägen Stühlen und warteten auf unsere Damengedecke. Die Tassen, die man uns brachte, waren randvoll und es war unmöglich, sie abzustellen, ohne dass der Inhalt aufs Trottoir geschwappt wäre. Wir hielten deshalb die klappernden Tassen wie Jongleure im Anfängerkurs in der linken Hand und hantierten gleichzeitig mit einer Gabel voll Kuchen in der rechten, ein selbst inszeniertes Geschicklichkeitsspiel, schlimmer als fünf Bälle in der Luft. Unter solchen Gesichtspunkten kann Radfahren pure Erholung sein. Wir näherten uns voller Erwartung dem Adamello-Massiv.

Die Vorbereitungen zu dieser bedeutungsschweren Tour hatte für mich einzig darin bestanden, den Zeigefinger auf die Landkarte in der Nähe Bozens zu setzen und im Uhrzeigersinn eine kartoffelähnliche Ellipse in südlicher Ausrichtung zu beschreiben, die – als einzige Bedingung – über den Passo del Tonale führt. Nun hatten wir ca. 2/3 des Kartoffel-Ovals hinter uns, als in Capo di Ponte ein Schild mit dem Hinweis „Sgraffiti" rechts ab vom Weg zeigte. Die innere Bereitschaft hatte wohl gefehlt, um diese einmalige archäologische Stätte zu besichtigen, denn wir fuhren, nachdem wir kurz am Lenker gezuckt hatten, geradeaus weiter. Das Ausmaß dieser Entbehrung hielt sich nur schwer in Grenzen, wie uns erst später bewusstwurde.

Was sich alles hinter der Bezeichnung Bed & Breakfast verbergen kann, erlebten wir in Edolo: eine Tiefgarage für die Räder, Pantoffeln für die Füße, ein Laptop im Zimmer, eine Großmutter für die Schmutzwäsche und ein einzigartiges Frühstück. Die halbe Nacht hatte sich die Dame um unsere Wäsche gekümmert und wir saßen nun duftend wie selten am Frühstückstisch und staunten. Vor uns breitete sich das Val Camonica aus in Form eines selbstgebackenen Kuchens, eigener Marmelade, frischen Beeren und Milchprodukten und neben uns in Form gebundener Hochglanz-Bildbände. In aller Eile holten wir nach, was uns am Tag zuvor entgangen war und vertieften und verloren uns in den unzähligen Abbildungen vorgeschichtlicher Felsgravuren. Mehr als hunderttausend Objekte, angefertigt vor über zehn Jahrtausenden, schmücken das gesamte Tal. Es sind Szenen des alltäglichen Lebens, bei der Jagd, in der Landwirtschaft, Tiere, Räder und Karren, geometrische Kompositionen und natürlich die Camunische Rose, das Symbol der Region Lombardei. Mit diesem kostbaren Einblick fiel der letzte Stein des Val-Camonica-Puzzles an seinen Platz. Wir waren bereit für den Pass.

Mit beispielloser Kraftmeierei, die nur durch innere Überzeugung aufzubringen war, zerrten, schoben und schleiften Soldaten im ersten Weltkrieg von Edolo aus eine fünf Tonnen schwere Kanone ins Adamello-Gebirge auf über dreitausend Meter Höhe. Monatelang waren sie mit dieser Wuchterei beschäftigt und noch heute steht das Kriegsgerät als Andenken und Mahnmal verstörend im Gelände. Diese Tortur stachelte unsere von Respekt erfüllten Körper gehörig an und eröffnete eine Zuversicht, gepaart mit Frische und Beständigkeit, die jegliche Restzweifel im Keim erstickten.

Am nördlichen Ende Edolos quetscht sich das Tal zu einer Enge zusammen, die sich Straße, Fluss und Häuser teilen und uns in einer kurzen Galerie verschwinden ließ. Gleise gibt es hier keine mehr, die Bahn endet in Edolo. Alles hängt nun an der Staatsstraße, auf 42 Kilometern bis zum Pass. Je höher wir kamen, umso gewaltiger, schroffer und zerklüfteter baute sich der Adamello-Gebirgsstock auf. Höhe wurde mal wieder mit Ausblick belohnt.

In Ponte di Legno, gerade im rosaroten Giro-Ausnahmezustand, belohnten wir uns mit Trauben. Als wir am Brunnen die Beeren knackten, beobachteten wir die Vorbereitungen auf die Wintersaison. Fassaden wurden gestrichen, Dächer ausgebessert Zäune geflickt, während wir in kurzen Hosen die Sonne genossen.

Zwölf Kilometer trennten uns vom Pass, die mit einem weiten Schwenk an Almwiesen vorbei im Wald verschwanden. Die ersten Serpentinen nahm ich mit Schwung und nach zwei weiteren Kehren lag die halbe Strecke schon hinter mir. Der Wald lichtete sich, die ersten Hotels tauchten auf, ich hatte den Pass erreicht. Kein innerer Jubelschrei, kein Gefühl des Triumphes machte sich breit. Kalte Böen ermahnten mich, das Trikot zu wechseln.

Das nasse Hemd schlug knatternd im Wind wie auf hoher See. „Chile, wir kommen!" jauchzte mir Eva im Überschwang entgegen, als sie sich die letzten Meter den Berg hochdrückte. Ein Erinnerungsfoto zeigt uns strahlend, mit eingerollten Schultern und zerzaustem Haar. Wir zogen uns ins Innere des Monumento Ossario zurück, wo Eva in voller Dankbarkeit eine Kerze anzündete, ehe wir den vielen toten Soldaten des Weltkrieges gedachten. Die Leichtigkeit war plötzlich verflogen.

Die Tagesration an Höhenmetern hatten wir bereits vertilgt, als uns die steile Abfahrt wieder ein Lächeln ins Gesicht zauberte. Auf den dicken Reifen preschten wir den Hang hinab, begleitet vom Gebrumm der Stollen, das uns wie ein aufgescheuchter Bienenschwarm verfolgte. Abfahrten sind wunderbar und auf dieser Abfahrt musste ich singen. Das fantastische Ortler-Massiv, die berauschende Geschwindigkeit und das befreiende Gefühl, einen Felsen beiseite geräumt zu haben – alles zusammen verjüngte, vergrößerte, machte mich high. Der Wind presste mir die Töne aus dem Mund und streute sie davon. Nur ganz selten hielten wir an und jagten viel zu schnell an den herrlichen Ausblicken vorbei. Erst als das Gefälle nachließ und uns wieder Tretarbeit aufnötigte, legten wir auf einer Holzbrücke eine kurze Rast ein. Bahnhöfe, Hotels, Restaurants, Campingplätze, Rafting, allmählich belebte sich das Tal des Torrente Noce. Unser Ziel hieß Cles. Die Sonne warf schon lange Schatten und tauchte die Hänge in weiches Licht und wir drückten die Kette ein letztes Mal auf das große Ritzel, denn der Nachtisch an Höhenmetern wurde serviert. Auf dem höchsten Punkt gab der Lago di Santo Giustina einen ersten kleinen Zipfel von sich preis, der wie ein Bombenkrater tief unter uns lag.

Der Abend war schon weit vorangeschritten, als wir in Cles ankamen und nach einer Unterkunft fragten. Wir waren zunächst an dem schwarzen, schmiedeeisernen Eingang des Bed & Breakfast vorbeigegangen, an dem verschwiegenen Häuserensemble mit Mosaikboden, Rundbogen und säulenbewehrtem Treppenaufgang. Es schmeckte nach Individualität, unser Detail verliebt eingerichtetes Zimmer mit seinem zauberhaften Charme. Wir schnappten unsere Duschsachen und waren kurze Zeit später schon auf dem Weg in die Stadt.

In Cles fand eine Ausstellung zur Geschichte des Fahrrades statt, Banner und Hochräder wiesen darauf hin. Und doch hatte Cles weit mehr zu bieten. Holz-, Bronze- und Glas-Skulpturen buhlten in einer Vielzahl um Beachtung, die mancher Großstadt zu Glanz verholfen hätte. Nur die Restaurant-Dichte fiel dagegen etwas ab. In Summe hatte ein einziges offen, dort gingen wir hin. Das Restaurant entpuppte sich als Pizzeria und war total überfüllt. Ein kleines Tischchen zwischen Tür und Angel minderte die bange Befürchtung, abgewiesen zu werden, und nichts und niemand konnte uns davon abhalten, auf den unangenehm wackeligen Stühlen auszuharren, bis die Bedienung kam. Die innere Spannkraft war längst verpufft, umständlich brachten wir die müden Beine zur Streckung und sogen Essensgerüche in uns auf. Erst beim Essen setzte freudige Hochstimmung ein und ließ uns unseren Erfolg genießen. In dieser Euphorie idealisierten wir alles, selbst die geschmacklose Pizza wurde zu einem Festessen hochgelobt. Wir waren einfach glücklich.

Zum Frühstück in der mintgrünen Küche trudelten zwei junge, deutsche Mountainbiker ein, mit denen wir beim Müsli löffeln und Brötchen schmieren ins Gespräch kamen. Sie machten eine Alpenüberquerung von Nord nach Süd und hatten wie wir den letzten Tag vor sich. Trotzdem hatten sie sich noch die Mühe gemacht, Wäsche zu waschen. Wir kennen das Gefühl bestens, wenn man morgens misstrauisch die Radhose begutachtet und merkt, dass sie noch feucht ist. Sie saßen in ihren klammen Hosen am Tisch und lächelten jegliches fröstelige Gefühl einfach weg. Wir waren äußerst beeindruckt und irgendwie auch neidisch.

Zur Belohnung ging es morgens im Schuss nach Mezzolombardo hinunter, wo wir erneut auf den Etschtal-Radweg stießen und ohne Anstrengung zum Auto zurück kurbelten.

Das Auto begegnete uns mit leicht modrigem, abgestandenem Geruch. Einmal durchatmen, das Gepäck verstauen und die Räder auf dem Hänger befestigen, dann ging es ans Umziehen.

Kleider wechseln im Auto ist immer eine ganz besonders strapaziöse Tortur. Eingezwängt zwischen Tür und Konsole, Armatur und Rücklehne, Himmel und Sitz, saßen wir wie in einer Astronautenkapsel im eigenen Saft. Draußen stolzierten Spaziergänger vorbei, was die Prozedur noch verschärfte und drinnen klebte die Montur wie Leukoplast an der Haut. Mit angewinkelten Armen und abgeknickten Beinen machten wir uns daran, Shirt und Hose zum Nachgeben zu bewegen. Während Eva aus Platzgründen am Oberteil zu nesteln begann, machte ich mich an der Hose zu schaffen, dann wurde gewechselt. Schweißtreibend zerrten und schoben wir an unserer Tracht und blieben immer mal wieder irgendwo hängen. Innenspiegel, Handbremse, selbst der Schaltknauf war im Weg, und einmal krachte ich mit dem Kopf ans Armaturenbrett. Auch gegenseitig rasselten wir mit den Ellenbogen zusammen. Hatte man die nassen Sachen endlich abgelegt, war es mindestens so anstrengend, Trockenes über die klebrige Haut zu ziehen. Jedes Mal kostete die Praktik die allerletzten Körner. Erschöpft fuhren wir zum Kalterer See.

Der erste Zeltplatz war belegt, am zweiten gab es noch freie Plätze. Während Eva uns anmeldete, begutachtete ich das Areal für kleine Zelte, wo wir uns niederlassen sollten. Es war der abscheulichste Platz auf Erden. Lärm und Abgase der angrenzenden Straße schwappten in einer Intensität über die Mauer, dass man Gefahr lief, an einer Überdosis zu verenden und hätte man wider Erwarten doch überlebt, wäre man taub für den Rest seines Lebens. Die Sonne senkte sich bereits dem Horizont entgegen, als ich unsere sieben Sachen auf das gegenüberliegende, verbotene Rasenstück schleppte und loslegte.

Der feinsandige Untergrund dieser makellosen Wiese kam mir sehr entgegen, endlich mal kein Amalgam aus Steinen und Wurzeln. Und wäre das nicht schon Glück genug, lieh mir ein Schweizer Luxus-Camper, der im Areal gegenüber wohnte, seinen seriösen Handwerker-Hammer, mit dem sich die Nägel ohne Widerrede in den Boden duckten. So hurtig stand unsere Tunnelbehausung noch nie.

Spannend war es, im Dunkeln zu kochen, ohne die Streichholz dünnen Brennerärmchen zu ruinieren. Im schummrigen Licht der fau-

chenden Flamme nestelte ich an der Plastikverpackung unserer ge-
friergetrockneten Langzeitnahrung herum, als ich wieder Besuch vom
Schweizer Nachbarn bekam, der mir nun zwei Petroleumlampen,
zwei Hocker und zwei Gläser Rotwein aus seiner Vollausstattung
brachte und mit seiner Fürsorge unsere schlichte Lebenseinstellung
beim Zelten gewaltig auffrischte. Im wohligen Gemeinschaftsgefühl
sprach Eva ihr Schlusswort an diesem Tag. „Denk an Deine Nachtration!"

Dass mich jede Nacht Hunger heimsucht, ist ein zwar lästiges, dafür
aber unumstößliches Phänomen, dem ich bis heute noch nicht auf die
Schliche gekommen bin – trotz der vielen Tipps, die man mir gegeben
hatte. Tagsüber mehr essen, hatte man mir empfohlen, abends zweimal essen oder der Tipp von Johann, alle zwei Stunden etwas zu essen,
alles hatte ich ausprobiert, doch nichts hatte mich von meinem eingefleischten Rhythmus abbringen können. Die heutige Nachtration entsprach unserer bescheidenen Gesamt-Ausstattung, zwei Scheiben
Brot und vier Streifen Hartkäse. Damit kann man Stunden überbrücken, selbst ich. Eingepackt in eine Papiertüte und nochmals in eine
Plastiktüte gesteckt, einmal verknotet, stellte ich meinen wetterfesten
Überlebensschatz griffbereit auf eine Plastikunterlage unter das Mini-
atur-Vordach am Eingang. Auf diese Weise nahm ich dem nächtlichen
Hunger jeglichen Schrecken und fiel umgehend in einen beruhigend
tiefen Schlaf.

Mitten in der Nacht schlug mein Magen Alarm, es war so weit. Mit
geschlossenen Augen machte ich mich an die Arbeit, navigierte den
Reißverschluss-Zipper Zahn um Zahn nach oben und vermied
dadurch Lärm in der mucksmäuschenstillen Nacht. Feuchte Kühle
strich mir über die Hand, als ich mein Arrangement ertastete. Mit unkomplizierten Handgriffen fingerte ich an dem einfachen Knoten und
legte immer wieder kleine Pausen ein, um dem Krach die Dimension
zu nehmen, denn die Pergamenttüte schallte wie eine Druckwelle
durch die Finsternis. Drei umgelegte Falze trennten mich noch von
Brot und Käse, drei mit Bedacht entwickelte Knicke, dann fasste ich
hinein. Weich fasste es sich an, unerwartet weich, was ich zwischen

die Finger bekam. Hartkäse konnte das kaum sein und erst recht kein Brot. Schlaftrunken presste ich die geschmeidige Angelegenheit noch etwas mehr, als mir blitzartig bewusst wurde, was ich tat. Ich drückte eine Nacktschnecke. Ungeheurer Ekel stieg in mir hoch, mein Magen krampfte sich zusammen, mir wurde schlecht. Von Schauder erfasst, schleuderte ich den gesamten Packen in hohem Bogen quer über die Wiese und schickte dem Beutel einen ungewollten Schrei hinterher. Zitternd ruckelte ich mich hinein in den Schlaf.

Gehässigkeit gehört zu den archaisch verankerten emotionalen Mustern des Menschen, zumindest bei Eva, wie mir schien. Wie sonst hätte sie mich am anderen Morgen erbarmungslos fragen können, ob ich denn mein Nachtmahl nicht gefunden hätte. Kniend blickte sie nach draußen und sah, wie etliche dicke Schnecken am Kochtopf hochschleimten. Für mich grenzte es an ein Wunder, dass ich mich für ein Frühstück gewinnen ließ.

Üblicherweise fuhren wir mit Evas getuntem „Rappen" in den Urlaub. Der Name gründete sich auf den glänzend schwarzen Lack und die ungezügelten Pferdestärken, die unter der Haube werkeln. Schnörkelloser Designer-Sound treibt den Wagen wie eine Herde wilder Araberhengste an. Evas seriöser Geschmack kommt aus Stuttgart.

Erwähnenswert ist auch, dass es beim Autofahren Absprachen gibt: ist Eva müde oder fühlt sie sich unwohl, ist eine Strecke bergig mit engen Serpentinen oder tiefen Abgründen, verläuft eine Straße ausgesetzt oder führt sie womöglich durch längere Tunnels dann muss ich fahren. Manchmal vollzieht sich solch ein Fahrerwechsel ziemlich abrupt. Schlagartig stellt sie dann das Auto mit einem unverrückbaren „Fahr du" ab. Ich staune jedes Mal aufs Neue, auch wenn ich längst wusste, dass es in dieser Angelegenheit kein Wenn und Aber gibt.

Auf der Heimfahrt vom Kalterer See fuhr wieder mal ich. Alles fühlte sich leicht und schwerelos an, wir hatten Lust auf einen Becher Belohnungs-Schokolade. Freudig bog ich auf einen Rastplatz ein und hatte plötzlich Probleme mit der Schaltung. Aus dem definierten Schaltknauf war ein wackeliger Knüppel geworden, ohne jeglichen Kontakt zum Getriebe. Und in diesem uneindeutigen Milieu, in dieser losgelösten Materie zog ich ihn, aus lauter Angst, er könnte mir aus der Hand gleiten, einfach senkrecht nach oben. Ich war erstaunt, zu welcher Größe er sich entfaltete. Im Verband mit der technischen Raffinesse des Schaltknaufs trat ich vorsichtshalber die Kupplung – und rollte an allen Parklücken vorbei und kam erst kurz vor der Autobahn-Einfahrt zum Stehen. Eva scheuchte mich vom Fahrer-Sitz und riss die Ledermanschette mit dem hübschen Keder, ein Fachwort aus ihrem alltäglichen Sprachgebrauch, aus seiner Halterung, wo sich der herausgedrehte Verbindungsstab in all seiner Blöße zeigte.

Mir schien, für heute hatte ich genug auf Evas Misstrauenskonto einbezahlt. Nach dem Trunk setzte sie sich freiwillig ans Steuer und gab es bis Degerloch nicht mehr her.

Der Regenjackentest

Im Gegensatz zu Eva war ich, was schlechtes Wetter anging, noch miserabel ausgestattet. Während sie mit einer drallen, schwarzen Regenjacke mit der fantastischen Dampf-raus-/Regen-nicht-rein-Spezialmembran ausgestattet war, besaß ich nur eine zierliche, blaue Regenjacke mit der weniger tollen Dampf-nicht-raus-/Regen-nicht-rein-Gummierung, mit der man ziemlich schnell ins Schwitzen kommt. Dafür ist sie ein Viertel so schwer, doppelt so hübsch und findet zusammen geknüllt in einer mittelgroßen Hand Platz. Lange hatte ich deshalb überlegt, ob und womit ich diese Jacke ersetzen könnte.

Bei einer sonntagnachmittäglichen Fahrt im Regenschauer fuhr eine außergewöhnlich praktische Lösung vor mir her, ein großer Mann mit einem noch größeren, zeltähnlich in der Luft flatternden durchsichtig-gelben Umhang. Als ich ihn ansprach, wurde ich vom positiven Schwall seiner Erfahrungen fast erdrückt. Meine Lösung.

Nach der Ausfahrt ging ich euphorisch in den Keller, kramte in Mutters ehemaligem Schleiflack-Schlafzimmerschrank den wuchtigen Expeditions-Rucksack aus meiner Studentenzeit hervor und begann, fiebrig darin zu wühlen: unter Helm, Brustgurt, Gamaschen, Karabinerhaken und sonstigen Kletterutensilien verbarg sich das knallige Orange meines Ponchos, unversehrt, leicht, und mindestens 25 Jahre alt.

Wie selten freute ich mich über die Wettervorhersage einige Tage später: Regenschauer mit zum Teil heftigen Niederschlägen, der richtige Schlachtruf für mich. Mit dem Poncho im Rucksack brach ich zu einer Tour nach Dagersheim auf, mit dem unschlagbaren Gefühl „heute werde ich nicht nass". Bald begann es zu regnen, schlagartig, und ich stolperte bei dem Versuch, unter eine ausladende Buche zu gelangen, direkt in ein hochaktives Brennnessel-Nest. Der brennende Stich war wie eine Initialzündung, ich riss den Poncho aus dem Rucksack und schleuderte ihn hochkant über mich drüber. Hartnäckig wie Paketband saugte er sich an die Unterarme und gab jedes Mal, wenn ich ihn wegzupfte, ein schmatzendes Geräusch von sich. Die Handschlaufen hatte ich vorsorglich mit Bändern verlängert, dagegen hatte ich nicht einkalkuliert, dass auf einen Poncho kein Rucksack passt, unter meinen leider auch nicht. Wild fuchtelnd löste ich den klebrigen Umhang von mir und hängte den Rucksack verkehrt herum vor meinen Bauch. Dabei rutschten die Träger unbeirrt von der Schulter herab, da es mir partout nicht gelang, den Brustgurt am Rücken zu schließen.

In dieser wackeligen Aufmachung wagte ich mich zurück auf die Straße, wo sich inzwischen aus gärend schwarzem Himmel ein heftiger Wolkenbruch ergoss. 18 Kilometer lagen vor mir, die Klarheit bringen würden, ob der Daumen rauf- oder runtergeht. Der Poncho klebte an den Armen, die Knie flappten an den Plastikstoff, von oben prasselte der Regen. Umgehend bildete sich ein tiefer See im Stoff, der als herabstürzende Kaskade direkt im Schuh landete. In einem Affentempo kurbelte ich die Straße entlang und je schneller ich fuhr, je schwerer Wind und Regen gegen mich drückten, umso spitzer bohrte sich der Reißverschluss in den Hals. Vorne war Not und hinten auch, denn im Fahrtwind rutschte das Rückenteil weit nach oben. Salven voller Wasser rannen mir in die Hose und an den Beinen herab. Andauernd zog ich das Cape nach unten, raus aus der Schlaufe, rein in die Schlaufe. Noch nie war eine Regenfahrt mit derart viel Aufwand verbunden und kühler wurde es auch.

Sehnsüchtig heulte ich meiner kleinen Regenjacke hinterher, als ich klatschnass und genervt zu Hause ankam. Mit senkrecht nach unten gerecktem Daumen schob ich triefend das verdreckte Rad in die Garage, Eva wusste Bescheid. „Vielleicht müsste er einfach größer sein" versuchte sie noch zu beschwichtigen, als ich schon in den Keller spurtete und das Regenkleid – als es wieder trocken war – im Utensilien-Rucksack vehement nach unten drückte. Das Poncho-Thema war ein für alle Mal erledigt.

Ich bestellte mir ebenfalls eine Regenjacke mit der hochfunktionalen Dampf-raus/Regen-nicht-rein-Membran, die umgehend mit der Post als 260 Gramm schweres Blau kam und unnötige Taschen, Bändel und Klettverschlüsse hat. Applikationen nennt man das im Fachjargon. Rein äußerlich hatte sie schon verloren. Und ob sie wirklich so viel besser war als die Kleine, Hübsche, Handliche, ich war skeptisch. Mein ausgeprägter Hang zu Tests verleitete mich zu einer Jacken-Challenge, bei der es weniger um hübsch und handlich als vielmehr um trocken und tauglich ging. Insgeheim hoffte ich, dass die Kleine der Großen ein Schnippchen schlagen würde.

Die Sonne drückte trockene Wärme ins Wohnzimmer und ermunterte mich, wie gewohnt ein Funktionsunterhemd, ein Radtrikot und als Hauptattraktion, meine leichte Regenjacke anzuziehen. Den Reißverschluss schloss ich bis zum Hals, machte fünfzig zackige Kniebeugen, setzte mich ans sonnenbeschienene Fenster und wartete mit klopfendem Herzen ab. Augenblicklich legte meine innere Dampfmaschine los und je länger ich den Sonnenstrahlen standhielt, umso heißer wurde es mir. Das muss so sein, sagte ich mir, es dauerte auch nicht lange und ich begann zu schwitzen. Feuchtigkeit bildete sich unterm Trikot und schließlich kullerten kleine Tröpfchen kitzelnd an meiner Seite herab, eine ganz normale Reaktion. Reglos harrte ich weiter aus und gab erst dann klein bei, als ich mir wie ein Farn im Tropenhaus vorkam.

Flink zog ich die klitschnasse Jacke aus, streifte mir die unsportliche neue über, verriegelte sie bis unters Kinn, heizte mir mit dreißig extra tiefen Kniebeugen nochmals gehörig ein und setzte mich mit der absoluten Gewissheit an den sonnenerhitzten Platz, dass diesem Schwitzbad kein Kraut gewachsen sei. Ich harrte aus. Entgegen meiner Erwartung war das Gefühl nun anders, weniger tropisch, mehr wüstenartig-heiß. Und dann geschah das Unfassbare. Je länger ich innehielt, umso mehr Feuchtigkeit versickerte und als ich ungläubig die Jacke öffnete, war mein Radtrikot trocken.

Enttäuscht legte ich die faustgroße Jacke in die hinterste Ecke des Schrankes zurück und übte mich eine viertel Stunde lang in Falt-, Roll- und Knäueltechniken, scheiterte aber letztendlich an meinen überzogenen Vorstellungen, die Funktions-Jacke auf ein annehmbares Packmaß zu verkleinern. Vernunft kann unerträglich sein.

Überleben – Strategie I

Zwei Monate vor unserer Abreise platzte im Kollaps unserer Vorbereitungen der zweite Spanischkurs herein, unsere lebensnotwendige Sprachauffrischung. Mir war ganz mulmig, wenn ich an meinen porösen Wortschatz dachte, dass dagegen Tag, Uhrzeit und Sitzplatz gleich waren, machte mir Mut. Zum Hoffnungs-Kurs, der letzten Gelegenheit, den fragmentarischen Vokabeln und holprigen Satzkonstruktionen nochmals auf die Sprünge zu helfen, kamen alle bis auf Robert und meine Nebensitzerin. Jeder starrte auf uns in seiner Erwartungshaltung und hoffte auf spektakuläre Zwischenergebnisse. Doch wir geizten mit Einzelheiten, denn wer hätte zu diesem Zeitpunkt noch eine Knochen-Test-Fahrt verstehen können?

Sara nahm den Faden exakt dort wieder auf, wo wir ihn beim letzten Mal hatten fallen lassen, mit erhöhter Geschwindigkeit und dem schieren Drang nach vorn. An Wiederholung verschwendete sie keinen Gedanken. Stattdessen schickte sie uns geradewegs ins Internetcafé, wo es wie befürchtet keine Verbindung gab und auch die Tastatur war defekt, was eine immense Fragerei nach sich zog. Ganz heikel empfand ich den Gang zur Bank, wo plötzlich der Geldautomat blockierte und die Karte einbehielt. Alles realitätsferne Probleme, wie wir uns in unserem theoretischen Übungsraum erhofften.

Ich erinnere mich, dass wir mit Schäden am Fahrrad kämpften, uns mit Löchern im Schlauch, gerissener Kette und verbogenem Schaltwerk herumplagten, was ein direktes Zugeständnis an unser Vorhaben war. Auch die Abwicklungen am Flughafen galten uns. Da ich aber Fliegen als Gesamtkomplex in Evas Verantwortung sah, hatte ich mich an diesen Problemen nur oberflächlich beteiligt. In meinem Interessensgebiet lagen mehr die Themen Päckchen aufgeben, Fahrscheine lösen und Lebensmittel einkaufen.

Auch gesundheitliche Aspekte kamen in dem Kurs nicht zu kurz. Zuerst wurde es uns schwindlig, dann schlecht, was bestimmt eine Vorwegnahme der ungewohnten Hitze in Südamerika war. Doch dass wir derart kollabierten und ins Krankenhaus mussten, ging uns schon arg an die Leber. Je jämmerlicher unser Zustand wurde, umso schneller peitschte Sara die Lektion durch, Wiederbelebung auf spanische Art. Erbarmungslos prasselten Salven an Vokabeln auf uns ein, wir wurden von Redewendungen und Satzkonstruktionen regelrecht überrannt. Müde und ausgelaugt verließen wir jedes Mal die Sitzung.

Am Ende des Kurses gab's dann den letzten Schliff. Sagt „aqua" anstelle von „aqui", „Mozo" für „Camarero" und niemals „tomar". Doch da hatte ich längst meine Lieblingsvokabel auserkoren, „Quisiera".

Die sprachlichen Fähigkeiten waren nicht von Dauer. Mir schien, dass wir im umgekehrten Tempo die Vokabeln wieder vergaßen, wie wir sie uns angeeignet hatten. Je widerspenstiger ein Begriff sich im Gedächtnis verankern wollte, umso leichter geriet er in Vergessenheit. Und so erstaunte es auch nicht, dass wir uns nach der Reise vom Wachhalten der spanischen Sprache angenehm befreit fühlten.

„Weißt Du, was Chagas bedeutet?" fragte ich Eva ohne jeden Zusammenhang, als wir bei herrlichem Wetter mal wieder auf dem Rennrad saßen und kräftig das Steilstück der Beurener Steige hochkurbelten. „Eine durch Raubwanzen übertragene Infektionskrankheit, die zum Tode führt" stieß ich zwischen den Atemzügen leicht triumphal hervor, nachdem von ihr keine Antwort gekommen war. Das hatte ich irgendwo gelesen. Eine Wanze, die zum Tode führt war Eva dann doch etwas zu viel und wenn ich noch weitere Horrormeldungen über Kleingetier parat hätte, würde sie womöglich gar nicht mehr zelten wollen. „Chaga" hieß das Wort, nach dem sie mich nochmals fragte, als die Räder wieder an den roten Haken hingen.

In unserem bunten Flickenteppich gab es, was die Themen Zelten, Kochen und Bereifung anging, mehr weiße Flecken als Landgewinn und nun flochten wir auch noch schreckliches Ungeziefer mit ein. Schlagartig war der Schatz an Krankheiten, Impfungen und Krabbeltieren geöffnet. Giftige, mit Stachel bewehrte Skorpione hatten es Eva besonders angetan, mit ihrer Vorliebe für verschwitzte Schuhe und abgelegte Kleidung. Mir dagegen machten in erster Linie Spinnen zu schaffen, weit mehr als Erdbeben oder Vulkanausbrüche. Bei Zecken und Pferdebremsen lagen wir dagegen Kopf an Kopf. Vor allem die „tabana", die rot-schwarze Monsterbremse, hatte uns mit ihrer Ignoranz gegenüber Abwehrmittel schon beim Lesen arg zugesetzt.

In dieser psychischen Bedrängnis ließen wir uns impfen, gegen Hepatitis, Diphterie und Tetanus. Fürs Impfen und die Reiseapotheke war unser Hausarzt Dr. „Ach" zuständig. Den Namen erhielt er, da er jede Krankheitsbeschreibung mit einem „Ach ja", bei schwerwiegenderen Beschwerden auch mal mit „Oh je" kommentierte, wobei er die „Ja"s und „Je"s gekonnt in die Länge zog und ihnen einen erstaunlich melodischen Klang mitgab. Jede Anamnese wurde auf diese Art angenehm untermalt. Fein arbeitete er geschickt fragend das Krankheitsbild der Patienten heraus, während er untersuchte, und kam so zu seiner Diagnose. Neigte man als Patient jedoch dazu, ungefragt, überhastet und detailliert von Symptomen und eigenen Behandlungsversuchen zu berichten, stoppte er die Ausführungen freundlich aber bestimmt mit der Bemerkung: "die Vorgehensweise ist eine andere!"

Während Eva am Freitagabend Impfung, Medikamente und Gespräch bei Hr. Doktor empfing, saß ich im angedickten Mikroklima des Wartezimmers, wo fünf Patienten in stiller Geduld vor sich hinbrüteten und kramte mein frisch erworbenes Survivalbuch samt Schnürsenkel aus der Jutetasche. Ich versuchte mich am Palstek.

Der Palstek, hatte ich gelesen, sei der genialste Knoten der Welt und lasse sich auch in nassem Zustand wieder öffnen. Der Buchautor bestand sogar darauf, diesen Knoten mit geschlossenen Augen binden zu können. Mit dem weichen und strukturlosen Schnürsenkel, den ich mitgenommen hatte, war das so eine Sache, der Knoten misslang mir selbst sehenden Auges jedes Mal. Am liebsten wäre ich zum Griff der Wartezimmertür gegangen, um ihn daran zu üben. Die Chance, als Psychoknackse ins Zentrum für Seelische Gesundheit eingewiesen zu werden, erschien mir jedoch unverhältnismäßig hoch und ich entschied mich, davon Abstand zu nehmen.

Mit einem Büschel Rezepte in der Hand verließen wir die in die Jahre gekommene Praxis, nachdem wir mit einem „Nehmen Sie Cortison, Cortison hilft immer!" und zackigem Handschlag aufmunternd verabschiedet worden waren. Zufrieden lächelte er uns hinterher, als könnten wir nun mit voller Begeisterung krank werden. Die Tür schnappte zu und wir fühlten uns gewappnet für alles, auch wenn wir insgeheim hofften, kein einziges der verschriebenen Medikamente jemals nehmen zu müssen.

Zuhause angekommen, holte ich den selbstgebrannten Mirabellenschnaps meines Schwagers hervor und klatschte umgehend einen kühlenden Verband auf die Impfbeule, damit sie nicht so dick werde, wie ihr empfohlen worden war. Ich konnte es kaum erwarten, wieder in meinem Survival-Buch zu schmökern, es ging schließlich ums Überleben.

Der Palstek war eine Sache, noch weit mehr interessierte es mich, Fallen zu stellen und Erdöfen zu bauen, oder wie man Schluchten überwindet und über wilde Flüsse flößt. Besonders spannend fand ich die selbstgebastelten Hängematten, auf denen man am sichersten rußgeschwärzt hoch droben zwischen Bäumen baumelte. Doch am wichtigsten erschien mir die Rubrik über Nahrungsquellen, falls es mal knapp werden sollte. Greifbar wurde die Zubereitung von Insekten und sonstigem Kleingetier erklärt und in meiner Vorstellung sah ich mich bereits glibberige rosafarbige Würmer auszuzzeln. Die Beschreibung war so anschaulich, dass man automatisch einen leicht salzigen Geschmack im Mund bekam.

Der Informationsgehalt des Buches war riesig, knapp fünfhundert Seiten feinstes Anschauungsmaterial. Hin und wieder ließ ich Eva an meinen neu gewonnenen Methoden und Kniffs teilhaben. Bis weit in die Nacht hangelte ich mich über Hindernisse, überwand Minenfelder und entwaffnete Rebellen. Oberstes Ziel war es, einigermaßen unversehrt durch Südamerika zu kommen.

Das Buch war streng geheim, denn kein gedanklich intakter Mensch wäre bei dieser Lektüre auf die Idee gekommen, dass wir durch die beiden hochzivilisierten Länder Chile und Argentinien radeln werden.

Die Hardtails am roten Haken ahnten nicht, was auf sie zukam. Mit kleineren materiellen Nachjustierungen hatten wir sie in Topform gebracht. An Evas Rad blinkten neue Scheibenbremsen und im Sattelrohr steckte eine schwarze, hochglänzende Carbonstütze, mit der sie das brettharte Alurohr ersetzt hatte. Sie wollte komfortabel durch die Anden radeln und hatte sich aller Unkenrufe radgondelnder Freunde zum Trotz für diese Variante entschieden. Das hätte sie besser für sich behalten, wo doch die ganze Reise schon als todbringend prophezeit worden war und nun erneut über so viel Unverstand die Köpfe geschüttelt wurden. Aber Eva hatte sich entschieden, basta. Und da sie auch nicht verdursten wollte, hatte sie sich am Unterrohr Gewinde für einen dritten Flaschenhalter schneiden lassen.

Mein Hardtail Pudu ist titangrau, rüstige 19 Jahre alt und erstaunlich frei von Patina. Der Rahmen ist mir mindestens eine Nummer zu groß, aber Länge läuft, sagte ich mir, weshalb ich mich mit einem etwas kommoderen Vorbau der ungünstigen Geometrie unterordnete. Mit lilafarbenen Anbauteilen strahlt es den befremdlichen Charme der 90er Jahre aus, ein buntes Beiwerk zum tristen Titan. Die archetypische Luft-Feder-Gabel gleicht alten Gasrohren, nachdem ich sie von scheckigen Aufklebern befreit hatte, denn unscheinbar wollte ich daherkommen, bescheiden. Nichts klappert an dem Rad oder quietscht, das einzige, was mir Kopfzerbrechen bereitet hatte, war die Hinterradfelge, die sich nur drehte, wenn wenig Luft im Schlauch war. Mir hatte die nötige Fantasie für solch merkwürdiges Verhalten gefehlt und erst der Tipp vom Radhändler, unters Felgenband zu schauen, hatte mich weitergebracht. Ein kleiner Riss im Felgenbett hatte dort im Verborgenen gelauert, eine technische Vollkatastrophe, der ich mit einer neuen Felge aus dem Weg ging, was mich überaus euphorisch stimmte.

Fahrradreifen gehörten in meine Rubrik und die hatten mich viele Überlegungen gekostet. Im eifrigen Bemühen, die bestmögliche Bereifung zu finden, hatte ich mich rauf und runter mit dieser schwierigen Materie beschäftigt. Für den Kenner ging es um Breite und Profilart, um Pannen- und Durchstichsicherheit, Gewicht und Rollwiderstand, Abrieb und Seitenhalt, und Asphalt oder Schotter war auch noch ein Kriterium. Über was man nicht alles diskutieren konnte und als ich mich schließlich wund gelesen und den Überblick völlig verloren hatte, gingen die meisten aus dem Rennen. Übrig blieb der griffige Racing Ralph für vorn und der dynamische Sammy Slick für hinten. Ich hatte mich für unnötige Beschwernis entschieden, die Quittung kam früh genug.

Für eine ausgeklügelt, transportable Fahrradwerkstatt arbeitete ich mich im hochfunktionell organisierten Keller tagelang durch randvolle Schubladen und bleischwere Klapp-Werkzeugkisten und war in meinem Element. Ich suchte nach noch leichteren Inbusschlüsseln, einem zierlicheren Reifenheber-Besteck, der ultimativen Kleinstzange und einem Miniatur-Kettennieter und war hellauf begeistert, über wieviel Material wir verfügen. Merkwürdigerweise hatten es mir Kleinteile besonders angetan. Großzügig packte ich eine knappe Handvoll in eine Plastiktüte und die kam mit.

Während ich mich durch Schübe und Kästen im kühlen Keller arbeitete, erschuf Eva mit nötigen Utensilien und behaglichem Beiwerk einen Material-Bergstock mitten im Wohnzimmer, der geophysikalisch unter dem Gesichtspunkt Höhe zur Standfläche längst in die Kategorie „gefährlich instabil" einzustufen war. Munter hatte sie Zelte, Schlafsäcke, Kochutensilien, Nahrungsmittel usw. übereinandergestapelt, und da zwei grüne Zeltsäcke aufgeschichtet waren, konnte man meinen, wir hätten uns unter dem horrenden Druck der beiden Vorhaben und dem nahenden Abflug inzwischen vollkommen in die Haare gekriegt. Tatsächlich hatte der Doppelpack mit Evas Recherche zu tun, als sie auf Erfahrungen und Einschätzungen anderer stieß, dass ein Zelt ohne Apsis in etwa so tauglich ist, wie ein Hut ohne Krempe, zumindest bei Regen. Das leuchtete ein. Bei unserem ursprünglichen Zelt ging der Eingang direkt ins Freie und wir hatten uns, Zeitnot hin oder her, ein neues ausgesucht, eines mit Apsis. Tagelang hatten wir gezittert, ob es noch rechtzeitig eintreffen würde. Es kam und deshalb lagen zwei Zelte im Wohnzimmer.

Das Zelt mit der Apsis hatte nicht die Farbe kränkelnden Blassgrüns, es strahlte in optimistisch gesundem Tannengrün. Es war natürlich größer doch wie ein Wunder kein Gramm schwerer als das alte.

Der Stoff raschelte wie einlagiges Seiden-Papier und war atemberaubend dünn. Ehrlich gesagt, trauten wir ihm nicht viel zu, schon ein einfacher Dorn würde ihn perforieren. Wir zogen den säuselnden Stoff an allen vier Ecken quer durchs Wohnzimmer um Tisch und Stühle herum und waren hell entsetzt, wie groß es war, eine kleine Garage, die wir mit uns herumschleppen werden. Nähte klebrig isolieren machten wir nicht mehr und Probe liegen unter zusammen gesackten Wänden passte auch nicht in unsere Anschauung, deshalb zwängten wir die Synthetik umgehend in den engen Sack zurück.

„Gewicht zermürbt" pochte es unaufhörlich in meinen Gedanken, „tu was"! Unter diesem Aspekt nahm ich mir die zerbrechlich dünnen Zeltheringe zweier Zelte vor, die Mikado gleich wirr übereinanderlagen, und minimale Gewichtsunterschiede zeigten, wie ich beim Wiegen herausgefunden hatte. Als nach einer zermürbenden halben Stunde ein Referenznagel gefunden war, sortierte ich die leichtesten nach links, die schwereren nach rechts. Jeder Nagel ermahnte mich dabei: „Nimm ja genug mit! Lass ja nichts liegen!" Jeder spitze Nagel ein Imperativ.

Steht erst die Stoff-Behausung, geht's an die Möblierung: isolierende Unterlage und Schlafsack oben drauf, fertig. Doch einfach war das Thema Schlafsack nicht, denn Kunstfaser oder Daune glich einer Weltanschauung. Eva zermarterte sich im Futter-Dickicht den Kopf und ackerte durch „Bauschkraft", „loft", „fillpower" und „cuin", Daunen hatten auch was zu melden. Letztendlich wurden wir in unserem Optimierungseifer fündig und kauften Schlafsäcke, die man zu Schuhgröße komprimieren konnte, ohne dabei die Garantie zu riskieren. Eva entschied sich für ein seidenglänzendes Quellwunder in Blau, mein Fliegengewicht kam in Rot. Nur kurz waren wir in die Mumien hineingeschlüpft und genauso schnell der kochenden Hitze wieder entstiegen. Unsere Garanten fürs Überleben, unsere Heiligtümer, wie wir sie nannten, sie kamen in Goretex-Säcke.

Im geschmeidigen Lernen über funktionelle Fasern und ihre Eigenschaften stießen wir auf die immense Saugkraft und Geruchsneutralität von Mikrofasertüchern, auch wenn sie im Handgebrauch eher einer unbedruckten Financial-Times als einem herkömmlichen flauschigen Badetuch ähnelten, anstelle von Weichheit überwog Scheuerfestigkeit. Doch überzeugend war das Gewicht. Man konnte sogar ein Handtuch in Comfort-Größe, also groß, mitnehmen, ohne dass die Waage merklich ausschlug, was damit zusammenhing, dass zehntausend Meter dieser Faser maximal ein Gramm wiegen und der Durchmesser ein –zigstel unseres Kopfhaars beträgt. Solche Informationen bekam man gleich mitgeliefert.

Wir testeten die Tücher und rubbelten, vielmehr schliffen uns die nasse Haut wund. Zog man das Material in alter Manier übern Rücken, fühlte es sich mehr nach Schneiden als nach Trocknen an, doch das Laken war leicht und saugstark und es ging schließlich nur um fünf Wochen.

Mit jedem ergatterten Requisit schwoll der labile Gepäck-Gebirgsstock weiter an und noch lag kein einziges Kleidungsstück dabei.

Es hatte Stunden gedauert, ehe die Schränke ausgeräumt und die Garderobe durchgewogen war, ehe das leichteste Trikot, die niedlichste Radhose, der knappste Slip, der strammste BH, das dünnste Unterhemd, der am kleinsten verstaubare Pullover, die kürzesten Socken und so weiter gefunden waren. Außer leicht und klein musste alles auch noch rasend schnell trocknen. In unserer Wiege-Zeremonie waren wir Grammjägerinnen geworden, Scharfrichterinnen, Zuchtmeisterinnen. Es ging sogar so weit, dass wir selbst Farben kaum mehr Beachtung schenkten. In die Endausscheidung schaffte es bspw. eine Kombination aus petrolfarbiger, langer Stoffhose, ein Oberteil in grasgrün mit schwarzen und weißen Dreiecken, ein azurblauer Fleece-Pullover und eine Primaloft-Jacke in etwas gedeckterem Blau. Dass beim bunten Allerlei auch noch ein lila Slip mitmischte, war vernachlässigbar. Modisch jedenfalls war die Kleiderwahl eine große Herausforderung, und auch die galt es zu bestehen.

100 Gramm waren für uns ein Brocken, selbst Klammern, Schnüre und Kugelschreiber jagten wir durch die Gewichtskontrolle. Wir unterwarfen uns der Weisheit, dass man alles, was man zuhause lässt, unterwegs nicht schleppen muss, unser Credo. Ganz bewusst verzich-

teten wir deshalb auf Fronttaschen. Was hinten nicht reinging, durfte vorne nicht mit. Dagegen erschienen uns Reiseföhn und Spiegelreflexkamera unersetzlich, auf manches wollten wir einfach nicht verzichten. Feierlich teilten wir das Materialmix-Gebirge für unsere Erlebnisreise und waren bass erstaunt, wie überraschend reduziert die beiden Batzen plötzlich waren.

Wir hatten viel Zeit und geistige Kraft mit der Restaurierung des Uralt-Möbels verbraucht, auch die neu verglasten, lackierten Türchen waren inzwischen angeschraubt. Nun stand die Taufe an.

Eva hatte sich in ihr elegantes, schwarzes Cocktail-Kleid gezwängt und sich für knieunfreundliche, hochhackige Pumps entschieden. Ich kam in schwarzen Leggins daher mit einem enganliegenden, hellgrauen Strickrock darüber. Oben trug ich weiß, an den Füßen Ballerinas. Und zwischen uns ein Esslinger Hochgewächs Chardonnay brut.

Man möge nachsichtig mit mir sein, dass ich nun nicht wie bei einer Schiffstaufe die Sektflasche in vollem Karacho gegen den frisch restaurierten Geschirrschrank schleuderte. Ganze drei Tröpfchen träufelte ich von dem klebrigen Inhalt auf die graue Platte, schenkte uns ordentlich ein und gab der Oma-Antiquität folgenden Taufspruch für ein langes, gefülltes und standhaftes Leben mit:

„Die Kraft des Raumes sei mit Dir,
lass das Schöne in dir wohnen.
Mach die Türen weit und breit,
sei gesegnet allezeit."

Und dann ganz offiziell:
„Wir taufen Dich auf den Namen"

Hannes-Brunhilde

Eva hielt die Zeremonie mit dem Handy fest, dann leerten wir andächtig die Gläser.

Der gemischt-geschlechtliche Namen hatte sich herauskristallisiert, nachdem wir uns in den vielen Restaurierungsmonaten partout nicht auf ein Geschlecht des Möbels hatten einigen können. Eva unterbrach die feierliche Stimmung, stakste in die Küche und kam mit einem hellblauen Spültuch zurück. Damit war die Taufe beendet.

Überleben – Strategie II

Das Schlafzimmer-Fenster schaut nach Westen und hielt seit 25 Jahren alles, was das Wetter je zu bieten hatte, mit der bloßen Kraft des Glases und einem dicken Fensterschäkel ab. Eine vernünftige Jalousie war für diese Trapezform erst seit Kurzem auf dem Markt. Schon im Frühsommer hatte der Fachbetriebs-Chef das Fenster digital vermessen und signalisiert, der Einbau sei kein Problem. Tatsächlich entwickelte sich die Einpassung zu einem Jahresthema, da zwei Mal ein Gestell geliefert wurde, das nicht passte. Beim zweiten Versuch hatten sich die Monteure voller Gewissheit, die Montage durchzuziehen, mit der Bohrmaschine im Arm schon bis unters Dach gehangelt, und mussten dann zu meinem und ihrem Verdruss erneut wieder abziehen. Inzwischen war unser Zeitbudget aufgebraucht, in einer Woche ging unser Flug.

Gegen den Spannungsabfall rückten die Männer an einem regnerischen, lausig kalten Tag, als man das Wohnzimmer unfallfrei kaum mehr betreten konnte, mit ihren Wandschrank großen Werkzeugkoffern doch noch an, meißelten Löcher in Wand und Gebälk und verbreiteten von früh bis spät Dreck, Lärm und eine Total-Blockade in Flur und Schlafzimmer. „Ein gutes Pferd springt kurz" war alles, was mir beim Abschied einfiel, als ich spät abends im pulverigen Gips stand und mich der ungewohnten Maschinerie zuwandte. In aufgewühlter Euphorie drückte ich die Pfeiltasten der Fernbedienung mindestens zehn Mal und schaute dabei gebannt zu, wie die Lamellen im Nichts verschwanden und als sicherer Schutzschild wiederauftauchten. Glas und Schäkel kämpften nun nicht mehr alleine, ein tolles Gefühl, auch wenn uns noch großräumiges Putzen bevorstand.

„Was wäre wenn" …. zuckte es mir anderntags kurios durch den Kopf, als ich mich ziemlich planlos daranmachte, Kochtopf, Kleider und Krimskrams in die Taschen zu schichten und war heilfroh, dass alles seinen Platz fand. Wie erhofft blieben vier Packtaschen, ein Zelt, zwei Schlafsäcke und zwei Lenkertaschen übrig, die wir in mehreren Gängen in den Keller schleppten, ans Rad hängten, übereinander stapelten und unsere Minikarawane für Südamerika erschufen. In der beruhigenden Gewissheit, nur das Allernotwendigste dabei zu haben, hoben wir die Kamele an und fühlten uns erneut wie Gewichtheber der oberen Klassen. Die Rücken lähmende Ausstattung war nichts für uns und so schnell wie die Macht der Menge verstaut war, lag sie wieder im Wohnzimmer.

Komfort war nun gestrichen. In unserem Minimalisierungswahn setzten wir die Limbo-Stange zwei Tacken tiefer und opferten Riegel, Strümpfe, Trockenobst, Nüsse und weitere Kleinigkeiten, ehe ein Blick in die Wettervorhersage alles vermasselte. Frost und Regen war in Villa la Angostura zu erwarten. Die kalte Dame hatte unsere pingelige Gewichtsfuchserei zunichtegemacht und forderte Schwergewichte ein, Winterjacke, warme Überhose, lange Handschuhe, und das wog in unserer deprimierten Stimmung doppelt und dreifach.

Zwei Tage vor unserem Flug saßen wir im Keller auf wackeligen, harten Klappstühlchen und bastelten mit Moosgummi, Pappe, Folie und Klebeband eine Art Verpackung für die Räder. Die Pedale mussten weg, die schwierigste aller Aufgaben. Eva hatte mit schmerzenden Händen vergeblich versucht, sie zu lösen, weshalb ich schließlich einen Schuss Kriechöl auf die Gewinde träufelte, den Maulschlüssel anlegte und einen beherzten Fußtritt tat. Der übertriebene Impuls jagte den Schlüssel in hohem Bogen durch den Raum, wo er scheppernd gegen ein Metallregal krachte. Verletzt wurde niemand, auch nicht beim dritten und vierten Versuch. Alles andere ging leicht von der Hand: Lenker quer stellen, Ersatzspeichen an die Kettenstreben kleben, Moosgummi über den Rahmen, Schlauch über die Gabelholme, Lenker mit Karton, Sattel und Flaschenhalter mit Plastikfolie umwickeln. Zahnkränzen, Kette und Kurbel ließen wir einfach offen. Zuletzt stülpte ich über den Gepäckträger ein Stück Karton, auf den ich mit schwarzem Permanentstift „Madrid – Santiago de Chile – Temuco" schrieb. Wen immer das auch interessierte, wir waren stolz auf unser Werk. Die Räder als Hauptdarsteller und wir die Statisten.

„Two peaces" stand auf jedem Flug-Ticket, wobei ein peace ein Rad war. Die zwei anderen peaces kreierten wir mit blaurot karierten Gewebe-Plastiktaschen, mit denen PET-Flaschen-Sammler durch die Städte ziehen. Gepäcktaschen, Daunenschlafsäcken, Zelt und Unterlage beulten die Tüten höckerig aus, die wir kreuz und quer mit Plastikseilen verschnürten, und oben dran knüpften wir eine Art Tragegriff. Ein primitives, hässliches Konstrukt hatten wir erschaffen und robust war es auch nicht. Doch hier ging es rein um Gepäckbestimmungen und die waren erfüllt. Kleines Handgepäck hatten wir auch noch.

Wir flogen nicht am Freitag den 13. sondern am Montag den 16. Dezember nach Madrid und dennoch klebte Eva das Pech am Schuh. Früh morgens klagte sie über Fieber und Schmerzen in der Brust, was auch mit Omas altem Salzwasser-Gurgel-Tipp nicht mehr zu kurieren war. Wie ein Häufchen Elend saß sie schniefend am Tisch, Tränen kullerten ihr über die Wangen. Südamerika war plötzlich unendlich weit weg.

Ein Gang zum Arzt war unerlässlich und da Dr. Ach bereits selbst im Urlaub war, kehrte sie von seiner Vertretung mit einer Einkaufstasche voller Homöopathie zurück und einer kleinen Notpackung Antibiotikum. Der Aufmarsch an Bakterien pulsierte in munteren Schüben, die überbordende Population überwältigte Evas Immunsystem, weshalb mich noch heute ihr Entschluss fasziniert, trotzdem die Reise antreten zu wollen.

Eva war krank und ich war nervös. Meine allerletzte Aktion auf Degerlocher Boden stand mir noch bevor, das Anziehen der Anti-Thrombose-Hose.

Evas Exemplar passte wunderbar, maß im entspannten Zustand mindestens 15 Zentimeter länger als meines, obwohl sie 10 Zentimeter kleiner ist als ich. Meine Strumpfhose musste also ein textiles Wunderwerk sein, denn zusammengelegt verschwand sie locker in einer zierlichen Kinderhand und gedehnt ließ sie sich angeblich auf die Beinlänge einer 170 Zentimeter großen Frau entfalten. Direkt aus der Packung genommen reichte sie mir nur knapp unters Knie, dabei hatte ich die erste Hose, die man mir aufgeschwatzt hatte, bereits umgetauscht. Die Verkäuferin im Fachgeschäft am Stuttgarter Markt-platz hatte sich lediglich für Fesselumfang und Schuhgröße interes-siert und ungeahnt gereizt reagiert, als ich ihre Kompetenz mit dem Versuch in Frage stellte, ihr klar zu machen, dass ich bei meiner Kör-pergröße die Beine einer mindestens 1,80 Meter großen Frau habe. War vielleicht nicht einfach zu verstehen. Noch lange hatte sie den Kopf geschüttelt über solch anmaßendes Verhalten einer unwissen-den Kundin und nur unwillig die Hose in Übergröße herausgerückt.

Zum Anziehen der Übergröße hatte ich mir vorsorglich die Finger-nägel gekürzt und glattgefeilt, um unschöne Laufmaschen zu vermei-den. Das Sofa hieß mich herzlich willkommen und strahlte eine hei-melige Gemütlichkeit aus, die mir schon beim Betrachten der Hose abging. Die Hose war so eng, dass man wahrscheinlich einer bestimm-ten Anzieh-Choreografie folgen musste, doch eine Gebrauchsanlei-tung lag nicht bei. Ich handelte intuitiv.

Schon beim ersten Versuch, mit den Zehen in die Steckdosen große Öffnung des zusammen gekrempelten Hosenbeines zu gelangen, wa-ren drei der fünf Zehen im Weg. Es bedurfte mehrerer, äußerst müh-samer Anläufe, um mich bis zur Fußwölbung und Ferse vorzuarbei-ten. Bei so viel Aufwand hätte ich mindestens eine Dreiviertelstunde früher mit dem Ansetzen der Hose beginnen sollen. Und als meine Ferse endlich in die Strumpfferse reingedrückt war, machte sich ein ungesund straffer Druck bemerkbar. War sie das, die Leben erhal-tende Anti-Thrombose-Wirkung? Ich kam ins Schwitzen, was mir im-mer dann passiert, wenn ich mich einer unlösbaren Aufgabe nicht ge-wachsen fühle und Schwitzen war das schlimmste bei dieser Hose. Keinen Millimeter mehr ließ sie sich auf der Haut bewegen.

Niedergeschlagen wartete Eva in der Tür und sah mir beängstigt zu, wie ich noch immer mit dem ersten Hosenbein kämpfte. „Du musst beide gleichzeitig anziehen", gab sie mir als Tipp, was mich tatsächlich veranlasste, vom ersten Bein ab zu lassen und mich dem zweiten hin zu wenden. Während ich zuvor noch mit dem freien Fuß an den Bo-den gedrückt eine Art Widerlager aufbauen konnte, wackelte ich jetzt auf dem Sofa mit beiden Beinen hilflos in der Luft umher. Der Zeiger der Uhr schnappte rücksichtslos von Strich zu Strich, als ich beidbeinig im Schlamassel steckte und kurz davor war, den alles rettenden Schnitt mit der Schere zu tun. Vielleicht half Aufstehen, dachte ich mir, und ziehen, aber die Hose war bockig. Sie trotzte mir eine Sorgfalt ab, die mir völlig fremd war, Nylonstrümpfe waren noch nie mein Thema. Millimeter um Millimeter von ganz unten, abwechselnd mit viel Zug von oben arbeitete ich mich langsam in die Höhe. Diese Prozedur setzte dem Stoff arg zu, er wurde dünn und dünner und je glasiger er wurde, desto härter fühlte er sich an. Meine Beine glichen inzwischen denen einer Schaufensterpuppe.

Die Hälfte bis zum Knie war geschafft aber für die restliche Strecke war praktisch kein Stoff mehr da. Nun ging ich aufs Ganze, zog abwechselnd am Bund, schob den Schritt nach oben, zog wieder am Bund und so weiter, bis mir klar wurde, diese Hose findet nie und nimmer zu ihrem Bestimmungsort. Als letztes Hilfsmittel zog ich die Wanderhose darüber und ruckte mit ihr unter eckigen Schwimmbewegungen die Strumpfhose eine klitzekleine Etage höher. Die Hose zwickte und piesackte unter hartem Faltenschlag, und der Knopf ging nur für den Notfall zu. Hinsitzen war kaum auszuhalten und auch der staksige Gang verriet, was ich längst schon wusste. Meine Strumpfhose war definitiv zu klein.

Mit „En los Volcanes" verabschiedeten wir uns von Degerloch und mit einem letzten Blick zum Oma-Möbel hasteten wir aus der Wohnung hinaus.

Gleich zwei Verstöße

Nach Frankfurt ging's mit dem Leihauto. Obwohl Eva bemitleidenswert kriselte, klemmte sie sich hinters Lenkrad, sie liebt einfach Autobahnen. Ich dagegen führte stumm meinen Kampf gegen die Bakterien, den ich mit einem Schlauchtuch überm Gesicht zu gewinnen versuchte. Eva zeigte sich kurze Zeit später solidarisch und wir sind heute noch froh, in unserer Gangster-Aufmachung in keine Polizeikontrolle geraten zu sein. Wir blieben im Zeitlimit, auch wenn wir wegen einer Baustelle zunächst die Einfahrt zur Tiefgarage verfehlten.

Die unförmigen Habseligkeiten häuften wir auf einen Gepäckwagen, den Eva mit einem Euro aus seiner Verankerung löste, und erkannten schnell, dass unser Plunder nicht dem Normgepäck entsprach. Unkontrolliert kippten die Beutel zur Seite und sackten haltlos zwischen dem Gestänge hindurch. Eva schob die Fuhre vorneweg, während ich mich mit den Rädern abplagte. Mein größtes Problem war der quer gestellte Lenker an Evas Rad, der nicht exakt in Fahrtrichtung zeigte und dadurch einen leichten aber sehr unangenehmen Linksdrall hatte. Für Richtungsänderungen musste ich die Räder anheben bzw. querschleifen. Hektisch versuchte ich an Reisenden vorbei, ihr zu folgen, kratzte an Trollies entlang, verkeilte mich in Aufzügen, stand ratlos vor Rolltreppen und presste mich schließlich mühsam in die Shuttle-Bahn. Nachdem ich weitere Kioske und Abschrankungen umkurvt und mich schräg in die Warteschlange gestellt hatte, stand auch ich am Schalter. Bis dahin hatte ich mir mit den Rädern bestimmt den einen oder anderen Feind gemacht. Wir checkten ein und wunderten uns, dass wir nicht einmal Übergepäck anmelden mussten.

Lenkertasche, Kamera, Helm und Obsttasche wurden anstandslos durch die Handgepäckkontrolle gejagt, und das mit verbotenem Gegenstand in meiner Tasche, aber das erfuhr ich erst später.

„Noch nie geflogen und dann gleich 14 Stunden, viel Spaß!" Jeder hatte mir Mut auf seine Art zugesprochen und ich war froh, mich stückchenweise ans Fliegen herantasten zu können. 2,5 Stunden zum

Angewöhnen, zwölf Stunden lang durchhalten und nochmals eine, um wieder davon weg zu kommen.

Erstmal war Angewöhnen dran. Den Zugang zum Flugzeug frischten herausgeputzte, freundliche Stewardessen auf, die mir aufmunternd entgegen lächelten und wenige Meter weiter herrschte psychedelisches Altstadt-Geflimmer. Farben der Liebe, Lust und Erotik, nur wesentlich dezenter, beruhigender. Ich betrat die bunte Röhre, den Transportschlauch und konnte mir beim besten Willen nicht vorstellen, Stunden in dieser Beklemmung gesund zu überstehen.

Mit monotonem Singsang und eingeübten Gesten leierte die Stewardess die Sicherheitsunterweisung herunter und bat, das Handy abzuschalten und den Gurt anzulegen. Eingeklemmt im Sitz, reichte mir Eva einen Kaugummi, was gut für die Ohren sei, dann wurde es düster. Dröhnende Triebwerke rumpelten das Flugzeug die Betonpiste entlang, wir hoben ab. „Kling" ertönte die nächste Durchsage.

Für die Passagiere um mich herum war Fliegen Alltag, sie begannen Musik zu hören, zu lesen oder beschäftigten sich mit ihrem Tablet. Ohne derartige Hilfsmittel blieb mir nur Halsrecken in dem engen Gewühl, und ich entdeckte in meiner suchenden Neugier an der Lehne meines Vordermanns ein kleines Display, das eine seltene Einsicht in alle möglichen Flugdaten gewährte. Ich fühlte mich angesprochen, die Flughöhe zu überprüfen und kramte meinen Radcomputer aus der Lenkertasche. Der Wert stieg kontinuierlich an, verharrte dann aber auf beängstigender zweitausend Meter Höhe. Im ersten Augenblick dachte ich an einen Triebwerkschaden, bis mir dann der Kabinenluftdruck einfiel, der wohl auf diese Höhe eingestellt war. Entspanntes Höhentraining, dachte ich und begann mich zu langweilen.

In meiner eingeschnürten Winteraufmachung hätte mir eine Brise Frischluft gutgetan, ein laues Windchen etwa, doch ich sollte bald merken, dass wir durch zittrige Kälte flogen. -61°C flimmerte plötzlich auf dem Display und schon fühlte ich mich wie auf einem Außeneinsatz im All. Automatisch zog ich mir die rote Kunstfaser-Decke etwas dichter um die Schulter, bloß nicht erfrieren, auf dem Weg in den Sommer.

Unaufgeregte 2,5 Stunden später kam Leben in die Röhre, Bremsklappen und sonstige Hilfsmittel wurden aktiviert, die Lichter Madrids kamen näher, der Sinkflug begann. Ein kleiner Ruckler und wir rasten über die Betonpiste.

25 Minuten lang wanderten wir in stockfinsterer Nacht durch die Hallen des Flughafens und wähnten uns inmitten eines Regenbogens. Die Farbnuancen der Pfeiler, an denen wir vorüber eilten, zauberten ein unfassbar buntes Spektrum. Mit der eleganten Farbkomposition harmonierte auch der feine Anstrich des „Miguel Hernandez", unseres Langstreckenfliegers, doch nur kurz, denn innen sah es bedrohlich aus.

Wir sortierten uns in das armselige und defekte Interieur eines betagten, dreckigen Flugzeugs ein, Mittelreihe, eingeklemmt hinter einer Wand. In der direkten Auseinandersetzung mit meinem Sitzplatz fielen mir weitere Besonderheiten auf und ich musste mich bewusst davon abhalten, Parallelen zur Wartung der in die Jahre gekommenen Maschine zu ziehen. Gebrauchte Servietten steckten neben einem steinharten Brötchen im Netz und aus meinem Klapptisch ragte ein scharfkantiges Metallstück nach oben, das beim Wegklappen – vollständig ließ er sich gar nicht mehr abklappen – zum Hosenreißer wurde. In dieser beängstigenden Trostlosigkeit freute ich mich außerordentlich über den geglückten Start, der sogar mit einer Außenkamera gefilmt wurde.

Nun klebten wir also in dieser drangvollen Enge direkt an der Wand. Der einzige Vorteil dieses Platzes war, dass wir die Beine von Zeit zu Zeit zu einer Brücke ausstrecken konnten, ohne dass es den Vordermann störte. Die Wand äußerte sich nur mit einem leisen Knarzen. Neben Eva saß ein älterer Herr, der lautlos Untergangsphantasien verströmte. Man merkte ihm an, dass ihm die Hochburg an Bakterien schwer zu schaffen machte und dass es ihm gar nicht recht war, wie sie so vor sich hin fieberte. Jede Niesattacke war ihm eine Qual, selbst Schnäuzen durchzuckte ihn körperlich. Rechts von mir, über dem Gang, rollten sich zwei Flugspezialisten in ihren Sitzen mit Nackenkissen und Augenklappen katzenartig zusammen.

Hier oben gab es keine nächtliche Kurzweil, die Stunden des Nichtstuns würden schlimm werden. Krampfhaft versuchte ich zu entspannen, mal auf der linken Pobacke, mal auf der rechten, stellte die Füße auf die Wand, schlug die Beine so gut es ging übereinander, wippte gegen Thrombosen oder legte die Hand auf den hungrigen Bauch, der sich knurrend meldete. Und über diese kolossale Langeweile spannte sich eine unerträgliche Hitze. Mir war kochend heiß in meiner harten, klebrigen Spezialstumpfhose und vierhundert Menschen ringsum. Ab und zu wirbelten Turbulenzen das Flugzeug ruckartig durcheinander, was die entsetzliche Tristesse ein wenig belebte.

Je mehr ich mich aus der Zwangsgesellschaft herausnehmen wollte, umso mehr drängte sie sich mir auf als immenses Geräusche-Konglomerat: Reden, Schnarchen, Kindergeschrei und noch viele weitere Zwischentöne, die mich alle am Schlafen hinderten. Am besten man verfiel in eine Starre, vielleicht würde der Körper darauf hereinfallen und wegknicken. Bevor es zum Wegknicken kam musste ich zur Toilette.

In meiner Flug-Unerfahrenheit orientierte ich mich an den Kindern, die bestrumpft durch den engen, mit blauem Niederflor-Teppich belegten Flur entlang turnten und so elastisch und thrombosefrei wirkten, dass ich mir umgehend die klobigen MTB-Stiefel vom Fuß streifte. Es erschien mir auch nicht notwendig, mit Stiefeln auf Teppichboden herum zu laufen. Der Gang zur Toilette, der an sich schon eine Tortur war, weil man über schlafende Sitznachbarn steigen oder sich an Menschen vorbei drücken musste, die Fuß wippend einer Venenverstopfung entgegenarbeiteten, erforderte eine gehörige Willensanstrengung. Noch mehr Geschick war nötig, um in der Mini-Bord-Toilette klar zu kommen und vor allem die Thrombosehose wieder einigermaßen in die Ausgangslage zurück zu bringen. Der Boden offenbarte mir den Sinn geschlossener Schuhe, mit triefendnassen Strümpfen ging ich glucksenden Schrittes zu meinem Sitz zurück. Der Wunsch nach Wasser, Seife und frischen Socken wurde übermächtig.

Ich war putzmunter. Von Vorteil wäre gewesen, gemütlich ein paar Seiten zu lesen und dazu eine Tasse Tee zu trinken, doch an beidem mangelte es. Mal beobachtete ich, mal dehnte ich mich, am meisten aber langweilte ich mich. Und dann wurde es mir auch noch schlecht, vor lauter Hunger. Mein Leitgedanke galt irgendwann nur noch dem Magengrummeln, das mich entkräftet aus dem Sessel direkt zu den Stewardessen trieb.

Die uniformierten Damen standen sich in dem viel zu kleinen Abstellkämmerchen gegenseitig fast auf den Pumps beschuhten Füßen und schwatzten angeregt miteinander. Es müssen wichtige Informationen gewesen sein, die sie untereinander austauschten, denn kaum war ich in ihren Blick getreten, verstummten sie. Ich kam sehr ungelegen und dann auch noch mit Hunger.

Die verschwindend kleinen Metallschuber, die an den Wänden in Platz sparender Größe eingebaut sind, schmälerten meine Erwartung, etwas Sättigendes zu erhalten und nahmen mir jeden Schwung aus meiner Bitte. Ich erhielt einen eingepackten Butterkeks im 3x4 Zentimeter Format, der mir in dieser lebensfeindlichen Höhe wie eine Kostbarkeit vorkam. Mit dem Keks in der Hand kämpfte ich mich zurück zu meinem Platz, wo ich ihn zusammen mit einem Apfel ganz langsam und intensiv kaute und den Brei erst dann hinunterschluckte, als mich der Schluckreiz dazu nötigte.

Der Nacht/Tag-Übergang breitete sich auf dem Monitor wie Schokoladenglasur auf hellem Backwerk aus. Menschen mit Augenklappen und Nackenrollen schien das nichts anzugehen, sie gaben sich der dämmrigen Kabinenstimmung hin, bis die Rollläden wieder geöffnet wurden. In hastigem Weckeifer ratschten die Stewardessen die Luken frei und augenblicklich platzte Helligkeit herein. Meine Zuversicht stieg, denn die angenehmsten Aspekte dieser neuen Entwicklung waren, dass es nun Frühstück gab und man einen Blick nach unten werfen konnte. Den Atlantik hatten wir längst überwunden und flogen wieder über Festland. In meinem Innersten machte sich ein merkwürdiges Gefühl der Erleichterung breit, als wäre es bei der Flughöhe von zwölftausend Metern von Vorteil, bei einem Absturz auf Land und nicht auf Wasser aufzuschlagen.

Ich wand mich der Aussicht zu, die bei weitem das Frühstück toppte. Es war wolkenlos. Soweit es der Blick zuließ, nahm ich dunkelbraune, gefalzte, zerknitterte und verknautschte Berge wahr, den lockeren Faltenwurf eines riesigen, aufgewühlten Bettlakens – ein unheimlicher Anblick. Im neben- und hintereinander gestaffelten Einerlei suchte ich vergeblich nach Abwechslung, denn nichts war zu erkennen, was der Mensch erschaffen hatte, keine Stadt, keine Häuseransammlung, keine Straße. Erst viel später erhaschte ich einen ellenlangen Nestel quer durchs Gelände, der die Monotonie des Gebirgsstocks angenehm unterbrach, vielleicht die Routa 40, vielleicht aber auch nicht.

Irgendwann ging auch dieser Flug zu Ende, geschäftig wurden Bücher zugeklappt, Decken zusammengelegt, persönliche Dinge weggepackt und Schuhe gebunden. Aufgeregt kümmerte auch ich mich um mein Handgepäck und während dieses Kramens und Schaffens war es eine der wichtigsten Tätigkeiten, wie die Stewardess nun erklärte, eine Deklaration zu unterschreiben. Das Papier, das ausgeteilt wurde, war eine auf Spanisch und Englisch verfasste Erklärung, dass man keine Wurst, keinen Käse und kein Obst nach Chile einführt. Ich sah im Geiste ganze Wurstringe, Käselaibe und Kisten voller Obst vor mir.

Sich im Aufruhr der Hektik noch mit gesetzlichen Bestimmungen befassen zu müssen, war äußerst verwirrend für mich und in diesem emotionalen Tohuwabohu war dann auch die eine, kleine Orange, die von unseren Vorräten noch übriggeblieben war, so ins Bedeutungslose abgerutscht, dass ich an sie gar nicht mehr dachte. Ich setzte mein Kreuz aufs Papier. Der Anflug auf Santiago de Chile begann.

In einem unbeschreiblich harmonischen Zusammenspiel zwischen den herabhängenden Rädern der schrill tobenden, ausgeleierten Maschine und der Dramatik der unnachgiebigen, starren Betonbahn, schaffte der Flugkapitän eine Landung, die mit Sanftheit beleidigend umschrieben wäre. Jubelschreie und hochgerissene Arme verdeutlichten mir, dass diese Landung mit diesem Flugzeug einem kleinen Wunder glich. Wir hatten überlebt. Verspannt und steif schnappten wir unser Handgepäck und schlichen in unserer hitzigen Ausstaffierung zum Ausgang. Endlich raus aus der Enge. Zur Begrüßung gab es einen Einreisestempel.

Hastig kämpften wir uns durch dichtes Menschen-Gedränge zu einer Halle rotierender Gepäckbänder weiter, auf dem in stoischer Ruhe Plastik-Trollies und Koffer kreiselten. Monotone Gleichförmigkeit zuckelte an uns vorüber, die von scheckigen, verknautschten Tüten abrupt unterbrochen wurde, von unseren Altkleider-Packen, die ich etwas peinlich berührt vom Band schleifte.

Eva hatte die fordernde Aufgabe, unsere Räder zu bergen, was gar nicht so einfach war. Dummerweise hatte sich ihr Fahrrad mit dem Schutzblechstummel in einem Spalt des Gepäckbandes verklemmt und saß bombenfest, während sich dahinter unaufhaltsam eine Armada an Koffern zusammenrottete und den gesamten Transport blockierte. In ihrer Not zerrte Eva am Lenker des verkeilten Rades, das immer noch keinen Deut nachgab, weshalb sie nun mit einem beherzten Schritt aufs Förderband der Sache gezielt nachhalf.

Der Schaden, den Eva zu beklagen hatte, war schwerwiegender Art, den wir trotz ausgeprägter Bastellaune nur notdürftig mit einem Textilband beheben konnten. Der Mechanismus an ihrem Lenkertaschenverschluss war weggebrochen. Wir taten gut daran, uns nicht lange damit aufzuhalten und folgten unserem dringenden Bedürfnis, so schnell wie möglich zum Schalter unseres Inlandfluges zu gelangen.

Im riesigen Flughafengebäude drückten sich geschäftig Menschen aus allen Ländern eilig aneinander vorbei und redeten schnatternd aufeinander ein und produzierten ein Gewühl und eine Unruhe, in der wir uns gänzlich fehl am Platz vorkamen. Alles war in Bewegung. Fluggäste mit hoch aufgetürmten Gepäckwagen stürmten durch die Halle, während wir als Gespann allergrößte Mühe hatten, voranzukommen. Ich verkünstelte mich mit den störrischen Rädern. Es blieb dabei nicht aus, dass ich in dem unüberschaubaren Getümmel nicht nur gegen Gepäckwagen rumste, sondern auch das eine oder andere Mal an ein feines Hosenbein. Alle bemühten sich, mit erhobenem Kopf Ausgang, Hinweis-Schilder und richtigen Schalter ausfindig zu machen. Wir hingegen gingen einer wuseligen Flughafenangestellten

hinterher, die Eva kurzerhand angesprochen hatte. „Beeil Dich!"
schrie mir Eva immer wieder zu.

Nur noch einmal einchecken für einen kurzen Inlandsflug und wir
waren am Ausgangspunkt unserer Reise, dachte ich, doch ganz so reibungslos ging es leider nicht. Ich hatte ihr einfach nicht genug Aufmerksamkeit gewidmet, der übrig gebliebenen Orange in meiner Vespertüte. Im Nachhinein klopft man sich vorwurfsvoll an die Stirn und
stammelt verzweifelt Bemerkungen dazu, doch es war zu spät, das
Verhängnis nahm seinen Lauf. Hätte ich gewusst, was mich erwartete,
ich hätte die Bemerkung eines anderen Fluggasts noch genüsslicher
verinnerlicht. „Sie haben ein sehr schönes Rad" hatte er gesagt und
ich solle ja gut darauf aufpassen. Nur kurz hatte ich mit einem Lächeln
genickt und mich dann meiner nächsten Verpflichtung zugewandt,
der Kontrolle am Zoll.

Wohlwollend sprach uns der Angestellte des Agrarministeriums auf
Obst, Brot und sonstige verbotenen Einfuhrartikel an, worauf mir sie-
dend heiß die Orange einfiel, ein Fehler mit weitreichenden Folgen.
Freundlich winkte er mich zur Seite und gab mir zu verstehen, ich
solle auf einer Bank Platz nehmen, wo schon Fluggäste aus Japan,
England und Holland wie verloren dasaßen. Wir bildeten eine kleine
Schicksalsgemeinschaft, in deren Verband ich mich eigenartig wohl
fühlte, auch wenn unser Flugzeug nach Temuco schon bereitstand.

Nach einer ungewissen halben Stunde wurde ich aufgerufen und an
den Vernehmungstisch gebeten, wo der Angestellte zuerst meinen
Pass kopierte und dann in aller Ruhe meine Personaldaten in ein
Durchschlage-Formular eintrug. Alles wirkte sehr formell und büro-
kratisch. Zu seinen Aufgaben zählte es auch, einen längeren spanischen Monolog zu halten, von dem ich allerdings kein einziges Wort
verstand, aber da er so freundlich dabei wirkte, erhoffte ich einen gnä-
digen Ausgang. Nach diesem Vortrag wog er die Orange und notierte
„naranja alemagna, 220g" auf einem Vordruck, an dessen oberer Ecke
ich neben einer fortlaufenden Nummer das Wort „Acte" entdeckte.

Das Wort Acte wirkte wie eine Initialzündung und setzte eine heftige Papier-Lawine in meinem Kopf in Gang, die mich zu überrollen

schien. Der berufliche deutsche Alltag brachte sich in Erinnerung. Zentrale Einzelakte, Hilfe- und Beratungsakte, Hauptakte, Handakte hämmerte es konfus in meinem Kopf und durchmischte sich mit Paragraphen, Aufbewahrungsfristen und farblichen Sammeleinbänden. Und nun auch noch eine Orangen-Akte. Während ich Gefahr lief, mich in meinem Gedankenwirrwarr zu verhaspeln, schob mir der lächelnde Angestellte das Formular zur Unterschrift hin. Gutgläubig unterschrieb ich die Orangen-Akte mit den fremdartigen Bezeichnungen und dachte, die Angelegenheit sei nun vorbei. Doch das war erst der Beginn der Straf-Zeremonie, der schreckliche Hauptteil stand mir noch bevor.

Keine fünf Minuten später wurde ich ins nächste Büro gerufen, einem südländisch anmutenden Raum mit Kisten voller Obst. Mein Mut sank ins Bodenlose, diesen Gesetzesverstoß gut und rechtzeitig zu überstehen, als ich die kleine, gestrenge Bürodame entdeckte, die sich hinter ihrem Bildschirm in zackiger Haltung verbarrikadiert hatte. Mit dem Finger zeigte sie auf den Holzstuhl direkt neben sich. Kaum hatte ich Platz genommen, hämmerte sie flügelschlagend und mit nach unten gezogenen Mundwinkeln die Daten meines Formulars Rammklotz artig in den Computer. Die Mimik der Dame und ihre eckigen Gesten verdeutlichten mir mehr als genug, dass sie ihre Wichtigkeit weit über der einer reinen Datentypistin ansiedelte. Beim nächsten Mal würde es zweihundert Dollar kosten und danach würde es richtig ernst werden. Es handelte sich um kein Gespräch, es war eine Mischung aus Drohung und Prophezeiung. Mit mir feierte sie ihren Erfolg und ich hoffte inständig auf eine baldige Beendigung dieser erniedrigenden Sitzung. Nur die Früchte, die duftend in den großen Kisten lagen, strahlten mit ihrem Aroma etwas Aufmunterndes aus. Als mir der gelbe Durchschlag hingeknallt wurde, machte ich mich langsam mit dem unliebsamen Gedanken vertraut, dass es nun am anderen Ende der Welt, schon am Tag meiner Ankunft, eine Akte über mich gab. Es fühlte sich an wie ein Totalschaden und dennoch empfand ich eine tiefe Erleichterung, als ich das Büro wieder verlassen konnte.

Der Schock saß tief. Es dauerte, bis ich mich gefangen hatte und zur Normalität zurück fand und erst als wir genügend Abstand gewonnen und in einen flotteren Schritt übergingen, fasste ich Mut und flüsterte Eva mit tonloser Stimme ins Ohr: „Das Büro ist voll mit Obst!" Der Damm war gebrochen, die Anspannung fiel ab und mit einem Mal brach lautes Lachen aus mir heraus. Wir stolzierten den Gang entlang und rissen Witze über Obstsalat und Früchtecocktails. Jetzt konnte uns nichts mehr aufhalten, dachte ich, tatsächlich war aber mein persönliches Drama noch nicht zu Ende.

Das Getümmel verdichtete sich, Taxifahrer warben mit hochgehaltenen Tafeln um Kunden, eine Menschenansammlung lärmte mit beschriebenen Pappschildern hinter einer Absperrung, während Bodenpersonal und Polizei die Massen einzugrenzen und dem Ganzen eine Ordnung zu geben versuchten. Anscheinend fand hier auch noch eine Demonstration statt. Und in dem Gewühle wir mit den Rädern und keiner Ahnung, wo's langging. Als dann auch noch ein Spielmannszug auftauchte und mit ohrenbetäubendem Krach durch die Halle zog, bekam die ganze Szenerie einen irrealen Touch.

Dass wir ausgerechnet für den 80-minütigen Inlandflug die Luft vollständig aus den Reifen ablassen mussten, war lästig, aber der Herr am Schalter ließ sich auf keine Diskussion ein. Der Anblick der platten Reifen war schrecklich. Mit Flap-flap-flap-Geräusch schob ich ihm die Räder hin, in der inbrünstigen Hoffnung, dass die Schläuche keinen Schaden nehmen.

Unser Zeitbudget bis zum Abflug war durch den Orangen-Vorfall arg strapaziert worden und wir standen mit wippenden Beinen und unserem Handgepäck unruhig vor der Gepäckkontrolle. Piep-piep schrillte der Kontrolldurchgang immer dann, wenn mal wieder ein verborgener Metall-Gegenstand entlarvt wurde. Als wir an der Reihe waren legten wir unsere Sachen in die bereitstehenden Schübe auf dem Förderband und nahmen auf der gegenüberliegenden Seite die komfortable Blickrichtung der Kontrolleure ein und staunten über das Gedränge und Gewimmel knäuelartigen Gepäck-Mischmaschs, das da auf den Bildschirmen der Durchleuchtungsgeräte zutage trat. Spätestens beim zweiten Koffer begannen wir zu rätseln, was sich wohl hinter dem Gewirr verbergen mochte. Die Idee war noch nicht zu Ende gedacht, als einer der Kontrolleure auf mich zuging und mir in sachlichem Ton auf Englisch erklärte, ich hätte ein Messer in meiner Tasche. Er hätte auch „Bombe" sagen können, so sehr erschütterte mich dieser Satz.

Lenkertasche ausräumen kommt in etwa einem Gespräch beim Psychologen gleich, ein intimer Blick in die Seele. Zahnbürste, Lippenstift, Sonnencreme, Müsliriegel, Brille und so weiter kramte ich aufgeregt heraus und war heilfroh, dass er meinem fremdsprachlichen Gemurmel keine Bedeutung zu maß, als ich bei jedem Gegenstand fragte, ob dies ein Messer sei. Und dann hielt ich plötzlich, wie von einem elektrischen Weidezaun durchpocht, das rote Multi-Funktions-Messer in der Hand. Ausgerechnet unser Messer, Symbol jedes Abenteurers, Werkstatt und Alltagsinstrument in einem, überlebensnotwendig und durch nichts zu ersetzen. Es war kein belangloses Ein-Klingen-Messer, es handelte sich um einen Apparat, ein vielgestaltiges Handwerkszeug, die halbe Ausrüstung eines Industriemechaniker-Arbeitsplatzes. Auseinander gespreizt glich die Gerätschaft einem metallenen Tausendfüßler. Ungläubig starrte ich das Messer an und fragte mich, was es in der Lenkertasche zu suchen hatte und wie es unbehelligt die Kontrollen in Frankfurt und Madrid durchlaufen konnte. Fassungslos stand ich da, wie ein erwischter Ladendieb oder eine entlarvte Betrügerin, ich war irritiert aber auch beschämt.

Ich wollte mich nicht demütigen lassen, nicht ein zweites Mal an diesem Tag, doch der Angestellte hatte Anstand. Mit unaufgeregten Gesten bat er mich, ihm zu folgen. Kein Übereifer war zu spüren, keine Schadenfreude und auch kein Erfolgsgehabe, das passte einfach nicht zu ihm. Als wir am Glasturm ankamen, eher ein transparenter Tunnel-Entlüftungs-Kamin, der schon halb mit verbotenem Material gefüllt war, bat er mich, mein Messer hinein zu werfen. Plopp machte es. Meine innere Spannkraft war mir bei diesem Manöver völlig entglitten, ich fiel zusammen gleich einer Witwe am offenen Sarg.

Ich war kaum mehr ansprechbar. Aschgrau schlich ich an Evas Seite entlang, meine Abenteuerlust war komplett aufgebraucht. Die plärrenden Ansagen aus den Lautsprechern hämmerten unaufhörlich auf mich ein und taten mir eigenartig gut. Da ich kein Wort verstand, musste ich wohl oder übel den Hals recken und nach Hinweistafeln schauen, obwohl ich in meiner Handlungsschnelligkeit noch merklich eingeschränkt war. „Temuco" stand an einer Absperrung, unser Flug.

Ein letztes Mal abheben und dann nur noch radeln. Eva hatte im Flugzeug körperlich ein kurzes Zwischenhoch erwischt und wollte meinen Unternehmensgeist wieder anstacheln, indem sie euphorisch zur kleinen Luke zeigte. Aus dieser Höhe bot sich mir eine in die Ewigkeit reichende Aussicht auf die Anden. Hin und wieder spickten weiße Vulkane das dunkle Niemandsland und einmal mehr fragte ich mich, wo wir wohl radeln werden.

Und dann wurden wir mit höllischen Stricknadel-Schmerzen in den Ohren aus unseren Tagträumen gerissen. Verzweifelt presste ich mir die Hände dagegen, während Kinder ihren Schmerz gellend hinausschrien. Es wurde Zeit, dass die Fliegerei ein Ende nahm.

Fester Boden unter den Füßen

„Maquehue" begrüßte uns der Flughafen in Temuco mit großen roten Lettern. Zittrige Aufregung schwang mit als wir zur Kabinentür gingen, leichtes Herzklopfen meldete sich in meiner Brust. Wir waren angekommen und gleich schossen mir wie-, wo-, was-Fragen durch den Kopf, bevor mir gleißendes Licht in die Augen stach und eine irre Hitze die Besinnung nahm. Angekommen in der Fremde, Start einer Reise ins Ungewisse. „Hallo" sagte ich kaum hörbar. Blinzelnd staksten wir in der üppigen Winteraufmachung steifbeinig die Gangway hinunter. Ich konnte es kaum glauben, wir waren in Chile.

Unser wichtigstes Gepäckstück wartete nicht an der Ausgabe, einen Koffer voller Ahnung und Mahnung schleppten wir mit, dass noch so manches schiefgehen wird. Alles andere entnahmen wir dem ruckelnden Gepäckband und die Räder schob uns ein freundlicher Bediensteter entgegen.

Schwitzend hechelte ich dem holpernden Einkaufswagen auf der abschüssigen Rampe hinterher und hatte größte Mühe, einen grazilen Randstein zu bewältigen. Beinahe wäre die Karre gekentert. Anschließend holte ich die Fahrräder, lehnte mich an den einzigen Baum, der da stand, und atmete tief durch.

Einsam und abgestellt kamen wir uns vor, wie zwei an Land gespülte Fische. „Die Strumpfhose!" unterbrach ich die triste Stimmung und verdrückte mich hinters Gebüsch, am liebsten hätte ich das durchgeschwitzte Hosenwunder im Mülleimer entsorgt. Ganz langsam sickerte Mut und Leben zurück, während Eva engagiert vor sich hin fieberte. Ihr angeschlagener Zustand erstickte auch den allerletzten Funken Hoffnung, bald gemeinsam auf den Sätteln zu sitzen. Ich stellte mich schmiegsam auf Sesshaftigkeit ein. Mühsam kramte ich meine ersten Spanisch-Vokabeln aus den ungeübten Gehirnarealen hervor und ergatterte ein Kleinbus-Taxi, das uns zum Hotel rumpelte.

Wir hatten tatsächlich ein Zimmer und oben drein eine deutsche Besitzerin, die uns umgehend erklärte, dass mit der SIM-Karte im Handy nichts anzufangen sei. Sie buchte für uns eine Cabana auf dem Land, wo wir uns für die nächsten drei Tage einnisten wollten. Sogar abholen wollte er Eva am anderen Morgen, Theo, unser nächster deutscher Vermieter.

Eva trudelte in abgrundtiefen Schlaf, mir dagegen war nach Bewegung.

Meiner Routine entsprechend schaltete ich den Radcomputer ein, der mit einem leeren Display antwortete, doch an der Halterung funktionierte er anstandslos. Beim näheren Betrachten sonstiger sensibler Teile am Fahrrad fielen mir Risse an den Schaltzug-Ummantelungen auf, die ich mit drei, vier Lagen Gewebeband umwickelte.

Ungelenk startete ich zu einer Miniatur-Probefahrt ins Grüne und kurbelte aufgeregt eine simple Strecke entlang, die laut Karte frische Luft verhieß. Einmal hin und wieder zurück, bloß ja nicht verfahren. Kaum im Sattel, winkelte ich von der Hauptstraße ab und landete wie erhofft in der Natur. Das Grün gab mir das Gefühl, von der Enge in die Freiheit gewechselt zu sein, auch wenn die Freiheit gleich eine sportliche Haltung einnahm und mit einem unmöglichen Anstieg loslegte. Aussichtspunkte lenkten von der Steilheit ab und Hütten gaukelten Gemütlichkeit vor, während ich zum ersten Mal chilenische Luft brennend in der Lunge spürte. Hier wurde gerannt und geradelt und wer es gemütlicher wollte, saß beim Picknick auf der Wiese. Erfrischt kehrte ich um und fühlte mich wie neugeboren.

Das Abendessen wurde im Hotel Café serviert, dem tiefsten Punkt des Hauses. Selbst Eva hatte Appetit. Unsere ganze Aufmerksamkeit galt dem dampfenden Etwas, das auf den Tellern der speisenden Gäste lag. Rinderbraten und Püree machten wir aus, dazu hätte gut Salat oder Gemüse gepasst. „Verduras a la parilla" war uns jedoch auf die Schnelle nicht eingefallen und für Salat fehlte uns schlicht der Mut. Nur ja keine Nachlässigkeiten kultivieren berieselten wir uns Gebetsmühlen artig. Selbst die Zähne bürsteten wir mit „cachantun gas" und produzierten Schaumberge, die kaum im Waschbecken zu halten waren.

Erschöpft und übernächtigt klappten wir in die fremden Betten und hofften auf Kraft und Erneuerung.

Gehen im Sandkasten

Die 40 Kilometer bis zum nächsten Domizil am anderen Morgen erschienen mir die richtige Dosis, um die sitzmüden Beine wieder in Gang zu bringen, denn noch immer fühlte ich mich durch den allzu abrupten Sprung aus dem Dezember-kalten Deutschland ein wenig desorientiert und ausgeliefert. Die winter-bleiche Haut passte so gar nicht zu der giftigen Sonne. „Sonnenallergie" hatte Dr. Ach beim Anblick meiner röschen Schenkel im Sommer diagnostiziert, die ausgesehen hatten, als wäre ich einem roten Farbtopf entstiegen. Ich spachtelte mir deshalb eine Handvoll Sonnencreme mit Lichtschutzfaktor 50 auf die Schenkel, die nun wie zwei dick mit Butter bestrichene Stullen glänzten. Das Pikante dabei war, dass die Schicht auf keinen Fall mit irgendeinem Kleidungsstück in Berührung kommen durfte und zwar den ganzen Tag lang nicht, da die Creme partout nicht einziehen wollte. Über die Arme zog ich weiße UV-Stulpen an.

Als ich das Hotel verließ, prallte mir Temuco unmittelbar seine laute, hektische und stickige Lebensart entgegen. Die Stadt hat über 200 000 Einwohner und ist – wie die meisten Städte in Chile – in „cuadras", im Gitterrost-Muster angelegt, man befuhr also immer Einbahnstraßen. Zweispurig schoben sich mir Lastwagen, Busse und klapprige Autos wie eine zähe Masse entgegen, eingelullt in graue Dieselschwaden, die zwischen den Häuserfluchten waberten. Als Radfahrer hat man in solch einem Getümmel absolut das Nachsehen und es schien mir weniger umständlich und riskant, den Gehweg zu benützen als mit dem Verkehr erstmal in die entgegengesetzte Richtung zu fahren, wie mir Theo angezeigt hatte. Zwar nervte das lästige Auf und Ab an den hohen Randsteinen, doch der gefährlichen Enge im nervösen Morgenverkehr fühlte ich mich noch keineswegs gewachsen.

Die Gehwege waren durch Fußgänger und Marktstände schon zur Genüge besetzt, als Radfahrerin hatte ich hier eigentlich nichts zu suchen. Inmitten der stickigen Luft konnte man meinen, die Händler boten ihre Waren den Abgasen an. Knallrote Erdbeeren, handballgroße Zwiebel und leuchtende Tomaten in hohen Pyramiden, buhlten schon früh morgens um die Gunst der Käufer. Gleich daneben standen robuste dreirädrige Fahrräder mit Eis und Getränken, oder Besen, Schnüren und Körben, jeder Händler hoffte und wartete geduldig auf Kunden. Nichts strahlte Ruhe aus, alles war in Bewegung, der Bürger ging zur Arbeit.

Selbst der Blick nach oben brachte mich durcheinander. Ein irres Stromkabel-Gewirr kreuzte und querte über die Straßen und verdichtete sich an Häuserwänden zu einem irrationalen Knäuel. Für mich sah es katastrophal aus, besorgniserregend, horrend gefährlich und ist auch nur der Erdbebendynamik geschuldet, die Chile weltweit zu den höchstgefährdeten Gebieten macht. Rast- und ruhelos grummelt es unter der Erde und die Vulkane geben auch keine Ruhe, weshalb kein Kabel unterm Asphalt versteckt wird, um Brüche und Schäden schnellstmöglich lokalisieren und beheben zu können. Denkt man nur an 1960, an „das Große Erdbeben", als die Erde mit einer unvorstellbaren Stärke von 9,5 über vier unendlich lange Minuten bebte. Zweidrittel der Bevölkerung war damals obdachlos geworden und noch immer frage ich mich, wie Chile zwei Jahre später die Fußball-WM austragen und dabei auch noch den dritten Platz belegen konnte.

Diese vielfältigen Sinneseindrücke waren auf mich eingeprasselt, als ich die Fahrt mit einer gewissen Unruhe und Nervosität angetreten hatte. Naiv und völlig überhastet war ich von einer kurzen Kaffee-Fahrt ausgegangen, die keiner größeren Vorbereitung bedurfte. Theo war in seinem rotkarierten Holzfällerhemd und der taschenbesetzten khakifarbigen Überlebenshose aber auch viel zu früh aufgetaucht, noch während unseres Frühstücks, hatte nicht lange gefackelt und breitbeinig und in zackigem Ton ums Gepäck gebeten. Alles hatten wir stehen und liegen lassen. Sein gebieterischer Ton galt auch den wenigen Gepäck-Stücken, die er transportieren sollte. Und als er erfuhr, dass ich mit vollbepacktem Rad zur Cabana fahren würde, war er fast durchgedreht.

Vielleicht hätte ich auf seine Argumente hören sollen, nachdem er sich wieder beruhigt hatte und von brutaler Hitze, mangelnder Akklimatisation und „das haben schon Viele bereut" gesprochen hatte.

Aber so hektisch, wie er aufgetaucht war, war er auch wieder verschwunden, mit Eva und ihrem Gepäck. Ein halbherziger Abschied war das gewesen, ein „bis gleich". Seiner letzten Handbewegung hatte ich noch zweifelnd hinterher geschaut, denn sie zeigte in die falsche Richtung. Übrig geblieben kam ich mir plötzlich vor und als wäre das nicht schon deprimierend genug, dämmerte mir schlagartig, dass sowohl Straßen-Karte als auch Vorräte in Evas Taschen waren. Ich hatte nur eine Handvoll Kuchen-Brösel dabei und zwei Notriegel.

Es hatte gedauert, bis ich den Mut fand, mich der Hektik der Straße anzuvertrauen und als es endlich soweit war, verflüssigte sich die nervöse Bedrängnis der Stadt, ich stieß in die lockere Bebauung der Randbereiche vor, mit Gärten, Bäumen und Gewässern. Wie angenehm es war, dem Dröhnen und den Abgasen entronnen zu sein und nichts als das vertraute Surren der Reifen zu hören. Mein Körper signalisierte leichte Entspannung als ich zur Brücke mit der markanten gelben Lackierung kam, die mir noch aus der Wegbeschreibung in Erinnerung geblieben war. Erfreut fotografierte ich sie. In einem Obstgeschäft kaufte ich zwei große Bananen und wurde sogleich von zwei älteren Männern mit den gängigen Konversationsfloskeln in ein kleines Frage-Antwort-Spiel verwickelt. Mein Spracheareal war bei den dahin genuschelten Wörtern ziemlich in Aufruhr geraten, Spanisch in Dialektform, dachte ich mir, das könnte brenzlig werden.

Und trotzdem hatte mich der Kontakt glücklich gestimmt. Es muss diese euphorische Stimmung gewesen sein, die einen glauben lässt, alles fügt sich, und die mich an der entscheidenden Abzweigung geradeaus fahren ließ. Ackerflächen säumten nun die Straße, ich war inmitten landwirtschaftlichen Gebiets gelandet. Es dauerte noch geraume Zeit, bis mir der Gedanke kam, die Richtung könnte tatsächlich falsch sein, bis mir die angenehme Ruhe verdächtig erschien, doch plötzlich war mein gutes Gefühl einem sehr mulmigen gewichen. Ich wusste nicht wohin.

Vor mir trappelte ein Pferdefuhrwerk mit einem spindeldürren, gebeugten Mann obendrauf. Auf meinen Wink hin hatte er die Freundlichkeit, seine gemächliche Geschwindigkeit zu drosseln. „Cunco!"

schrie ich dem ausgemergelten Kutscher entgegen, woraufhin er mir mit wilden Armschwüngen und einigen unverständlichen Zischlauten zeigte, wo mein Ziel lag. Ich kehrte um und kam zu einem kleinen Abzweig mit dem „Circuito Araucania Andinan"-Wegweiser und den sehnsüchtig erwarteten Ortsnamen darauf.

Kilometer um Kilometer strampelte ich vor mich hin, es wurde steiler und anstrengender, denn die ungeheure Kraft der Mittagssonne legte jetzt richtig los. Wie stark die Hitze war, wurde mir erst bewusst, als sich eine an den Rahmen geklebte Ersatzspeiche löste und mit ihrem Gewinde punktgenau in meinen linken Knöchel bohrte. Der heftige Schmerz hatte mich so sehr erschreckt, dass ich an einen Schlangenbiss glaubte und vom Rad sprang. Die Labilität ging vom Klebestreifen aus, der in der Hitze geschwächelt hatte, schon jetzt, an der Schwelle des Sommers. Mit einem Stück Leukoplast wird man wohl kaum die Welt retten können, dachte ich mir, zumindest aber eine Speiche und einen aufgerissenen Fuß.

Nur kurz die paar Kilometer hinfahren, hatte ich mir in Temuco gesagt und nun war ich schon über 60 Kilometer unterwegs. Man kann viele Kilometer auf dem Rad zurücklegen, ohne wirklich voran zu kommen, pochte es in meinen überhitzten Gedanken, denn noch immer war kein Abzweig in Sicht, vor dem mich Helmut so eindringlich gewarnt hatte. Hunger keimte plötzlich auf und Durst. Im Schatten eines großen Baumes spülte ich die süßen Krumen des Weihnachtskuchens mit warmem Wasser die Kehle hinunter, weit wollte ich nicht mehr fahren.

Zu meiner Rettung erschien der Vulkan „Llaima" als gleißend-weiße Kuppe am Horizont, der mich ab sofort wie ein guter Kumpel begleitete und mich anstachelte, kraftvoll in die Pedale zu treten. Mit jeder Kurbelumdrehung wurde mein Angelpunkt größer und beeindruckender und im umgekehrten Verhältnis benahm sich mein Energievorrat. Längst sehnte ich mich nach der Cabana und in diesem Zustand hämmerte das Finale in mir, der schreckliche Schlussanstieg.

Solchermaßen vorgewarnt, war die Sorte Schotter, auf die ich nun fuhr zwar furchtbar derb aber immer noch fahrbar. Während ich von

Stein zu Stein hoppelte, rumpelnd in tiefe Kuhlen sackte und manchmal auch wegrutschte, wähnte ich mich schon als Siegerin über die Straße. Zur Symphonie auf Schotter klagten die Speichen ihr zirpendes Stöhnen und auch der scharrende Sammy Slick mischte sich ein. Mit dem zahnlosen Reifen noch 4,5 Kilometer weit knirschen, beruhigte ich mich, während mir die Brille schmerzhaft auf der Nase tanzte und Arme und Beine wie an einem Presslufthammer zappelten. Mühsam kurbelte ich den Anstieg hoch, ich ruckelte eher voran. Doch dann zog der Weg an und zeigte mir sein wahres Gesicht.

Mit Schotter hatte das nichts zu tun, geschweige denn mit einem Weg. Ein loses Sand-Stein-Gemisch schnellte vor mir hoch, ein senkrechter Sandkasten mit eingestreuten Kindskopf großen Kieseln. Rad fahren war jedenfalls nicht mehr möglich. Theos mahnende Worte durchrüttelten mein Denken, als ich besorgt abstieg und schob. Meine Füße verschwanden im lockeren Mischmasch, ich drückte mit dem versinkenden Rad das lose Gemenge einfach nach unten. Gehen im senkrechten Sandstrand, unglaublich anstrengend. Dazu blieb ich ständig an der Packtasche hängen. Ging ich mit mehr Abstand, rutschte mir das Rad weg. Innere Unruhe schlich sich ein.

Der steile Hang unter der glühenden Hitze strengte mich ungemein an, oft blieb ich stehen, nahm einen Schluck heißes Wasser, japste vor mich hin und machte dann stoisch weiter. Ein Windchen hätte mir gutgetan. Ich ackerte unter der stechenden Sonne und kämpfte gegen einen ganzen Chor von Zweifeln an. „Wenn das der typische chilenische „Ripio" ist, dann stehen uns 5 harte Wochen bevor!" Schaute ich den Hang hinauf, schien er spöttisch auf mich herabzublicken. Verzweiflung stieg in mir auf und Ärger, Ärger über meine unnötige Dickköpfigkeit.

Eine entmutigende Sinnlosigkeit lag plötzlich in meinem Schuften, ich wusste nicht, wie lange das hier noch ging. Mal war ich Schnecke, mal kämpfte ich wie eine Schwerathletin. Radfahren in seiner letzten Dimension. Der unbarmherzigen Disziplin wohnten zum Glück keine Zuschauer bei, denn jeder meiner Schritte wurde schwerer, jeder Schritt laugte mich mehr aus. Ich war erschlagen von der Hitze, zermürbt durch den Weg und wenn es gar nicht mehr ging, legte ich mich quer über den Sattel. Das war meine Art zu verschnaufen und Kraft zu sammeln, für den Rest, wenn ich es heute überhaupt noch schaffe. Viel zu einfach hatte ich mir die Fahrt vorgestellt. Wirre Gedanken schossen mir durch den Kopf und einer davon behielt die Oberhand. Auf gar keinen Fall wollte ich in diesem erschöpften Zustand von Theo angetroffen und aufgegabelt werden, also riss ich mich am Riemen und rackerte weiter.

Eine regelrechte Ochserei hatte ich hinter mir, ein einziges Schinden und Schuften, als der bröselige und verrückt steile Hang endlich in einen flacheren, fahrbaren Weg überging. Meine Hände zitterten wie Espenlaub am Lenker und ich musste mich erst sammeln, bevor ich ungelenk das rechte Bein über den hohen Sattel hob und den Fuß aufs Pedal stellte. Anfahren und die Balance halten, dabei unsanft in Löcher rasseln, alles hatte meine Konzentration geschwächt. Ein ums andere Mal war ich nur knapp einem Sturz entgangen. Mit zunehmender Geschwindigkeit schien auch der Tacho zu neuem Leben erweckt und zuckte wieder Ziffern aufs Display.

Mürbe schaffte ich auf der vorletzten Rille die Anhöhe. Erst verfahren und dann wäre ich beinahe noch am Sand gestrauchelt. Viel zu lange war ich schon unterwegs, Eva wartete bestimmt voller Unruhe auf mich. Dann sah ich sie.

Schleppender Gang, hängende Schultern und gebeugte Haltung auf der einen Seite, mühsamer Tritt, ausgehungert, matt und kaputt auf der anderen, so kamen wir uns auf dem Kamm an der höchsten Stelle des Weges entgegen und waren sichtlich froh, auf dem fremden Kontinent wieder beisammen zu sein. Eva merkte man ihre unverstellte Sorge an als wir die letzten Meter gemeinsam zurücklegten. In Pfadfinder-Manier hatte sie am Zugang zu unserer Cabana einen Schal ins Geäst gebunden.

Eine abgeschiedene Holz-Hütte war nun für drei Tage unser Zuhause, ein lauschiger Platz auf einer kleinen Lichtung, rings umgeben von Wald. Im Kontrast lag der Reiz des Terrains, vom stickigen Trubel am Morgen zur absoluten Einsamkeit am Abend.

Mit heftigem Plumps ließ sich Eva seufzend aufs gemachte Bett in unserer heimeligen Hütte fallen, streckte Arme und Beine weit von sich und schloss die Augen. „War das schlimm!" begann sie kaum hörbar ihre Geschichte zu erzählen. „Ich dachte, er bringt mich direkt hierher" setzte sie leise fort. Ich stellte mein Tüten-Geraschel ein, um nicht ständig nachfragen zu müssen, denn Eva ging es erbarmungswürdig schlecht. Tatsächlich hatte Theo die Fahrt auch zu eigenen kleineren Erledigungen genutzt, denn der Weg hierher war weit und er kam nicht ständig nach Temuco. Himbeeren sollte er besorgen, hatte ihm seine Frau aufgetragen, aber mindestens fünf Kilogramm, damit das Marmelade-Einkochen sich auch lohne. Theo kannte die Himbeer-Plätze gut und hatte zielstrebig drei verschiedene Verkaufsstandorte angesteuert. Mit weit ausholenden Schritten war er voneweg gerast, während Eva tippelschrittig und mit leblos an der Seite herab baumelnden Armen kaum hinterhergekommen war. In aller Ausführlichkeit schilderte sie die Hatz durch Temuco. Die Anstrengung wäre gar nicht notwendig gewesen, denn lediglich ein zwei Kilogramm Körbchen mit schon leicht angedrückten Himbeeren hatte er noch vorgefunden.

„Schau mal!" unterbrach sie sich schließlich und zeigte stolz auf das kleine Tischchen neben der Eingangstür. Da lag neben einer Gaskartusche eine kleine Schachtel mit einem roten Messer darin. Klinge, Schere, Feile, Schraubendreher, ich konnte es kaum glauben, wieder im Vollbesitz unserer Werkstatt zu sein.

Frühstück und Abendessen hatten wir bei Theo gebucht, Halbpension in der Einsamkeit, wer hätte das gedacht. Ganz abgesehen von den Geschichten, die uns zum Essen noch gereicht würden.

Überfall?

Unterschiedlicher können Bedürfnisse kaum sein, wie wir sie verkörperten. Eva brauchte Tiefschlaf zur körperlichen Erneuerung und mich drängte es hinaus in die unbekannte Welt, zum Lago Colico, nach Melipeuco und wer weiß noch wohin.

Sanfter Nebel lag am anderen Morgen über der gleichförmigen Hügelkette und verstummte die Natur. Kein Vogel war zu hören, kein Laut auf dem Weg zum Frühstück, der mit achthundert Metern durch ein dunkles Waldstück gerade lang genug war, um die Nacht abzuschütteln und sich der kühlen Morgenluft zu stellen.

Das Wohnhaus der Vermieter liegt schräg am Hang in einer Lichtung. Schafe grasten auf dem terrassierten Weideland als wir ankamen, Hühner gackerten aus der Hütte am Grundstücksende und über allem wachte die Hündin Mara. Die beiden Jungs tobten ausgelassen durch den Garten und jagten mit langen Ruten hinter einander her. Eine kleine Insel, die sich die Familie hier erschaffen hatte, abseits von Verkehr, Lärm und der Hektik einer Stadt. Der nächste Nachbar wohnt Kilometer weit entfernt, wie man uns erzählte, doch die paradiesische Idylle durchflochten auch schroffe Klippen, die Kehrseite dieser Abgeschiedenheit, die wir erst im tieferen Gespräch kennenlernten.

Natürlich hatte es etwas gedauert, bis Theo mit wehmütigen Pinselstrichen begann, seine Anfänge zu zeichnen, über seinen Eifer zu reden, mit dem er die Zukunft angegangen war, nachdem er das Land hier erworben hatte. Das Haus war der Grundstock seiner Pläne, seiner Projekte, wie er sagte, mit denen er erwartungsvoll gestartet war. Während er Brot, Käse und Obst servierte und seine Frau in der Küche hantierte, erzählte er uns von seinem Wunsch nach Unabhängigkeit. Selbstversorger wollte er sein, doch er sollte bald merken, dass es für die Familie nicht reichen würde. Zum nächstliegenden aller Sattmacher hatte er gegriffen und Kartoffelknollen in die Erde gesteckt, wo ehemals Bäume wuchsen und dichtes Gras wucherte. Eine unbändige Freude lag über dem Stückchen Land, doch das Ergebnis war niederschmetternd. Hutzelige, knaubige Knollen ohne Saft und Kraft zog man aus dem Boden. Selbst Mais wollte nicht wachsen und auch Gemüse blieb mickrig. Katastrophale Rückschläge hatten sie erlitten und waren mit ihrem großen Plan letztendlich gescheitert. Zu karg der Boden, zu wenig der Ertrag, einzig eine kleine Schaf- und Rinderzucht war ihnen geblieben.

Wir saßen in der holzgetäfelten Stube, aßen selbst gebackenes Brot und eingekochte Marmelade, labten uns an frischem Obst und rezentem Käse und taten so, als wäre alles selbstverständlich. Doch dem war nicht so, wie Theo mit einem Wink zur Küche verdeutlichte. Mehrere Wand hohe, vollgepackte Gefrierschränke standen dicht nebeneinander. Vorausschauende Vorratshaltung sei das A und O, wie er verdeutlichte, denn allein zum Wocheneinkauf mussten sie jedes Mal 45 Kilometer fahren, einfache Strecke.

Am Vorabend war mir eine eigenartige graublaue Färbung am Horizont aufgefallen und ich hatte mich gefragt, ob sich das Wetter ändern würde? Schon waren wir beim nächsten heiklen Thema. Seit Jahren würde Trockenheit das Land belasten, es hatte kaum geregnet, was auch den Grundwasserspiegel bedrohlich sinken ließ. In seinen klimatischen Ausführungen ging Theo sogar auf seine Eukalyptusbaum-Kulturen ein, die dem Boden viel zu viel Wasser entziehen und hier eigentlich nichts zu suchen hatten. Mit Regen sei nicht zu rechnen entkräftete er schließlich unsere Bedenken, was uns innerlich frohlocken ließ, doch das behielten wir für uns.

Wenn wir schon mal als Kummerkästchen zur Verfügung standen, dann sollten auch gleich alle Sorgen darin Platz finden. Und quälende, drückende Gedanken gab es genug, wie wir erfuhren: die Schulbedingungen waren ein solches Thema aber auch das Gesundheitswesen, und vor allem die Altersabsicherung. Existenzielle gesellschaftliche Bedingungen die er ansprach, jede mit seinem persönlichen Stempel versehen. Eine gewisse Enttäuschung klang durch, wenn er seine Bedingungen mit unseren in Deutschland verglich, doch wer sieht sich schon gern als Opfer eigener Träumereien? Zwischen all den Verletzlichkeiten zeigte sich auch ungemeiner Stolz, etwas erschaffen zu haben, eine Grundlage für eine gelingende Zukunft.

„Seid froh über Eure Absicherung" zog er letztendlich einen Schlussstrich unter seine heutigen Erzählungen - und das waren wir. Doch lange würde es nicht mehr dauern, dann drehte sich der Spieß um. Wir würden den Weg ins Unbekannte, Ungewisse und Ungefähre antreten, würden neue Eindrücke und Erfahrungen sammeln, und sie zu unseren eigenen Mosaikbildern zusammenlegen.

Schon heute konnte ich erste Einblicke gewinnen bei meinem Ausflug zum Lago Colico, einem der vielen durch Andengletscher entstandenen Seen. An sich eine einfache Strecke, 80 Kilometer hin und zurück, wäre da nicht der verwegene, zeitraubende Schlussanstieg. Mit zwei Rastplätzen am See hatte ich ein angenehmes Ziel vor Augen und laut Karte war die Anfahrt nach Cunco sogar geteert.

Cunco zählt knapp 20 000 Einwohner und ist geprägt durch farbenfrohe Holzhäuser. Es sind einfache Wohnhäuser, die in Ständerbauweise errichtet sind, keine Unterkellerung haben und auch keine Isolation. Ihre Wände sind so dünn, dass man von außen die Worte verstand, die innen gesprochen wurden und als Kinder tobend an die Wände krachten, hörte es sich wie splitterndes Holz an. In der Hitze vertrockneten Blumen im Bordsteingarten.

Die Hauptstraße zirkelt mitten im Ort über eine Holzbrücke, deren bläulich ausgebleichte Bohlen abgeschrägt nebeneinanderliegen, mit unkomplizierten, kleinen Spalten dazwischen. Wesentlich schikanöser benahmen sich die dicken Nägel, die das Konstrukt zusammenhalten und mit ihren kantigen Köpfen und ihrem Drang nach oben exzellente Reifenreißer sind. In Schlangenlinien umfuhr ich eine frühe Panne.

Der örtliche Polizeiposten in Grün-Weiß, an dem ich vorbeikam, schien in Aufruhr zu sein, was ich daraus schloss, dass vier „Carabineros" heraus hasteten und in ihren Fahrzeugen unter vollem Getöse davon preschten. Zum ersten Mal fielen mir die dicken Metall-Schutzgitter an den Scheiben der Gelände-Autos auf, die wahrscheinlich vor fliegenden Steinen und sonstigen Gewaltausbrüchen schützen sollen.

Ab Cunco erwartete mich Schotter, ca. 15 Kilometer lang. Das Brisante an diesem Abschnitt war, dass die Straße sehr steil, der Belag aufgewühlt und lediglich am Rand befestigt war. Wackelig fummelte ich über den schmalen Randstreifen der kaum befahrenen Straße und hoffte auf Besserung. Stattdessen tobte ein LKW auf mich zu. Noch ungeübt in solchen Situationen drückte ich mich mitsamt dem Rad ins stachelige Gebüsch, als könnte mich das fade Grün vor dem Staub schützen, den er hinter sich herzog, eine Wolke, als wäre ein Mehltanker explodiert. Im pulvrigen Dreck hielt ich wie eine Taucherin die Luft an und betete in meiner Verzweiflung, dass der Wind die Schwaden schnell wieder davon wirble. Doch die waren träge, meine Luft knapp und als mir ernsthaft nach Ersticken war, stülpte ich mir den knappen Trikot-Ärmel über die Nase und sog panisch Miniatur-Luftschübe ein. Radfahrer gab es außer mir hier keine, und wenn ich mich nicht schleunigst maskierte, gab es auch mich bald nicht mehr.

Am Lago Colico bezauberte mich das energetisch aufgeladene Landschaftsbild in Grün und Blau durch seine reduzierte Farbigkeit, als hätte sich die Natur zu meiner Ankunft etwas ganz Besonderes einfallen lassen. Das dunkle Blau des ruhenden Sees, der tiefblaue Himmel darüber und das giftgrüne Blätterdach eines symmetrisch gewachsenen Baumes davor, nichts trennte die beiden Regenbogennachbarn voneinander, noch nicht mal ein Plätschern lenkte vom herrlichen Anblick ab. „Touch the sky" schien mir für diesen einmalig schönen Moment zu passen. Ich fuhr zur zweiten Bucht, wo ich eine Vesperpause einlegen wollte und auf eine ähnlich gestalterische Raffinesse hoffte.

Mit dem Fahrrad holperte ich die steile Treppe zu den Vesperbänken hinab, lehnte es an einen einsamen Pfahl und genoss die behagliche Ruhe. Ungefähr eine Minute lang kostete ich die traumhafte Stille, dann bekam ich Besuch. Im ersten Augenblick dachte ich, es sei ein kleiner Kolibri oder eine fliegende Maulwurfsgrille, die mich so wild umkreiste. Erst als ich „schwarz, rot und dick" sah, kam mir der Gedanke an eine „tabana". Kaum war der Gedanke zu Ende gezittert, sah ich mich auch schon einer Flottille Beißwütiger gegenüber. In eckigen Bahnen jagten sie gnadenlos auf mich zu, obwohl ich extra nicht in schwarz gekleidet war. Heute standen sie auf Grün.

Die eigentliche Bedrohung ging von ihrem erschreckend lauten, fürchterlichen Gebrumm aus und ihrem überfallartigen Angriff. Alles nur Weibchen mit niederträchtigem Temperament, die sich in Blutlachen argloser Menschen suhlen, während sich die Männchen mit duftenden Blüten vergnügen und am süßen Nektar laben. So hatten wir es gelesen.

Entsetzt rannte ich wie eine aufgescheuchte Häsin im Zickzack durch den Sand, gab den anstrengenden Spurt aber wieder auf, als ich ein Stück Rinde fand, mit dem ich nun wie von Sinnen und voller Wut auf den Schwarm eindrosch. Und da ich in meiner grimmigen Ekstase tatsächlich auch traf, landeten einige im Sand, denen ich mit einem beherzten Sprung endgültig nach dem Leben trachtete. Oben schlagen, unten springen, während dieser erschöpfenden Schinderei krabbelten die Totgemeinten munter aus der Sandkuhle heraus und machten sich in voller Lautstärke auf und davon. Darwin wäre stolz auf ihren Lebenswillen gewesen, ich dagegen war geschockt und rechnete mit einer Invasion.

Wild schlagend schnappte ich mein Fahrrad und japste die Treppenstufen hinauf zum schottrigen Fußweg, wo ich wie ein Irrwisch in geduckter Haltung in die Pedale trat und so übertrieben die Beine kreiseln ließ, dass ich nicht mehr wusste, ob mir aus Angst oder Anstrengung das Herz bis zum Halse schlug. Es dauerte lange, bis ich mich beruhigte und noch Kilometer später hatte ich das irre Brummgeräusch im Ohr. „Sie treten nur bis zum 21. Januar auf" hatte mir Theo hinterher erklärt. Das war kein Trost, das war eine Kampfansage.

Auf dem Rückweg durch Cunco kam ich an einer Fahrrad-Werkstatt vorbei, in die ich einen kurzen Blick warf. Ich war erstaunt, wie sortiert und aufgeräumt sie war, doch noch mehr verblüffte mich, dass ein Vater mit seinem quirligen Kind Ball darin spielte, dem ein grauer Schnauzer tobend hinterherjagte. Als ich weiterfahren wollte, sprach mich der Besitzer an, brachte mir einen Stuhl und ein höchst willkommenes, kaltes Getränk.

In der angrenzenden Garage hebelten zwei junge Mechaniker mit einer langen Brechstange an irgendeinem festsitzenden Teil eines alten

Geländewagens herum. Kolossal verschmiert, unterbrachen sie kurz ihre Arbeit, als sie mich wahrgenommen hatten und meinten besorgt, es sei doch viel zu heiß zum Radeln. Der kleine Halt hatte mir außerordentlich gutgetan, denn außer den „tabanas" war mir auf der Fahrt praktisch niemand begegnet.

„Was glaubst Du, was ich heute erlebt habe?" platzte ich in die Cabana, wo ich Eva in der Küchenzeile hantieren sah. „Riesige tabanas!" und begann dann ausführlich meine schrecklichen Erlebnisse zu schildern aber auch vom herrlichen See mit den wunderschönen Farben. „Oh je!" antwortete sie knapp, auch wenn sie sich schon ein klein wenig besser fühlte.

„Ich brauche sphärische Verbindung!" näselte mir Eva am Abend noch immer stark verschnupft entgegen und weckte mit dem Satz die Hoffnung in mir, sie könnte wieder werden. Ihr Einkaufsplan enthielt eine chilenische Prepaid-Karte fürs Handy, Ersatzbatterien für unsere Radcomputer und ein Auto. Womöglich hing der letzte Wunsch mit ihrem infektiösen Zustand zusammen, Auto hörte sich jedenfalls erschreckend und nach gewaltigem Umstand an. Aber Eva hatte sich bereits für den nächsten Morgen mit Theos Frau Maria verabredet, sie würden gemeinsam nach Temuco fahren.

Nach dem Frühstück am anderen Morgen und weiteren tröpfelnden Einblicken ins tägliche Leben mit seinen Besonderheiten hatte Eva wegen des Mietautos noch einiges mit Theo zu besprechen. Ich ging alleine zurück zur Cabana. Die Gesprächsfetzen wirkten noch nach und in Gedanken saß ich bereits auf meinem Rad und rutschte die unmögliche Straße hinunter, doch so entspannt sollte es nicht weitergehen.

Auf das, was mir dann passierte, hätte ich liebend gerne verzichtet. „Jetzt isch's rom" blitze es mir giftig durch den Kopf, als mitten im Wald ein kleiner Mann mit einem riesigen Messer in der Hand und furchteinflößenden Schritten stechschrittartig direkt auf mich zukam. Zu hochdeutschen Gedanken war ich nicht mehr in der Lage. Mein stolperndes Herz vergaß wichtige Schläge, die es aber schleunigst und in dreifachem Tempo nachholte. Mit der Machete in der Hand und dem verzerrten Grinsen im Gesicht, gab der Fremdling das Bild eines aus der Bahn geworfenen, gemütskranken Hinterwäldlers ab, ich rechnete mit dem Schlimmsten. Aberwitzige, bedrohliche Phantasien schossen mir durchs Gehirn. Nun also ein Überfall, und was für einer! Ein verrückter Mörder, ein Irrer, der mich genau hier abgepasst hatte. In meiner Einbildung sah ich den Beginn einer schrecklichen Metzelei vor mir.

Der eigenartige Mann pflegte keinen geruhsamen Wäldlergang und schien sich mit Opfern gut auszukennen. Denn als ich meinen Schritt beschleunigte, legte er ebenfalls zu und wenn ich Tempo rausnahm, verzögerte auch er. So gingen wir mal schnell, mal langsam nebeneinander her. Derartige Nähe zu einem versprengten Waldmenschen braucht eine Extraportion Mut und der ging mir völlig ab. Zwei vollständige Zahnreihen fletschten mir entgegen, tadellos aber grottenschief, mit denen man gezielt auch zubeißen könnte. Blockiert in meiner Angst begann ich einige Wörter auf Spanisch zu faseln, was mir die gespenstische Situation überbrücken sollte. Doch als ich die Unerschrockene mimte, verkam mir mein bemühtes Lächeln zu einer merkwürdigen Grimasse. „Theo es mi amigo!" stotterte ich vor mich hin, was ihn aber nur noch mehr ergötzte.

In meiner Not kam mir plötzlich die verwegene Idee, ihn um die Machete zu bitten, worauf er sie mir prompt entgegen stach. Das Schlachtermesser erinnerte mich an die Pfahlhaue meines Großvaters, war allerdings doppelt so lang und doppelt so schwer. Es war so schwer, dass ich es in beide Hände nehmen musste. Der Schnitt war blankgewetzt und messerscharf. Eine wuchtige Schneide, die sich am Ende zu einer markanten Spitze krümmte. Mit ihm hätte ich alles Mögliche anstellen können, wenn ich über die nötige Kraft verfügen würde. Stolz strahlte der Fremde aus und als der Stolz ihn zu überborden drohte, hob er seinen muskulösen rechten Arm weit über den Kopf und ließ ihn wie eine Guillotine senkrecht nach unten krachen. Man hörte förmlich das knackende Splittern abgehackter Äste. Ein rechtschaffener Waldarbeiter war er also und kein bocksfüßiger Waldgeist.

Außenstehende wären längst von einer freundschaftlichen Begegnung ausgegangen. Der dunkle Wald, der dunkel gegerbte Mann und meine dunklen Gedanken hielten mich aber hartnäckig von dieser Empfindung ab als ich ihm die Machete zurückgab. Ich kam ungeschoren davon, kein Haar wurde mir gekrümmt und war froh, dass mein hämmerndes Herz das alles unbeschadet überstanden hatte.

Würste und ein roter Pickup

Eva würde zittern bei meiner Erzählung aber das hatte noch Zeit. Sie war mit ihrem Leihwagen beschäftigt und ich mit meinem heutigen Ausflug.

Melipeuco, eine kleine Gemeinde südlich des Vulkans Llaima, war mein heutiges Ziel. Von Theo wusste ich, dass er ursprünglich gerne dorthin gezogen wäre, wegen des unberechenbaren Vulkans aber Abstand davon genommen hatte. Der Llaima befindet sich in unmittelbarer Nähe im Nationalpark Conguillio und ist schon von weitem an seiner doppelschlotigen Form zu erkennen. Als einer der aktivsten Vulkane Chiles war er in den letzten Jahren mehrmals mit einem imposanten Sprühregen ausgebrochen.

Was ich in Gedanken schon hinter mir hatte, fiel jetzt jäh vor mir ab, der Kiesel gespickte Sandkasten hinunter zur asphaltierten Querstraße mit dem Buswartehäuschen, den ich schiebend, rutschend und teils fahrend überwand. Auf den letzten dreihundert Metern des Weges traf ich auf eine kleine Schafhirtin, die zehn zottige Schafe vor sich hertrieb samt einer müden Hündin im Schlepptau. Zu ihrer derben dunklen Kleidung mit dem großen, weit ins Gesicht gezogenen holzbraunen Kopftuch, passten auch die breitgetretenen Schuhe. Wir grüßten uns und erneut musste ich an den Waldarbeiter denken, als sie ihre tiefen Falten im wettergewohnten Gesicht und makellose, kräftige weiße Zähne präsentierte. Als Arbeitsgerät hielt sie einen krummen Stecken in der Hand, mehr war für Schafe eigentlich nicht notwendig. Und doch funkelte die grelle Sonne in der anderen Hand unerwartet ein hochmodernes Smartphone zu Tage, während ich ein ausrangiertes Tasten-Handy in der Trikottasche trug.

Nach Melipeuco führt eine fein asphaltierte Straße. Flach fahren war Balsam, denn die Sonne schien schon brüllend heiß. Da ich alleine unterwegs war, gewannen auch die banalsten Begebenheiten eine tiefsinnige Bedeutung. Ein langschnäbeliger, dicker „Bandurria" hackte unablässig sein aufgeregtes metallisch-schepperndes Geschrei auf mich herab. In Gefolgschaft zog ihm ein Schwarm Kameraden hinterher und vollführte ein ohrenbetäubendes Krakeele, gerade so, als wollten sie den gesamten chilenischen Vogelbestand vor mir warnen. Das Geschrei galt eindeutig mir, denn außer mir war niemand zu sehen. Und auch eine kleine Lamaherde mit Jungtieren, die unter Bäumen lagerten und Schutz vor der sengenden Sonne genommen hatten, beäugte mich argwöhnisch. So recht schien ich nicht ins Bild der Tierwelt zu passen. Was hatte ich hier nur zu suchen?

Auf der Weiterfahrt entdeckte ich am Straßenrand einen Mann hohen Traktorreifen mit der Aufschrift „Vulcanisaziones" in großen weißen Buchstaben. Das galt nun mir und allen anderen, die mit löcherigen Reifen in dieser einsamen Gegend unterwegs sein sollten. Schuhsohlen dicke Gummierung gab es hier, die selbst einen zerfetzten Schlauch wieder abdichten konnte. Beschwingt pedalierte ich weiter, bis ich kurze Zeit später eine noch erfreulichere Bekanntschaft machte, die Begegnung mit Fernandes, einem Reiseradler aus Barcelona.

Wir freuten uns beide sehr über die Begegnung und ich staunte, wie nah man sich plötzlich mit einem Fremden verbunden fühlt. Er befand sich am Ende einer zweiwöchigen Rund-Reise, wie er auf Englisch erzählte, nachdem er bemerkt hatte, dass mit meinem löcherigen Spanisch nicht allzu viel anzufangen war, und war in Temuco mit Frau und Kind verabredet. In seiner verlotterten Kleidung und dem orangefarbenen Sackungetüm auf den verschlissenen, abgeschossenen Radtaschen glich er eher einem Clochard. Ein unkomplizierter Weggefährte, wie mir schien. Er brannte darauf, mir von seinen Erlebnissen zu berichten und zeigte mir voller Überschwang auf einer abgegriffenen Karte die Strecken, auf denen er unterwegs gewesen war, ständig auf grobem „Ripio" und unter glühend heißer Sonne.

Erst beim näheren Hinsehen fiel mir sein ramponiertes Mountainbike auf. Der Clou an der gesamten Aufmachung waren die vorderen Cantilever-Bremsbacken, die wie erschlaffte Arme an den Gabelholmen herabbaumelten und nach Totalschaden aussahen. Tatsächlich hatte Fernandes die Bremse bewusst ausgehängt, nachdem er sich eine starke Acht in die Felge gefahren hatte und sich das Rad nicht mehr drehen ließ. Dass nur eine Bremse am Rad vollkommen genügt, war freilich keine grundstürzend neue Erkenntnis, sie beruhigte mich auf dem fremden Kontinent jedoch ungemein.

Wenn es in unseren Zeitrahmen passen sollte, behielt ich im Hinterkopf, könnten wir den Lago Caburgua und ein abgeschiedenes Tal in den Anden als seine Geheimtipps in unsere eigene Planung mit einfließen lassen. Am Ende der Begegnung verabschiedeten wir uns glücklich, mit dem wunderbaren Gefühl, nicht alleine auf Achse zu sein.

Melipeuco, abgeleitet vom Wüstenbussard, war überraschend anders als das, was ich bis jetzt gesehen hatte. Mit seinen paar tausend Einwohnern liegt der Ort exakt auf Degerlocher Meereshöhe.

Den Ortseingang dominierten wunderbare, knallbunte Wandmalereien mit Motiven aus dem Alltag der Mapuche, ihrer Kultur und aus der Natur. Farbenfrohe Häuser, schwerbeladene Ochsenkarren, Menschen bei der Arbeit und zuhause, struppige Araukarien, ein Wüstenfuchs und roter Soldatenstärling, Pilze, selbst ein Puma war abgebildet. Nicht zu vergessen die „cuja" samt himmelblauem Wasserkessel, das vierteilige Wappen und die „cultrun"-Trommel. Und mitten drin der unberechenbare Llaima, mal als lebensnotwendiger Wasserspender, mal mit glutrotem Ausbruch.

Ein erfrischender Empfang war das, der mich beschwingt und vergnügt stimmte. Farben, Fahnen und gutgelaunte Menschen harmonierten wunderbar und entfalteten eine sympathisch stimulierende Sommeratmosphäre. Ein Junge schlenderte fidel mit seiner Gitarre über die Straße, in einer kleinen Gruppe wurde geschwatzt und gelacht, Bänke standen einladend am Straßenrand. Eine heitere Gelassenheit lag über diesem Ort, ich fühlte mich ausgesprochen wohl.

Mein Magen knurrte und ich hoffte insgeheim, an diesem außergewöhnlichen Ort auch eine außergewöhnlich leckere Wurst zu ergattern, von der wir gelesen hatten. Vorfreude und Erwartung stiegen gleichermaßen, als ich im kleinen Supermarkt neben Brot, Käse, Gemüse und Getränken tatsächlich auch Würste entdeckte. Die Würste waren riesig, dunkelbraun-meliert und ich war mir nicht sicher, ob sie geraucht oder roh waren. Es dauerte deshalb, bis ich mich zu der Frage aufraffte, ob man die Würste roh essen könne, die mir umgehend mit heftig zustimmendem Nicken beantwortet wurde. Mir reichte eine und ich kaufte zwei Brötchen, zwei Tomaten und einen Tetrapack Kakao dazu.

Auf einer Bank unterm Baum machte ich es mir bequem und als ich in die Tüte schaute, befanden sich anstelle einer Wurst zwei darin. Das Auge isst mit, wie es so schön heißt, und das sah eine transparente Wurstpelle, durch die ein rotbraun-schwarz-weiß farbiges Gemenge schimmerte. Im Geruch versagte sie total, trotz ihrer groben Erscheinung schien sie kaum gewürzt und erst recht nicht geraucht zu sein. Argwöhnisch drückte ich sie ein wenig zwischen den Fingern, worauf sie wie ein angetrockneter Vollkorn-Hefeteig ein und aus federte. War sie etwa doch roh?

Mein Hunger haderte lange mit der Wurst. Es kostete mich enorm viel Überwindung, den ersten Bissen zu wagen und als ich es endlich tat, bereute ich es auch schon. Kein knackiges Aufbrechen, wie ich es erhofft hatte, die Wurstmasse manschte langsam und weich aus der Pelle. Was sich im Mund kraftlos ausbreitete, war ein schrecklich texturloser Brei aus sämigem Irgendwas mit einem Fetzen zäher Haut darin. Fettfasern blieben beim Kauen garstig zwischen den Zähnen hängen. Leichter Paprikageschmack mit eingestreuten Pfefferkörnern, ansonsten schmeckte die Fülle nach Fett und rohem Fleisch. Nicht, dass ich sie mit den abgehangenen, gerauchten Bratwürsten meines Hausmetzgers verglichen hätte, aber eine etwas standhaftere Substanz, ein bisschen mehr Würze, vielleicht Majoran, hätte der Materie wirklich gutgetan. Wurst geht besser, sinnierte ich mit dem Gebilde in der Hand. Einem ganzen Exemplar fühlte ich mich nicht gewachsen und im Nachhinein bin ich noch immer erstaunt, dass ich den Mut hatte, eine dreiviertel Wurst in mich hinein zu würgen. Es kann nur Hunger gewesen sein. Die zweite hob ich für Eva auf, als Mitbringsel. Tief in mir drin, beruhigte mich eine freudige Stimme, dass wir ja bald nach Curarrehue kommen werden, einem Zentrum für Deutsche Wurst, wie in unseren Aufschrieben stand. Erst viel später kam mir der bohrende Gedanke, dass ich das „crudo" vielleicht zu undeutlich ausgesprochen oder vor lauter Aufregung womöglich ganz vergessen hatte.

Als der süße Kakao auch die letzte Fettfaser in den Magen gespült hatte, machte ich mich auf den Rückweg. An der Straße lenkten mich grüne Gebotsschilder von meinem kulinarischen Golgatha ab, die in regelmäßigen Abständen auftauchten. Sie gehörten zum Evakuierungskonzept des Llaima und erklärten die Fluchtrichtung bei einem Ausbruch. Immerhin stand er mal wieder auf Gelb, das hieß labil. Ich folgte den Schildern, aber nur, weil die Richtung meinem Heimweg entsprach. An Lava verwendete ich keinen Gedanken, mir reichte die Auffahrt zu Theo, auch wenn bekannte Kilometer ja immer kürzer sind.

Als ich an der Cabana ankam, parkte ein knallroter, kolossaler Pickup vor der Tür mit wehrhaftem Metall-Geweih, hüfthohen Rädern und einer in die Höhe geschraubten Ladefläche, für die man ohne Leiter dumm dastand. Zu meiner Verwunderung zierte die Stoßstange ein Frankfurt an der Oder-Kennzeichen: FF KH 79. Eva hatte ihren Plan tatsächlich umgesetzt, auch wenn es eine Ochsentour gewesen war, wie sie mir erzählte.

Wie vereinbart, war sie mit Maria und den beiden Jungs im Auto die Sandpiste hinuntergefahren, wo die Fahrt auch schon wieder zu Ende war. In Husch-Husch-Manier wurden alle aus dem Auto gescheucht, nachdem sie das Buswartehäusle erreicht hatten. „Mit dem Bus geht`s weiter!" hatte Maria diktiert, als er auch schon nahte.

Die Fahrt war furchtbar. Da es im überfüllten Bus keinen Sitzplatz mehr gab, klammerte sich Eva zittrig ans klapprige Busgestänge, während an jeder Haltestelle weitere Passagiere zustiegen. Manche hatten Holzkisten mit kleinen Küken dabei, andere Metallkörbe voller Maiskolben, von denen ihr einer schmerzhaft in den Schenkel drückte. Wahrscheinlich fuhren sie auf den Markt. Trotz der Medikamente fühlte sich Eva noch immer wie ein kränkliches Herbstgewächs und da fast alle Fenster des Busses geöffnet waren, zog es sehr ungesund. Um dem Fahrtwind zu entgehen, stülpte sie sich bei über 30°C ein

Schlauchtuch übers Gesicht und erreichte nach quälend langen 20 Minuten nassgeschwitzt Temuco.

Kaum angekommen, war Maria zielstrebig davon gestürmt und Eva überfordert hinterher. Einen Autoverleih nach dem anderen hatten sie mit nachlassendem Mut abgeklappert. Meist wurden viel zu kleine Autos angeboten, in die man auch gar keine Räder hätte packen dürfen. Das größte Problem jedoch stellte der Grenzübergang nach Argentinien dar. Extra Papiere seien dafür erforderlich und deren Anforderung würde üblicherweise bis zu einer Woche dauern. Sollten sie gar innerhalb von 48 Stunden benötigt werden, kostete das nochmals umgerechnet 250 Euro, hatte man ihr erklärt. In der siebten Autovermietung wurden sie schließlich fündig, was nicht zuletzt daran lag, dass sie einen deutschen Angestellten in Santiago hatte, den Eva anrief. Da es kein Abkommen mit Argentinien gebe, müsse sie das Auto auf jeden Fall wieder in Chile abgeben, wurde ihr verdeutlicht und die Papiere kosteten 117 Euro, sofern sie innerhalb 24 Stunden vorliegen sollten. Eva schlug zu.

Eva war mächtig stolz über das feuerrote Ungetüm. Als sie wie eine Großgrundbesitzerin die Tür per Knopfdruck öffnete, um sich elegant ans Lenkrad zu setzen, pfiff mir ein schriller Ton ins Ohr. Tür auf, Tür zu, wird uns dieser Ton nun also eine Woche lang begleiten, dachte ich verzweifelt und da hatte ich den brüllenden Motor von diesem Kleinlaster noch nicht gehört.

Mein kleines Mitbringsel war bei diesem monströsen Fuhrwerk völlig hinten runtergekippt. „Igitt!" hatte Eva meine Bemühungen abgewehrt, ihr das Wurst-Wunder schmackhaft zu machen. Dass ich fast eine ganze davon gegessen hatte, beeindruckte sie nicht im Geringsten. Theo hatte sich über meinen Lapsus königlich amüsiert, die Wurst war tatsächlich roh.

Das Thema Wurst war mir etwas zu schnell erledigt, dafür zündete mein zweiter Trumpf überragend gut, den ich mit „heute Nacht bekommen wir bestimmt Besuch" aufgekratzt begann. Eva hatte wie versteinert reagiert und ewig lange gebraucht, um sich von dieser Bedrohung zu erholen. Erst als sie sich wieder stabilisiert hatte und inneren Halt und Mut verspürte, stürmte sie mit weit aufgerissenen Augen und frisch erwachtem Schwung fuchsteufelswild in die hinterste Ecke des Zimmers, wo der ahnungslose Sorgobesen lehnte, packte diesen wild entschlossen am Stil, eilte zur Tür zurück und verkeilte ihn unappetitlich im Griff. Bis auf die Notbelüftung in der Dusche verriegelte sie sämtliche Fenster. Ihrem flugs erschaffenen „Hochsicherheitstrakt" knallte sie noch die Bemerkung „keinen Tag länger bleib ich hier" ins Mark. Eva war auf dem Weg der Genesung, ihre resolute Entschlusskraft brachte uns mächtig voran. Ab morgen würden wir unterwegs sein, sie mit dem Pickup, ich mit dem Rad, ganz entgegen unserem ursprünglichen Plan und alles andere als ein harmonisches Gespann.

Doch es war Zeit für den Aufbruch, wir wollten endlich wissen, wie es da draußen zugeht. Bruchstücke werden wir sammeln, Grauwerte im Schwarz-Weiß entdecken, auf Fremdes stoßen, das sich in unseren Köpfen Platz machen wird, mit Gängigem kollidieren, Gewohntes verunsichern und Erstarrtes aufbrechen wird. Wir vibrierten auf das Unbekannte, Andersartige, auf etwas Neues, das entstehen wird.

Ein schwieriger Beginn, versüßt mit Fasnachtsküchle

Nach dem Frühstück verabschiedeten wir uns von Theo und Maria und nahmen noch ein selbst gebackenes Brot mit. Evas Pickup war für eine Woche gemietet und musste in Temuco abgegeben werden, weshalb wir einen Rundkurs über den Paso Mamuil Malal de Tromen nach Argentinien und über den Paso Carirrine wieder zurück nach Chile wählten. Fünf Tage und gut 400 Kilometer. Endlich unterwegs sein, kribbelte es in mir, unterwegs sein als unsere neue Normalität.

Festgezurrt thronte Evas Mountainbike auf der Ladefläche und erweckte den Anschein, soeben erworben und nach Hause gefahren zu werden. Wäre da nicht eine weitere Radlerin, die entweder hinterher zappelte oder vorneweg hechelte. Eine merkwürdige Erscheinung, wir zwei. Ungleicher konnte man wirklich nicht reisen, Eva mit sanftem Druck aufs Gaspedal und ich mit wildem Tritt auf die Kurbeln. Ein schrecklich unpassendes, haarsträubendes Gespann, das wir abgaben, aber die einzige Möglichkeit, endlich gemeinsam auf Achse zu sein.

Eva fuhr mit dem roten Laster vorneweg. Ambitioniert und engagiert strampelte ich dem dröhnenden Pickup hinterher und ließ mich umgehend in eine abgasgeschwängerte, ockerfarbige Staubwolke einhüllen, die mich zwang, sofort anzuhalten. Hustend stand ich da, als hätte ich einen Schmetterling verschluckt und mir war schnell klar, dass diese Art des Reisens direkt zu meiner Vernichtung führen würde. Natürlich hatte Eva jedes Mal gewartet, bis sie mich wiedersah und war dann erst weitergefahren. Ich fuhr also ständig in einer undurchsichtigen Staubhülle, die in mir das dunkle Gefühl weckte, in kürzester Zeit vom Erstickungstod ereilt zu werden.

Wir drehten den Spieß um, ich fuhr nun vorn und Eva in Sichtweite hinter mir her. Die Lunge blieb frei, was schon mal angenehm war, dafür ging es mir an die Psyche. Der Diesel brüllte Traktor ähnlich die Straße entlang und schachtelte mit seinem Dröhnen jedes Gefühl von Freiheit ein. Wollte ich mehr Abstand, gab auch Eva Gas und so hetzte ich wie von einem Puma gejagt mit pfeifender Lunge davon und wurde immer schneller. Die Angst im Nacken schaute ich ständig zurück und manchmal befürchtete ich sogar, jeden Moment unter die Räder zu kommen. Abgesehen von dieser aberwitzigen Hatz scheuerte das andauernde Motorengedröhn an meinen Nerven, erst wurde ich ärgerlich, dann aggressiv. So konnte ich nicht reisen, keinen einzigen Tag lang. Die Verfolgungs-Variante überbot eindeutig die Staubtod-Version.

Die dritte Variante, die wir nun ausprobierten, stellte einen Kompromiss dar zwischen Evas Bedürfnis, mich ständig in Sichtweite zu haben und der Notwendigkeit, einen gewissen Abstand einzuhalten. Eva würde einige Kilometer vorausfahren und auf mich warten, was nicht unbedingt ihrer Lieblingsvorstellung entsprach, sie erkannte aber auch die Vorteile, die darin lagen und eine gewisse Unabhängigkeit, über die sie nun verfügte. Sie schaute nach einem Rastplatz, hatte Zeit zum Fotografieren und sich auszuruhen, während ich mich die ruppige Schotterspur entlang mühte, Berg rauf, Berg runter. Auf diese Weise kamen wir sogar erstaunlich gut voran.

Theo hatte uns eine Strecke abseits der Hauptstraße empfohlen, der direkte Weg nach Villarrica. Im Nachhinein fragten wir uns, ob er jemals auf einem Rad gesessen ist. Abkürzungen, das kannten wir schon, begleiten ja oft etwas Tückisches, diese Abkürzung bestand aus giftigen Steilstücken und sandigen Schotterabschnitten. Nur selten kamen wir durch Ortschaften. Los Laureles blieb mir in Erinnerung, da dieser Ort wie ein Geodreieck in der Landschaft liegt, an dessen Grundlinie wir rein und an der Spitze wieder rausfuhren.

Ein Teil meines Gepäcks lagerte im Auto, dennoch ermattete mich das sportliche Gelände und die giftige Sonne, die unablässig auf mich herab brannte. Schatten gab es fast keinen. Wollten wir eine Pause machen, dauerte es deshalb zermürbend lange, bis Eva ein geeignetes Plätzchen gefunden hatte. Doch irgendwann hatte das Suchen ein Ende, wir hielten an einem Buswartehäusle an, wo es eine verstaubte Sitzgelegenheit mit Ablage gab. Erholen wollte ich mich und etwas essen.

Beim Öffnen meiner linken Packtasche stach mir ein beißender, synthetischer Geruch schmerzend in die Nase, ein Aroma, das so ätzte, dass es eher in einen Chemie-Baukasten als in eine Radtasche gehörte. Geschockt arbeitete ich mich Tüte um Tüte zum Ursprung des Gestanks vor und entdeckte im Plastikbeutel, der wichtige Teile meiner Ausrüstung vor Nässe und Staub schützen sollte, das schwimmende Dilemma. Die Brum-Brum-Mückenabwehr-Brühe war aus der gerissenen Plastikflasche gesickert und schwappte über Stirnlampe, Kamera-Akku und die hellen Gläser meiner Sonnenbrille.

Die Lampe war ruiniert, das Glas eingetrübt, am Gehäuse wölbten sich dicke Blasen wie Eitergeschwüre, das Gummiband hart wie ein Peitschenstecken. Am Kamera-Akku löste sich die Verbindungsnaht, die Brillen-Ersatzgläser waren blind, ihre Beschichtung blätterte ab wie verschrumpelte Schlangenhaut. Lampe und Gläser waren für die Tonne, beim Akku hatte ich noch leise Hoffnung.

Unser Wasser war zu kostbar und auch zu harmlos für die zähe, harzähnliche Masse, die nun an meinen Händen klebte, Speichel wirkt da viel besser. Mehrmals spuckte ich mir forsch in die Hände und rubbelte kräftig mit einem Papiertaschentuch hinterher, worauf das viellagige Taschentuch zottig aufspleißte und bockig an den pappigen Fingerkuppen kleben blieb. An jedem Finger hingen struppige Fetzen, wie kleine Armeleute-Fingerpuppen. Kasperle, Gretel und der Zauberer waren bereit für ihren ersten Auftritt im chilenischen Sommertheater.

Das anschwellende Grollen, das unsere Ohren plötzlich vernahmen, war als Ouvertüre zum Puppenspiel eindeutig zu gewaltig und wir starrten gespannt, wahrscheinlich eher entsetzt die Straße entlang, wo der Krach herkam. Die Front eines riesigen LKW tauchte auf, die die gesamte Fahrbahnbreite in Beschlag nahm und geradewegs auf uns zu donnerte mit einer irrsinnig wüsten Staubwolke im Gefolge. In unsrer Not flüchteten wir ins Wartehäusle und mehr oder weniger direkt ins Verderben. Die dichten Schwaden verfingen und verdichteten sich konzentriert unterm Dach, man konnte nichts mehr sehen. Vom Erstickungstod geleitet, hielten wir gepresst den Atem an, rafften unser Vesper zusammen, rannten aus dem Häuschen und taumelten ins nächste Gebüsch, wo wir minutenlang ausharrten. Als sich die Staubglocke etwas lichtete, wagten wir uns nach vorn, breiteten Brot, Käse und Obst auf der blassen Wartebank aus, nahmen einige knirschende Bissen zu uns und hörten schon wieder das nächste Getöse. Ein ewiges Rein und Raus war das, eine richtig vermaledeite Pause. „Ripio suelto" stand später auf einem Schild, vereinzelt Schotter.

Auf diese Weise füllten wir die Kilometer mit Leben, Geschmack und Geräusch. Doch kaum hatten wir den Wald hinter uns gelassen, verzückte uns die Straße mit feinem Asphalt. Wir fuhren die Ruta Interlagos entlang. Am Horizont glitzerte der schneeweiße Villarrica Vulcan vor dem satten Blau des Himmels. Es dauerte nicht mehr lange und das städtische Getümmel sog uns auf.

Villarrica in seiner heutigen Erscheinung ist mit einhundert Jahren ein junges Städtchen, aber mit knapp 50 000 Einwohnern groß genug, um sich darin zu verfehlen, sofern man sich nicht auskennt und getrennt unterwegs ist. Auf uns traf beides zu. Eva konnte mit dem Pickup immer nur die Einbahnstraßen der Cuadras befahren, während ich die eine oder andere Abkürzung nahm. Wir benötigten Geld und Wasser und Seife für die klebrigen Hände. Doch zunächst landeten wir ganz überraschend im Villarrica Parque, der uns einen unverhofft malerischen Ausblick gewährte. Am sommerblauen Villarrica-See standen leuchtend-bunte Blumen und wuchsen knallrote Nektarinen und im Hintergrund der gleißende Vulkan. Bestimmt ein beliebtes Postkartenmotiv, auch ich schnappte reflexartig die Kamera.

Im Spanisch-Kurs hatten wir Geld abheben mit der „tarjeta" rauf und runter geübt. Große Hemmungen hatte ich deshalb nicht, als ich zum Geldautomaten in der Bank ging, während Eva auf die Räder aufpasste – ihr Rad hatten wir vorsorglich von der Laderampe geholt.

Als ich meine Karte einführte, klappte ein Menü auf dem Display auf mit lauter Begriffen, die mir alle nichts sagten. Unschlüssig stocherte ich durchs Menü, verheddere mich prompt in einer falschen Anweisung, worauf mir jedes Mal die Karte aus dem Schlitz entgegen schnappte, natürlich ohne Geld.

Nach dem fünften Versuch stellte ich mich an einen Schalter an, wie so viele andere Kunden auch. Doch kaum hatte ich meinen Wunsch geäußert, dirigierte mich die Schalterbedienstete zurück zum „Cajero automatico". Sehr einleuchtend erschien mir das Procedere nicht aber es gab ja noch mehr Personal in der Bank, bspw. den uniformierten und bewaffneten Security, der so unausgelastet in der Ecke stand.

In meinem Stirnlappen ging es inzwischen hoch her, was auf überreizte Nerven schließen ließ. Je nervöser ich nämlich wurde, umso mehr mischten sich französische Vokabeln unter meine kargen Spanischkenntnisse, bis mir die Situation so heikel erschien, dass ich unweigerlich ins Englisch verfiel. Ich sprach den Security auf Englisch an und erhielt eine Handbewegung, die mir verdeutlichte, dass er seinen Platz auf gar keinen Fall verlassen darf. Die Stimmen im Kopf schienen mir nahbarer als die Menschen um mich herum, die nun alle auf mich starrten. Ein junger Herr erkannte meine Notlage und begleitete mich zum Automaten, wo er mir auf Englisch die Methodik erklärte. Geld abheben war ab sofort kein Problem mehr, es sei denn, es gab keinen Automaten.

Der bewaffnete Security in der Bankfiliale hatte unsere negative Vorstellungskraft arg angestachelt, was sich im Verhalten anschließend niederschlug, als wir in ein einfaches Restaurant mit Außenbestuhlung gingen. Außer uns saß nur ein junger Mann an einem weiter entfernten Tisch. Die Räder hatten wir an die Rücklehne unseres Sitzmöbels angeschlossen und alles abgepackt, was nicht angeschraubt war. Lenkertasche, Tacho, Pumpe usw. horteten wir sodann auf den Tisch und beugten uns wie eine Glucke darüber, aus Angst, die wenigen Besitztümer könnten abhandenkommen. Wir verhielten uns, als lebten hier lauter fehlgeleitete Seelen. Das peinliche Gehabe spiegelte nicht unsere gängige Grundhaltung wider und es beschämte uns, dass wir so freundlich bedient wurden. Die Affenhaltung war nicht von Dauer, wir beendeten die Rast und fuhren weiter. Am Rathaus hing eine rote Ampel. Rot, das hieß Gefahr und die ging vom Vulkan aus.

Im rastlosen Verkehr, Alltagsverkehr wie wir vermuteten, fuhren wir Richtung Pucon. Die Hauptsaison stand erst noch bevor, denn die Cabanas entlang der Straße waren alle noch verriegelt. Als wir uns auf die Suche nach einer Übernachtung machten, leitete uns wie immer der Wunsch, in frischer Luft abseits der Straße zu nächtigen, weshalb wir dem Cabana-Hinweisschild über einer Mülltonne, das weg von der Straße zeigte, folgten. Der steile, unbefestigte Stich führte an feudalem Privatbesitz vorbei, wurde dann immer holpriger und ging schließlich in riesige Löcher über. Als mich das Gerüttel beinah zum Absteigen gezwungen hätte, sah ich den Eingang der Anlage.

Die Ferien-Anlage glich einem Golfplatz und wirkte sehr gepflegt. Ein weitläufiges, parkähnliches Gelände, mit Rasenflächen, die gesprengt wurden und stattlichen Bäumen, zwischen denen die Bungalows standen. Nur der zierliche, dreibeinige Hund, der vor dem Rezeptions-Eingang aufgeregt hin und her hüpfte, schmälerte den unbeschwerten Eindruck etwas. Doch das Handicap tat seiner Spielfreude keinerlei Abbruch.

Eine kleine, rundliche Frau in langer Küchen-Schürze und feinem Haarnetz nickte freundlich als wir nach einer Übernachtung fragten. Der Auftrag schien ihr gut zu tun, denn augenblicklich drückte sie ihr Rückgrat durch und wurde geschäftig. Umtriebig holte sie einen dicken Bund Schlüssel aus ihrem Büro, klemmte sich eine Mappe unter den Arm und schritt mit ihrem enormen Hinterteil weit ausholend den Sandweg vor uns her, direkt zur Cabana Nr. 7.

Ob sie uns als Vorhut eines größeren Gefolges betrachtete, fragten wir uns, denn die komplett eingerichtete, doppelstöckige Cabana, die sie uns erhobenen Hauptes präsentierte, hatte fünf Zimmer und wäre die richtige Unterkunft für eine mehrköpfige Familie gewesen. Aber Platz hat uns noch nie gestört, wir unterschrieben das Anmeldeformular mit dem Stolz frischgebackener Hausbesitzer. Nachdem sie die Vorhänge aufgezogen und die Schiebetür-Front geöffnet hatte, bot sie uns mit schelmischem Lächeln für wenige Pesos ein Frühstück an, mit frisch aufgebackenen Brötchen und „Sopaipillas". Ein kleines Zubrot für sie, vermuteten wir und sagten gerne zu, auch wenn mir noch schleierhaft war, was sich unter dem unbekannten Begriff wohl verbergen würde.

Das herrschaftliche Gebaren, das die Platzverwalterin ausstrahlte, setzte sich in ihren großzügigen Zugeständnissen fort. Räder ins Haus nehmen war überhaupt kein Problem, Wäsche aufhängen genauso wenig. Viel problematischer empfanden wir dagegen den modrig-dumpfen Kellergeruch, der uns im Schlafzimmer entgegenschlug, und dem auch mit eifrigem Lüften kaum beizukommen war. Auch die fast ebenerdigen, wandhohen Fenster, die sich mit wenig Einsatz aufschieben ließen, wirkten nur wenig vertrauenserweckend. Doch da hatten wir uns längst mit der Hausordnung beschäftigt, die sie uns nach dem Rundgang durchs Haus dagelassen hatte. „Los cantaros de Pucon" lasen wir in den Unterlagen und grübelten, was es wohl mit den Krügen auf sich hatte.

Jeder Abend verlief nun nach Schema F, wenn wir eine Unterkunft bezogen: Auto ausladen, Duschen und Waschen, wobei Duschen mit Abstand die angenehmste Tätigkeit der Dreien war, sofern warmes Wasser kam. Damit haperte es leider in der Nr. 7 weil der Handgriff am Boiler auf der Rückseite des Hauses nicht umgelegt war. Im Verhältnis zu dem unliebsam herabplatzenden eiskalten Wasser, dem ich ausgeliefert war, erschien mir der knallgrün glänzende kugelrunde Käfer am weißen Duschvorhang wie eine Lappalie, solange er an seinem Platz blieb. Der Käfer, mit dem ich unter der kalten Brause stand, war eine botanische Rarität, wie man mir sagte. Seinetwegen hatten schon Käferspezialisten aus Österreich Tage lang auf der Lauer gelegen. Wir dagegen standen auf Du und Du mit dem biologischen Juwel, widmeten ihm aber keine weitere Aufmerksamkeit und sahen zu, mit dem Abendprogramm fertig zu werden. Der Hunger meldete sich.

Hungrige Mägen sind intolerant, zumindest meiner, was uns zielstrebig zum nahen Restaurant eilen ließ, das mir von unsere Haus- und Hofverwalterin empfohlen worden war. Es hatte leider geschlossen wie auch alle anderen im näheren und weiteren Umkreis, die wir abklapperten. Demnach trat Hunger hier nur saisonal auf, was uns die Notwendigkeit abverlangte, zurück nach Villarrica zu fahren.

Wir entschieden uns für die erstbeste Pizzeria, an der wir vorüber kamen, sie war brechend voll. Ausgehungert entschwand mir meine geübte Haltung am Tisch, ich hoffte auf eine schnelle Bedienung. Das Gabelgeklapper, die dampfenden Teller und Essensgerüche schwächten mich in meinem hohlwangigen Zustand noch mehr und ich fing an, mich mit dem Nächstliegenden abzulenken, das vor mir lag, ein Tischset aus Papier. Es war eine Landkarte und beim näheren Betrachten entdeckte ich, dass sie genau das Gebiet Argentiniens umfasste, das wir bereisen wollten. Man schien uns unsere Ziele anzusehen. Umgehend reckten sich Rücken und Nase beim Gedanken, geladene Gäste zu sein. Die Pizza kam auf einer Schippe, was unsere Schwärmerei noch weiter entfachte und in dieser aufgeputschten Stimmung zog es uns erst sehr spät zurück zur unbelebten Anlage.

Zu nachtschlafender Zeit machten wir uns auf den Heimweg, kein Mensch war unterwegs. Nur über uns herrschte Fülle, Fülle an Sternen am schwarzen Himmel. Im wilden Durcheinander konnte ich auf Anhieb keinerlei Systematik erkennen, nichts war mir vertraut. Doch irgendwo da oben strahlte auch das Kreuz des Südens, das Symbol der Ferne, ich würde es noch entdecken.

Mit hoher Vertrautheit klopften wir am anderen Morgen wie vereinbart um 7:30 Uhr an der „Reception", wo man uns mit einem ungewohnt opulenten Frühstück erwartete. Auf einem kleinen Tisch inmitten der hellen Stube stand ein Korb frischer Brötchen, verschiedene Marmeladen, Käse, Butter und eine Kanne Tee. Wo waren die „Sopaipillas"? Die brachte sie in einem extra Körbchen: heiße, krosse Hefeteilchen, duftende Rauten, nichts anderes als Fasnachtsküchle mit einem Dolchstich in der Mitte. Der Beginn meiner Frühstücksekstase. Ich aß, als wäre es mein letztes Frühstück, ich kannte kein Maß an diesem Morgen. Das entging auch der Verwalterin nicht, die voller Stolz strahlte. Eva wirkte viel stoischer und beherrschter mit ihren Marmeladebrötchen auch wenn sie bald im Mittelpunkt stand.

Sind Frauen unter sich wird über alles Mögliche gesprochen, so auch bei uns. Worüber unsere Verwalterin zu sprechen begann, verstanden wir nur andeutungsweise, es ging wohl um ihre Herkunft, um ihre Familie, so emotional wie sie loslegte. Bestimmt wäre sie gerne ins Detail gegangen, hätten unsere sprachlichen Verständigungsprobleme sie nicht daran gehindert. Und als sie erkannte, dass wir nur bruchstückhaft ihren Ausführungen folgen konnten, griff sie zum Äußersten. In einem gefühlsbetonten Moment, als sie sich nicht mehr anders zu helfen wusste, ließ sie alle Hemmungen fallen und schlug sich mit der Faust mehrmals heftig auf die Brust. „Mapuche!" schrie sie dabei. Der Schlachtruf hallte wie ein Donnerschlag durch den kahlen Raum und war die Initialzündung für unseren Lachanfall. Die Szene war derart skurril, dass wir uns kaum mehr beruhigen konnten. Und als „Mama-Mapuche", wie wir sie nun nannten, Eva fragte, ob sie auch eine „Mapuche" sei, ging unser Gekreisch von vorne los. Sie wirkte so zwanglos erfrischend, eine seelenvergnügte Komikerin und gehörte dringend auf die Bühne. „Frühstück mit Darbietung" oder so ähnlich, ein wunderbares Programm.

Meine Kaloriendichte an diesem Morgen war mit zehn „Sopaipillas" sehr beachtlich. Und doch fieberte ich beim Abschied schon jetzt dem nächsten Frühstück bei „Mama Mapuche" entgegen, denn wir vereinbarten eine weitere Übernachtung für den ersten Weihnachtsfeiertag. Ein kleiner Angelpunkt auf unserer Reise, ein festes Domizil, ein üppiges Frühstück, eine spaßige Frau. An keinem anderen Ort erlebten wir das nochmals.

Curarrehue mit seinen Besonderheiten

Auch wenn das Pedalieren der behäbigen Gemütlichkeit ein jähes Ende setzte, schaute ich mit vollem Bauch dem Tag gelassen entgegen. Über uns wolkenloser Himmel, vor uns leicht gewellte Ebene und ein Ziel, auf das wir schon lange hin fieberten, Curarrehue, der Ort der deutschen Würste. Ein herrlicher Ausblick auf unserer Schlemmerfahrt, wir lassen uns auch von kleinen Dingen begeistern. Mit Schwung trat ich in die Pedale.

Der erste von zwei Weihnachtsbäumen, die wir sahen, baute sich am Ortseingang von Pucon mit seiner waghalsigen Höhe kolossal vor uns auf und überragte die umliegenden Häuser um mehr als das Doppelte, weshalb er mit starken Seilen nach allen Seiten abgespannt war. Der grüne Plastikwedel-Kegel mit roten Girlanden und Silberstern oben drauf wirkte sehr vertraut, auch wenn uns der Anblick in der glühenden Hitze arg befremdete.

Das quirlige Städtchen Pucon liegt direkt am See und zieht mit dem Vulkan im Rücken gewaltige Besucherströme an. Er ist einer der meistbesuchten Ferienorte Chiles, in der Hochsaison steigt die Bewohnerzahl auf ein Vielfaches an. Im Städtchen herrschte Hochbetrieb in sämtlichen Outdoor-Aktivitäten, was man an den Gerätschaften erkannte, die vor den Sportgeschäften gestapelt waren. Surfbretter und Gummiboote lehnten an der Wand und Räder standen davor. Wanderschuhe, Rucksäcke, selbst Eispickel, Ski und Kletterutensilien belagerten die Regale und man würde meinen, eine schmucke kurze Sommerhose müsste sich hier ebenfalls finden lassen.

Eva dampfte im Auto wie kochende Wäsche und hatte sich auf Shorts-Suche gemacht. Leicht sollte sie sein und bunt. Das Exemplar, mit dem sie schließlich aufkreuzte, war eine Katastrophe. Störrisches Blau aus biederem Jeansstoff ohne Form und jeglichen Chic, bleischwer, viel zu lang und extrem teuer. Sie war noch die annehmbarste, wie Eva mir erklärte. Wir verbuchten die Hosenenttäuschung unter die Rubrik Notkauf und begannen, uns um Erfreulicheres zu kümmern, um die appetitlichen Pfirsiche, die ich mitgebracht hatte.

Während Eva die Sportgeschäfte abklappert hatte, war ich zum Supermarkt gegangen und hatte meine eigene Schreckensbotschaft zu erzählen. Acht Hunde hatten vor dem Eingang gelegen, herrenlose Hunde, die niemanden interessierten. Sie lagen einfach nur da, schlaff von der Hitze und müde vom Leben, hörten auf keinen Namen und hatten auch kein Zuhause. Eine traurige Kulisse. Die Kunden stiegen mit einer Selbstverständlichkeit über die Hunde hinweg, als würden sie einen knorrigen Baumstamm überwinden. Kein Schnappen und kein Bellen war die Reaktion, nur ab und zu ein Blinzeln, anscheinend fassten sie die Schritte als Zuwendung auf. Obwohl mir Hunde aus meinem Erfahrungsschatz heraus eher suspekt sind, stakste auch ich mit hohen Schritten über die Notgemeinschaft hinweg. Ich kam mir furchtbar schäbig dabei vor.

Schon am Eingang des Supermarktes war mir ein außerordentlich berauschendes Aroma entgegengeschlagen, als stünde man mitten in einer Plantage. Im Inneren türmte sich das Aroma zu übertrieben hohen Pyramiden auf, zu einem Ägypten in Miniaturformat, bunt und akkurat, Reihe an Reihe. Ob Pyramiden die geeignete Form für reife Früchte sind, darf angezweifelt werden und ich vermutete ein ziemliches Desaster in den unteren Etagen. Doch die Präsentation wirkte sehr appetitlich und einladend, ich konnte nicht widerstehen. Ich kaufte zwei dieser betörend duftenden, weinroten Pfirsiche in Krautkopf Größe mit unfassbar samtiger Haut. Beim Essen tropften wir große, süße Flecken auf den Gehweg und hatten vor lauter Hosen-Fehlkauf ans Waschen gar nicht mehr gedacht.

Mein letzter Blick auf unserer Weiterfahrt galt dem Vulkan Villarica, der mit seiner schneeweißen Pyramide eine harmlose Friedfertigkeit unter der Sonne heuchelte, als könnte er kein Wässerchen trüben. Tatsächlich wird er von den Mapuche „Rucapillan" genannt, „das Haus des Teufels". Und diesem würden wir noch schrecklich nahekommen, und das, obwohl er auf Rot stand.

Eine breite Landstraße brachte uns aus dem städtischen Gewusel Pucons hinaus, eine für Radfahrer lebensgefährliche Angelegenheit, es sei denn, man benützt den breiten Schotterstreifen, der abschüssig neben der Straße verläuft. Ich befolgte die Vorgabe des riesengroßen Unfall-Verhütungs-Schilds, was auch notwendig war, so rücksichtslos, wie die Autofahrer an mir vorbei preschten.

Wir verließen das nervöse Hauptstraßen-Gehabe und winkelten ab in ruhigere Gefilde. Auch wenn ich auf der tadellos asphaltierten Straße mit leichtfüßigem Tritt blendend vorankam, ließ ich es mir nicht nehmen, an einem kleinen Eukalyptuswäldchen kurz anzuhalten und eine Nase voll aphrodisierenden Äthers in mich aufzunehmen. Der Duft dieser eigenwilligen Bäume, die Soldaten gleich Schulter an Schulter standen, war es wert, eine kleine Pause einzulegen. Fasziniert schaute ich an den Riesen empor, an deren Borken sich lange Fasern abseilten, als hätte man einen Sparschäler über den Stamm gezogen. Berauscht und ungemein erfrischt stieg ich aufs Rad und strampelte weiter in die sich lichtende Landschaft, direkt nach Curarrehue.

Mit dieser Ortschaft verbanden wir nur Angenehmes, denn dort würden wir endlich unseren Wursthunger stillen. Würste als Seelentröster für meine Rohwursterfahrung aber auch als Steigbügel und Sprungbrett für die Anden, denn unser erster Pass, der Paso Mamuil Malal de Tromen, baute sich bereits herrschaftlich vor uns auf. Tagelang schon schwelgten wir in würziger Metzgerslaune, mit leicht wässrigem Mund war ich deshalb die letzten Meter gefahren.

Curarrehue empfing auf seine Art, drei Vulkane, drei Araukarien und zwei Menschen in schwarzen Umhängen auf einem handbemalten Ortsschild aus Holz. Regionale Wahrzeichen eben, wobei uns die schwarzen Mäntel ein Rätsel blieben. Der Ort entpuppte sich als langgestrecktes Straßendorf und da wir hier übernachten wollten, folgten wir dem Hinweis „Tourist Info", das allerdings nicht besetzt war.

Es war sehr heiß als wir ankamen. Männer schliefen auf Bänken und unter den Arkaden fielen uns erschöpfte Menschen mit verschränkten Armen und zusammengeklapptem Körper auf wackeligen Stühlen auf, die sich nichts sehnlicher wünschten, als dass der Tag bald enden würde. Kein quietschender Tisch konnte sie in ihrer Haltung stören, der mit gebrauchten Schuhen, Hosen und Socken scheppernd aufs Trottoir gezogen wurde. Und keine noch so laut zugeknallte Autotür brachte sie von ihren leise verströmten Durchhalteparolen ab. Sie waren da, aber beachtet wurden sie nicht. Curarrehue, ein etwas aus der Welt gefallener Ort? fragte ich mich.

Beim Gang durch die Gemeinde sprachen wir einige Bewohner auf eine Unterkunft an und landeten mit ihren Tipps vor einer Werkstatt, beim Tierarzt oder in einem privaten Hinterhof. Ein Herr in weißem Hemd, schwarzer Hose und Aktentasche unterm Arm half uns schließlich weiter, auf den wir aufmerksam geworden waren, da er viele Menschen begrüßte, manchmal Hände schüttelte und sich selbst für zwei Männer Zeit nahm, die mit schwarz verschmierten Händen an einem Auto werkelten. „Am Ende der Straße, dort steht „Mamis Hospedaje"", hatte er uns ans Ende des Dorfes geschickt.

„Mamis Hospedaje" war nicht zu übersehen. Die blau gestrichene Holzfassade mit den weiß abgesetzten Fensterumrandungen im Stil eines Landhauses sah so erfrischend aus, dass wir schnurstracks hinters Haus fuhren, wo sich im großen Garten unter der Laube eine Gesellschaft zum gemeinsamen Grillen eingefunden hatte. Ganz langsam löste sich eine herausgeputzte Endfünfzigerin aus der Gruppe und griff zum Stock. Mit ihrem gusseisernen Dauerwellen-Haargetürm, den blutrot geschminkten Lippen und den schwarz umschatteten Augen schrie sie förmlich nach Beachtung. Wir nannten sie „Lady", was sicher im Rahmen ihrer Wünsche lag. Schleppend hinkte sie auf uns zu und fuchtelte zur Begrüßung mit der Gehhilfe vor sich her. Mit dem Holzstock schien sie auch Sätze zu formulieren, denn auf unsere Frage nach einem Zimmer stach sie den Stock schräg nach oben und ging dann vorne weg, nicht ohne vorher noch zur Wand gezeigt zu haben, wo ich mein Fahrrad abstellen sollte.

Im Innern strahlte das Haus nur wenig Heiterkeit aus. Die teppichbelegten Stufen knarzten im bedrückend dunklen Aufgang schwermütig vor sich hin. Am Ende des Flurs öffnete sie eine schwergängige Tür zu dem absolut kleinsten aller kleinen Zimmer im Haus. Das Puppenstubenzimmerchen war für uns. „Das Frühstück wird", wieder der Stich mit dem Stock, „hier serviert", dann ließ sie uns alleine.

Als erstes knipsten wir den Schalter an und die ellenlange Energiesparlampe der hellgrünen Stoff-Deckenlampe, an der ein vor Fliegen starrender Klebestreifen baumelte, begann zu glimmen. Das gespenstische Geflacker offenbarte Schreckliches und wir hofften, dass sich das übrige Getier, das nicht am Streifen klebte, auf die Spinnweben in den Zimmerecken und nicht in den Betten konzentrierte. Auf dem Boden lag eine graue Staubschicht und an den Wänden wanden sich lockere, schlecht isolierte Kabel wie Efeu-Ranken durchs Zimmer, ehe sie sich als kompliziertes Geflecht in einer wackeligen, furchteinflößenden Steckdose versammelten. Nach dem wir uns einen ersten Überblick verschafft hatten, prüften wie die Betten.

Den Betten lagen physikalische Gesetzmäßigkeiten zugrunde, die zu ergründen sich lohnte. Stützte man sich nämlich beidarmig auf die Matratze, um deren Härtegrad zu testen, zog sich ein leicht vibrierendes Schaukeln durch das gesamte Gestell. Setzte man sich dagegen hin, sackte die innere Konstruktion mit dumpfem Knall schlagartig nach unten in eine derart missliche Lage, die es einem nahezu unmöglich machte, sich daraus zu befreien. Dem Bett fehlte eine Ausstiegshilfe, doch war man der Falle endlich entkommen, schnellte die Auflage blitzartig wieder hoch. Eine erschreckende Bettstatt und da hatten wir die Dusche noch nicht gesehen.

Die Dusche in der herunter gekommenen Unterkunft ragte mit dem schräg aufgesetzten Glasbaldachin wie ein Gewächshaus aus dem Dach hinaus und war der hellste Ort im ganzen Haus. Es war ein wenig appetitlicher Duschraum mit Toilette, der allein durch eine gründliche Reinigung schon viel gewonnen hätte. Die Dusche selbst war eine ziemlich deprimierende Angelegenheit mit einem Duschkopf in schwindelnder Höhe, der mit einer krummen Schraube an der Wand fixiert war und einem schwarz gefleckten lila Duschvorhang davor.

Ich wagte mich unters Wasser. Gerechterweise muss ich sagen, dass aus dem Duschkopf enorm heißes Wasser schoss, nur an der Durchmischung haperte es. Kaum regulierte man am Kaltwasserhahn, klatschte eiskaltes Wasser herab und da die Duschzeit mit dem Hinweis „Nicht länger als 5 Minuten!" zeitlich begrenzt war, wusste man nie genau, ob heißes Wasser nachkam. Abschnittsweise seifte ich mich deshalb ein und abschnittsweise duschte ich wieder ab. Dazu kam mein blindes Gerangel mit dem Duschvorhang. Duschen ohne Vorhang-Kontakt war überhaupt nicht möglich, ständig saugte sich das fleckige Plastik an den Beinen fest und klebte wie Kaugummi an einer Tischdecke. „Pffft" riss ich ihn immer wieder weg und setzte den ganzen Boden unter Wasser. Staksig schritt ich nach dem Waschgang aus dem Duschkabinchen über den aufgeschwemmten Vorleger und den triefendnassen Boden und rettete mich in unser tristes aber trockenes Zimmer. Eva durchlebte dieselben Qualen.

Der Mülleimer war landestypisch in Gebrauch und kaum der Rede wert. Viel schmerzhafter blieb dagegen die Benützung der Toilette in Erinnerung, die eingezwängt zwischen Dusche, Waschbecken und Tür ihren Minimalraum hatte. Hatte man die rissige Klobrille so weit gereinigt, dass man guten Gefühls zur Tat sitzen konnte, war man noch lange nicht in sicheren Händen. Der Klodeckel, hochflorig mit schmuddeligem, violett-grauem Plüsch umspannt, hatte beim Hinsetzen nämlich die unmögliche Angewohnheit, schlagartig nach unten zu schnappen und sich schmerzhaft zwischen den Wirbeln zu verkanten. Wollte man den üblen Mechanismus umgehen, musste man zwei Bewegungen parallel ausführen, sich setzen und blitzschnell vornüberbeugen, als würde man sich nebenbei auch noch die Schuhe binden. Wie durch ein Wunder rastete der Deckel nämlich auf halber Höhe ein. Hatte man das knifflige Spiel verstanden, beruhte es nur noch auf viel Geschicklichkeit, ob man es tatsächlich ohne Hieb in den Rücken schaffen würde oder eben auch nicht.

Frisch geduscht machten wir uns auf einen Streifzug durch den Ort und entdeckten erwähnenswerte Besonderheiten. Als erstes kamen wir zu einem kleinen Fahrradgeschäft, das äußerlich nur an einem niedlichen Schaufenster zu erkennen war, in dem Laufräder mit dichten Schaltzugsträngen baumelten, was wie Gesichter aussah. Freundlich bat uns der Besitzer herein, woraufhin er sich erwartungsvoll hinter die hölzerne Theke mit dem textilen Maßband klemmte.

Sein Material-Angebot war enorm, die Präsentation nicht minder. Kugellager, Bremsklötze, Glühbirnchen, Kurbelbolzen und so weiter lagen wie hochwertiger Schmuck in Schubladen unter Glas. Größere Teile wie Naben, Ritzel, Kurbeln und Kettenblätter lagen auf einem Brett und Reifen, Schläuche und Sättel waren im Regal einsortiert. Ganz schön viel Masse, dachte ich, wo wir noch keinen einzigen Radfahrer im Ort gesehen hatten. Das erklärte wahrscheinlich auch sein zweites Standbein. Vielleicht wirkten wir etwas unentschlossen in unserer Kaufabsicht, womöglich vermutete er aber auch mehr die schneidernde Hausfrau als die reisende Radlerin in uns, als er plötzlich nach hinten ging und mit zwei großen Schüben zurückkam. Stolz präsentierte er seine Sammlung aus Reißverschlüssen, Borden und einem Fadensortiment in allen Regenbogenfarben. Zuerst dachten wir an die Herstellung bunter Radtrikots, für die er warb, aber tatsächlich verkaufte er einfach auch Kurzwaren. Da wir so früh unserer Reise noch keine Schäden an unserer Garderobe zu beheben hatten und uns so lange wie möglich in unserer Grammfuchserei treu bleiben wollten, gehörten wir mal wieder zu den schlechtesten aller Kunden.

Es lag uns fern, voyeuristisch fremde Gräber zu begaffen, und doch ließ uns der Wunsch, Einblick in die chilenische Friedhofskultur zu bekommen, am Nachmittag den langen, steilen Weg in der sengenden Sonne antreten, der so unmittelbar den Abstand zum Leben verdeutlichte. Der Eingang zum „cimenterio municipal" war monströs, in ihm hätte ein Einfamilienhaus Platz gehabt. Durch ihn traten wir ein in eine andere Welt, einen Ort der Erinnerung und zum Trauern, ein Ort der Würde. Und dieser Gemeinschaftsbereich zum Abschiednehmen zeigte sich uns so uneinheitlich, zerrissen und ungerecht wie es wohl typisch für diese Gemeinde ist. Arm lag neben reich, einfach neben pompös, anonym neben individuell, einfachste, windschiefe Holzgestelle neben bunt gemauerten, altarähnlichen Doppelgräbern, ein ergreifendes Spiegelbild der Gesellschaft. Einzig die Natur schaffte Gleichheit und flocht in ihren Teppich aus Gras und Unkraut jeden mit ein und verband die Gräber zu einer erkennbaren Gemeinsamkeit. Wir waren alleine auf dem Friedhof und nahmen bedrückt Abschied von all den Unbekannten und suchten Abstand mit lebendiger Kultur.

Unser kultureller Erkundungsgang brachte uns zu den Heiligtümern der „Mapuche", die im Museum am Ort versammelt sind, in einem erstaunlich funktionalen Beton-Bau, der auch die örtliche Bücherei beherbergt. Vereinzelte Holzelemente frischen im Innern die kühlen Wände auf, die zur Präsentation der musealen Gegenstände einen neutralen Hintergrund bieten. Ein einfacher Webstuhl fiel uns auf, der wackelig an einer schwarzen Wand lehnte. Es sah so aus, als hätte jemand nur kurz seine Arbeit unterbrochen. Im Rahmen spannte ein begonnener schmaler Läufer in heller Grundfarbe und einem dunklen Rautenmuster. Man durfte sogar fotografieren, nur der Altar, der in einer Nische aufgebaut war, sollte aus Respekt nicht abgelichtet werden. Wir gingen an Zeugen des Alltags und der Kultur vorbei, an Spinnrad und gewobenen Gewändern, Masken und Musikinstrumenten. Das gesamte Obergeschoss war holzgetäfelt und verkörperte eine „Ruka" mit gemauerter Feuerstelle im Zentrum und vierzehn Tierfellen als Sitzplätze drum herum. In einem Anflug von Hoffnung fragte ich mich, ob wir je eine echte „Ruka" zu Gesicht bekämen.

Eine Handvoll Schritte weiter biegt sich ein einstöckiger Holzhütten-Komplex zu einem knappen Halbkreis unter einem wuchtigen Dach aus ausgehöhlten, halben Baumstämmen, die gegenläufig ineinander verlegt sind. Vor den Hütten standen Tische mit bunten Decken und Einmachgläsern darauf. Es war leicht zu erkennen, dass hier der Kunsthandwerker-Markt ansässig ist. Im Innern gab es Socken, Pullover, Tücher und Schals, an Wänden hingen Taschen, Tischläufer, handgefertigte Spiegel und geschnitzte Vogelbilder. Auf umlaufenden Simsen standen Körbe und Schalen, Honiggläser und Liköre, am Boden lehnten große Wagenräder. Jeder, der mit zwei Stricknadeln Wolle in Form bringen, mit einer Feile Hölzer glätten oder mit einem Kochlöffel Obstmus zubereiten konnte, musste hier mitgeholfen haben. Selbst Schmuck und edle Steine konnte man kaufen. Es war mal wieder eine große Herausforderung, nicht taschenweise einzukaufen.

Am Museum vorbei windet sich eine geschwungene Treppe empor, der wir neugierig folgten und die zu einer kleinen Anhöhe führt. Die Treppe leitet zu ringsum laufenden bunten Sitzreihen und als wir uns umdrehten, blickten wir in ein wunderschönes, großes Amphitheater. Wir schätzten, dass über tausend Zuschauer Platz darin finden konnten. Spielpläne entdeckten wir keine und auch keinen Hinweis zu Aufführungen, demnach war noch Spielpause. Von oben schauten wir auf eine kleine Siedlung mit nagelneuen Wellblech-Dächern, Curarrehue schien zu wachsen.

Dagegen fiel das Restaurant etwas ab, in das wir am Abend gingen. Es war das einzige, das überhaupt geöffnet hatte, und versetzte uns mit den blanken Resopal-Tischen, die jegliche Gemütlichkeit unterbanden, zurück in die fünfziger Jahre. In die nüchterne Ausstattung ordnete sich auch das Tagesmenü ein, Huhn mit Reis und als Salat wurden Gurkenstücke und Tomatenviertel unter Koriander-Kraut serviert.

Der erste Kontakt mit Koriander war für uns ein ziemlicher Schock, der auf unserer weiteren Reise unablässig entfacht und aufgefrischt wurde. So richtig konnten wir uns an den fremdartigen Geschmack nicht gewöhnen und waren immer froh, wenn man das Blattwerk etwas aussondern konnte. Ansonsten versuchten wir, uns nichts anmerken zu lassen und je nach Verfassung Zufriedenheit oder Begeisterung auszustrahlen.

Nach und nach trudelten Fußballer ein, wie wir an ihren Taschen und Trikots erkannten, die sich nach dem Training ein Bier gönnten. Es blieb uns schleierhaft, nach welchen Kriterien das Bier hier kredenzt wurde, denn während Eva ein Flaschenbier mit lascher Krone bekam, saßen die Herren vor einem frisch Gezapften mit Baiser artigem Schaum obendrauf. Womöglich hatten unsere fragenden Blicke die Bedienung ermuntert, sich zu uns an den Tisch zu setzen, wo sie zaghaft über Curarrehue und die vom Schicksal gebeutelten Menschen zu erzählen begann. Vieles im Ort war uns schon geläufig und wir konnten die Worte bruchstückhaft verstehen. Dabei hätte sich Curarrehue überhaupt nicht verstecken müssen. Jenseits des Schleiers des Zurückgelassen-Seins hatte die Gemeinde eine ganze Menge zu bieten. „Jardin de la frontiera 2010" stand auch selbstbewusst in großen Lettern bereits am Paradeeingang der Stadt. Lediglich die zwei grimmig dreinschauenden Holz-Indianer auf den Rundbögen verdüsterten etwas den Eindruck.

Selbst ein Internetcafé gab es im Ort, in das wir anschließend gingen, es wurde höchste Zeit, wieder ein Lebenszeichen nach Hause zu schicken. Hinter der Theke thronte ein ca. zwölfjähriger Junge, der den Besuchern die Plätze zuwies, sofern sie frei waren und Getränke ausschenkte. Wir mussten warten und es dauerte keine zwei Minuten, da hatten die dumpfen Leidensgeräusche der vibrierenden Musik-Boxen meine Toleranz bereits empfindlich überschritten. Meine Bitte, die Musik etwas leiser zu stellen, überhörte er mehrfach, da dies anscheinend nicht in seinem Interesse lag, weshalb ich in meiner akustischen Not kurzerhand die wummernden Boxen zur Straße hindrehte. Unsere Verständigung hatte längst Risse bekommen und war bei diesem Manöver endgültig zu Bruch gegangen.

Wir erhielten Platz Nr. 2. Die Besonderheit dieses Platzes war, dass man die Buchstaben auf der abgegriffenen spanischen Tastatur überhaupt nicht mehr lesen konnte. Wir fabrizierten ein unglaublich sinnloses Kauderwelsch, was in der Heimat zu größter Sorge berechtigt hätte. Nach 15 weiteren Minuten durften wir zu Platz Nr. 3 wechseln, an dem kurz zuvor noch ein ca. achtjähriger Junge in ein spannendes Spiel vertieft gewesen war. Hier stimmte alles.

Der junge Chef war viel zu jung für cooles Gebaren, was sein Biss auf die Unterlippe und der scheue Blick aus den Augenwinkeln verriet, als er uns mit den Schiebeknöpfen komplett den Internet-Zugang abklemmte. Kein einziger Buchstabe ließ sich mehr schreiben. Es wäre übertrieben, zu sagen, ich hätte eine heitere Stimmung dabei verspürt, selbst im Urlaub kommt es vor, dass man sich ärgert. Meine Anspannung muss immens gewesen sein, denn mir platzte Schwäbisch über die Lippen. Kaum gesagt, plagte mich meine sprachliche Begrenztheit einmal mehr, die mir die Möglichkeit zu einer normalen Konversation nahm. Der Junge war von meiner merkwürdigen Sprache jedenfalls sehr beeindruckt und regelte die Schiebeknöpfe, sodass Eva wieder Buchstabe für Buchstabe aufs Display stochern konnte. Wir waren quitt.

„Lasst das Fenster geschlossen wegen der Katzen" gab uns die Vermieterin mit zur Nacht. Uns war eh flau im Magen und um die Hoheit über unsere Seelen zu behalten, sattelten wir sicherheitshalber noch eins drauf. Mit klappernden Kleiderbügeln verspannten wir die verzogenen Fensterflügel, um bei der kleinsten Bewegung geweckt zu werden. Die Gäule waren mit uns durchgegangen, wo es doch keine „ladrones" im Ort gibt, wie sie uns versichert hatte.

Die Lady strotzte am anderen Morgen vor lauter Glück, da wir den Betten unversehrt entstiegen und Stromschlägen geschickt entkommen waren. „Respekt!" könnte man sagen und sie tat es vielleicht auch, im Schwall ihrer Worte ging das jedoch unter. Man hieß uns willkommen in der dunklen Stube.

Der Frühstücksraum war auf eine unangenehme Art patiniert und ließ jeglichen Reiz vermissen, das Mobiliar war schwer gezeichnet. Ein zeitlicher Stillstand, ein zusammen gewürfeltes Sammelsurium abgewetzten Hausrats, das klassische Interieur einer Nullsterne Herberge. Hier konkurrierte alt mit uralt und schäbig mit kaputt. An den ausgesprochen einfallslos dekorierten Wänden hingen kleinformatige Kalender vergangener Jahre, die weit ins zwanzigste Jahrhundert reichten. Juli 2010 hing neben November 1997, März 2009 neben August 1999, ohne einer erkennbaren Systematik zu folgen.

Unbeholfen setzten wir uns auf die Stühle in Vorschul-Höhe und hatten augenblicklich das beklagenswerte Gefühl, in einen orthopädisch haarigen Missstand geraten zu sein. Für Eva war es besonders prekär, sie saß so niedrig, dass Hand, Ellbogen und Schulter nahezu auf einer Höhe agierten. Ihr Kinn schwebte knapp über der Tischkante.

Das kulinarische Angebot an diesem verzwickten Morgen war verheerend, es glich noch nicht mal einem jugendherbergstypisch verwüsteten Käse- und Wurstteller, vielmehr war es das schwer verdauliche Referenzmodell eines gänzlich gescheiterten Frühstücks. Als Madame den mehrfach angeschlagenen Steingut-Deckel anhob, voller Stolz, als würde sie einen frischgebackenen Träublekuchen präsentieren, streckten sich uns glasige, verwelkte Käseecken und dunkle, ledrige Wurstränder entgegen. Das könnte für einen deutschen Magen brenzlig werden, doch da wir keineswegs vorhatten, ihr auf den wehen Fuß zu treten, fischten wir artig je eine starre Käsescheibe vom Teller. Ansonsten wählten wir geschmacklich fade dafür risikoarme Marmelade.

Die Hausherrin war sehr aufmerksam, lehnte plötzlich den Stock an die Wand, zog sich elegant an der Tischkante entlang und legte Brot nach. Rührend, wie sie sich um uns kümmerte. Die Situation spitzte sich jedoch deutlich zu, als sie mir in der aufkeimenden Vertrautheit ihre Mate-Teetasse reichte, ein Zeichen höchster Gastfreundschaft und herzlichsten Willkommenseins. Ich vermasselte den Happen Wohlfühlatmosphäre, da mir der unappetitliche Sud untrinkbar erschien. Wir hielten nicht lange durch mit der Verköstigung, der körperlich und kulinarisch kaum zu bewältigenden Aufgabe.

In der Hoffnung, keine bleibenden Schäden davon getragen zu haben, geriet der Abschied von dieser Herberge zu einem außergewöhnlich freudigen Ereignis.

Würste hatten wir in Curarrehue keine entdeckt, was wir in die Kategorie „mittlere Enttäuschung" einsortierten und doch trieb uns viel Schwung vom lokalen Kleinklein hin zum Blick über den Tellerrand.

Anden, Araukarie und archaische Ur-Laute

Am Paso Mamuil Malal de Tromen, als Hauptverbindungsstrecke zwischen Chile und Argentinien, verkehren Überlandbusse, Lastwagen und Autos den ganzen Tag lang im Übermaß, von 8 bis 20 Uhr. Solange man flach fuhr und Teer unter den Reifen hatte, störte es wenig. Selbst die gewaltigen, bewaldeten Hügelketten, die sich vor mir aufbauten, taten noch nicht weh, entspannt genoss ich die Landschaft. Einzelne Cabanas tauchten auf, die noch alle verschlossen waren. Neben uns gurgelte der Rio Trancura, in dessen breitem Bachbett wuchtige, graue Felsbrocken lagen. Eva folgte mir mit dem roten Pickup und es entging mir nicht, dass wir für die nachfolgenden Autofahrer ein lästiges Hindernis waren. Obwohl wir ständig überholt werden mussten, hupte kein einziger Fahrer, selbst dann nicht, als wir bei Gegenverkehr alle ausbremsten.

Nach 18 Kilometern endete mitten im Wald der Asphaltier-Auftrag an die Straßenbaufirma wie mit einem Lineal gezogen und machte einer staubigen Rumpelstrecke Platz. Warum genau an dieser Stelle der Straßenbelag wechselte, blieb uns ein Rätsel, wahrscheinlich verlief hier die Gemeindegrenze.

Bis zum Pass waren es weitere 18 Kilometer, die nun zusehends steiler wurden und plötzlich störte auch jedes Auto. Seit Monaten hatte es nicht geregnet und schon ein einziges Auto entfachte schreckliche Staubwolken. Vorausschauend hatte ich mir als Staubschutz ein Schlupf-Tuch übergestreift, das mir nun knapp überm Kinn spannte. Vernahm ich ein Autogeräusch, riss ich blitzartig am Tuch und ließ es über der Nase einschnappen. Ratsch hoch und schnell die Hand wieder an den Lenker. Doch angenehm war die Maskierung nicht. Atmete ich ein, verschwand der Stoff in den Nasenlöchern und bescherte mir akute Erstickungsgefühle. Am liebsten hätte ich nur minutenweise geatmet.

Der Staub eines jeden Autos flirrte lange und dicht überm Schotter, fuhren mehrere Autos, zog er kaum mehr ab. Kein Windhauch erlöste mich in dieser Schlucht. Die Karte hatte uns noch frisches Grün vorgegaukelt, wo tatsächlich Beige herrschte. Beige an Blättern, Ästen und Stämmen, ein beengter Hohlweg, eine eintönige Welt aus Dreck und Abgasen, in der ich fuhr. Meine Kehle war knochentrocken. Dank meiner Fehlkalkulation, meinem selbst eingebrockten Reifen-Dilemma, drehte auch noch das Hinterrad durch. Ich ärgerte mich über meine schlechte Reifenwahl, die mich womöglich zum Schieben zwingt. Eva schaute ganz verschreckt als ich abstieg und mich zittrig zum Ventil hinabbeugte. Mit Bedacht ließ ich drei geizige, kleine Stöße gummierte Luft aus dem Schlauch und hoffte auf bessere Griffigkeit der Stollen. Wackelig hievte ich mich auf den Sattel und kurbelte die Rampe hinauf. Dank dieses Tricks gelang es mir sogar, drei vor mir her zuckelnde Radfahrer couragiert zu überholen.

Wir polterten über die „Puente Monolluco" – Eva nach wie vor hinter mir –, als uns Sonne und blauer Himmel signalisierten, dass wir die Höhe so gut wie erreicht hatten. Was waren wir erleichtert, als wir den tristen Staubschlund hinter uns und die offene, sonnige Hochebene vor uns hatten. Erstmal atmete ich tief ein und aus und hoffte, damit den größten Teil des Drecks wieder ausgestoßen zu haben. Der leichte Wind tätschelte an meiner Kleidung und brachte Farbe und Frische ans Licht. Wir fuhren am türkisfarbigen Laguna Quillalhue-See entlang, wo wir eine kurze Rast einlegten. Auch im Pickup-Inneren war alles lehmfarbig marmoriert.

Der „Wächter der Araukarie", dieser mächtige Lanin-Vulkan stand wie ein lila Klotz vor uns und ließ uns schaudern. Die Wand, die sich vor uns aufbaute, war etliche Schattierungen dunkler, als wir es von Bergen gewohnt sind und dabei so steil, dass sie trotz ihrer 3800 Meter Höhe schneefrei war. Die schrundige, schorfig aufgerissene Flanke wirkte sehr bedrohlich, unheimlich, was auch die Tatsache nicht abmilderte, dass er ein erkalteter, harmloser Schichtvulkan ist.

Hier oben herrscht die Araukarie, ein außergewöhnlich fremdartiger Baum, der Namensgeber des gesamten Distrikts. Die „Chilenische Schmucktanne", wie sie auch genannt wird, gehört zu den ältesten Baumfamilien der Welt. Auf den ersten Blick haben junge und alte Araukarien nichts gemeinsam. Während eine junge waagerecht ihre

Ärmchen von sich streckt, gleicht eine alte einem überdimensionalen Sonnenschirm, zwei völlig unterschiedliche Baumformen. Erst auf den zweiten Blick erkennt man Gemeinsamkeiten, bspw. die kurzen, dreieckigen, immergrünen Blätter, die sich dachziegelartig über die Äste spreizen. Der Stamm des Baums ähnelt einem in die Länge gezogenen Schildkrötenpanzer und trotzt mit seiner 15 Zentimeter dicken Borke Kälte, Wildverbiss, Feuer und Lava. Manch Araukarie hat es dadurch auf ein Alter von dreitausend Jahren gebracht. Leider geht ihr der Mensch ans Holz, da sie wegen ihres geraden Wuchses bestes Bauholz liefert. Große Flächen wurden bereits gerodet. Inzwischen ist sie in Chile als „stark gefährdet" eingestuft und darf nicht mehr geschlagen werden, ganz im Gegensatz zu Argentinien.

Mittlerweile hatten wir die Grenzgebäude am Pass erreicht, direkt am Fuße des Vulkans. Grenzen erzeugen aus Erfahrungen immer eine nervöse Anspannung in mir und nun mischten auch noch Sprachbarrieren und ein Leihwagen mit. Doch erstmal ging es ums Ausreisen und das klappte anstandslos. „Bon viaje!" gab man uns freundlich mit und einen rosafarbigen Durchschlag samt Stempel im Pass.

Diskret fuhren wir weiter zur argentinischen Grenze. Ich wollte nicht mit zu hohen Erwartungen an das Prozedere gehen, doch meine Einreise war im Nu erledigt. Da die disziplinierte Durchsicht der Fahrzeugpapiere etwas Zeit in Anspruch nahm, vertrat ich mir die Füße im Freien. Besorgt erkannte ich beim Blick zum Himmel, dass sich feine Zirren zu einem zarten Schleier verdichteten, Vorboten von Regen, wie mir schien. Ein älterer Herr, der eine Zeitlang in Berlin gelebt hatte, sah mir meine Bedenken wohl an und beruhigte mich mit seiner Einschätzung, es seien „reine Wettererscheinungen", ich solle mir keine Gedanken machen, Regen sei nicht zu erwarten. Eigenartig, dachte ich mir, dass sich das Wetter in Südamerika an keine Regeln zu halten hat. Dann kam Eva. Hurra, wir waren in Argentinien.

Unsere Freude währte nur kurz, als wir an den verdorrten, kahlen Baumruinen vorüber fuhren, die hier die Straße säumten. Ein Friedhof an abgestorbenen, silbrigen Gewächsen, Torso an Torso, ein einziges Schlachtfeld. Selbst die mächtigen Araukarien, die in ihrer Größe und Robustheit so unantastbar wirken, starben unter der erbarmungslosen Macht von Flechten ab. Waldsterben auf argentinische Art, ein schrecklicher Anblick. Vielleicht habe ich ein besonderes Verhältnis zum Wald, weshalb mir die ignorante Haltung und grassierende Gleichgültigkeit der Menschen hier ziemlich aufstieß. Es sei ja genug Wald da, entgegnete man mir, alte Bäume sterben ab, junge wachsen nach, das sei ein ganz normaler Kreislauf. Zudem liefere die Araukarie wichtiges Holz für den Haus-, Boot- und Brückenbau und ihre Borke diene der Farbstoffindustrie. Noch lange beschäftigten mich die unterschiedlichen Sichtweisen zweier benachbarter Länder zu einem Baum.

Der Rio Malleo war nun für längere Zeit unser Begleiter. Aufgeregt gurgelte er in wilden Schleifen neben uns her, während ich mit lockerem Tritt zügig vorankam, denn die Straße war hier plötzlich wieder mit allerfeinstem Teer asphaltiert. Auf einer Brücke überwanden wir den Ausläufer einer erkalteten Lavazunge, hier waren wir dem Vulkan am nächsten. Wir stoppten kurz und ich schlitterte in meinen brettharten Radschuhen den bröseligen Hang hinab zum Bachbett, in dem ein dünnes Bächlein mäandrierte. Aus dem versammelten Sortiment an Steinen pflückte ich einen kleinen schwarzen Lavabrocken mit weißen Sprenkeln als Andenken heraus und wir staunten, wie unerwartet schwer er in der Hand lag.

Die argentinische Seite der Anden überraschte nicht nur mit toten Bäumen, sondern auch mit Tafelbergen, die den weiten Blick begrenzten. Und als wir weiterfuhren, bekam niedriges Gesträuch und eintöniges Büschelgras die Oberhand. Auf dem brottrockenen Boden drosselte sich die Natur unter der sengenden Sonne auf ein Minimum herab, wir waren in der Pampa. Links und rechts der Straße war die magere Vegetation mit kilometerlangen, hohen Zäunen eingefriedet und wir fragten uns, was hier so schützenswert sei.

Es war Mittag. Glühend flirrte die Straße unter mir und befeuerte mich mit ihrer unerträglichen, giftigen Hitze. Kilometer um Kilometer trat ich in der stechenden Mittagssonne in die Pedale, während mir die allgegenwärtige Glut das Wasser aus dem Körper saugte. In meiner aufgeheizten Beschaffenheit trottete mir ein junges Pferd so unerwartet frisch entgegen, dass mir mein eigener Zustand noch viel bedrohlicher vorkam. Doch einen knappen Kilometer später sah ich mich dann in meinem ausgedörrten Stadium bestätigt. Eine filigrane Pferde-Knochen-Skulptur lag im Sand, ratzfatz abgenagt von Aasvögeln, ausgebleicht von der Sonne und blankgeputzt vom Wind. Am meisten erstaunten uns die tadellosen Zähne. Eine tödliche Stille brütete unter der Sonne und der naheliegende Gedanke war „verdurstet". Hier war sich jeder selbst der Nächste. Das Knochengebilde ermahnte mich, mehr zu trinken, was angesichts der lauwarmen Brühe, die in meiner Flasche schwappte, eine große Herausforderung war.

Noch lagen Kilometer in der Einöde vor uns, die immer wieder mit waghalsig-schmalen Holzbrücken und daumendicken Nägeln spannend aufgefrischt wurden. Eva hatte alle Hände voll damit zu tun, den wuchtigen Pickup wie in einer Auto-Wasch-Straße präzise über die wenigen Holzlatten zu bugsieren und dankte allen Göttern für die heil gebliebenen Reifen.

Ich war mit anderen Problemen während meiner monotonen Tretarbeit beschäftigt, mit der Sonne und ihren vielfältigen Aspekten. Nicht nur die Hitze machte mir zu schaffen, in mir sperrte sich auch alles, sie mittags im Norden zu sehen. Trotz Logik konnte ich mich nicht daran gewöhnen, dass sie gegen den Uhrzeigersinn lief, immer wieder musste ich mir Rat vom Kompass holen. Die Sonne foppte und garte mich gleichermaßen. Ich lechzte nach einer Pause. Bäume gab es keine am Straßenrand, die uns in ihren Schatten hätten nehmen können, noch nicht mal der Pickup bot ein kühles Plätzchen. Schutzlos waren wir der mörderischen Sonne ausgeliefert, die Höchstarbeit leistete und unablässig Hitzewellen auf uns herabschickte. Sie brannte so heiß, dass wir ständig auf- und abgingen, aus lauter Angst, sie könnte Löcher in die Haut brennen.

Den Widerstand gegen die Glut hatten die Gepäcktaschen längst aufgegeben, innen wie außen herrschte Siedetemperatur. Es verwunderte deshalb nicht, dass das Vesperbrötchen fettig tropfte, als ich es auspackte. Das schmierige Konglomerat war zu einer unappetitlich matschigen Einheit verschmolzen, ein Schwamm, der mich trotz Hunger ungeheuer viel Überwindung kostete. Abbeißen, kauen und so schnell wie möglich mit warmem Wasser runterspülen. Wasser hatten wir im Übermaß, im knallroten Kamel lagerten neun Liter, jeder Liter heißer als der andere.

Als wir in Junin de los Andes einfuhren, fielen uns die modernen, gemauerten Häuser auf, wie sie uns aus der Heimat vertraut sind, keine bunten Holzhäuser wie in Chile. Wir fuhren Richtung Zentrum und kamen an einem kleinen Feriengelände mit Bungalows vorbei, die auf Nachfrage jedoch völlig überteuert waren. Nicht minder verwirrte uns kurze Zeit später eine Ferien-Anlage, die einem Hochsicherheitstrakt glich, mit wehrhaften Zäunen und trotzigen Schmiedeeisen-Gittern, jedoch ohne vergoldete Spitzen und Blattornamente. Es war kein Zeichen von Wohlstand, mehr ein Signal für Sicherheit.

Nachbarn, die in ihren Gärten arbeiteten, brachten mir auf meine Bitte hin die Telefonnummer, unter der ich den Besitzer anrief, der auch gleich kam. Er war ein großgewachsener, braungebrannter Herr, der uns galant in sein Büro bat, wo wir den spanischen Miet-Vertrag unterschrieben. Wir bezahlten in Euro und wechselten vom vielschichtigen Hüben in die bekieste Fläche und die gestalterische Öde des Drüben und fühlten uns augenblicklich wohl in unserem Hochsicherheits-Appartement.

Nach 112 Kilometern in beigem Staub und brütender Hitze war mein dringendstes Bedürfnis zu duschen. Nur schafften wir es leider nicht, die dreidimensionalen Puzzleteile aus Fönstecker, Adapter und Steckdose in eine sinnvolle Verbindung zu bringen, weshalb wir alles stehen und liegen ließen und in unserer durchschwitzten Aufmachung zu Fuß ins nahegelegene Stadtzentrum gingen.

Der lärmende Trubel bunter Motorräder prallte jäh auf uns ein, auf denen junge Menschen schnittig durch die Straßen knatterten. Ein fremdartiger, unangenehm lauter Krach, ein stinkendes, hupendes, quirliges und aufgedrehtes Durcheinander, das dem hiesigen Verkehr eine impulsive Lebendigkeit und Moderne verpasste. Argentinien war offensichtlich anders.

Gegenüber dem Stadtpark befand sich der Geldautomat, wo wir uns brav in die lange, geduldige Warteschlange auf dem Trottoir einreihten. Im Verband mit den anderen entwickelten wir eine entspannte Gelassenheit und fühlten uns augenblicklich wohl. Warten als soziale Errungenschaft, kam mir in den Sinn, mitten auf dem Gehweg.

Mit argentinischen Scheinen im Portemonnaie gingen wir ins nächste Elektrowarengeschäft, wo Eva einen unerwartet schicken, handlichen Adapter mit An- und Aus-Schalttechnik erstand und da wir schon mal im Zentrum waren, kauften wir auch gleich Lebensmittel in vollen Schüben fürs Frühstück ein.

Das heiße Wasser in der schummrigen Dusche konnte nicht lange genug auf mich herabplatzen, um auch das letzte Körnchen Staub von Haut und Haar zu lösen. Wie üblich hatten wir sämtliche Zimmer in Beschlag genommen. Das Sofa war Garderobenstange und Kleiderschrank in einem und bewältigte unsere dürftige Kleidersammlung mit Bravour. Eine herrliche Sache, diese Kleiderarmut, die uns umständliches Wühlen und Suchen ersparte. Hier Hose, da Bluse, fertig.

Auf Empfehlung unseres Vermieters besuchten wir ein gehobenes, typisch argentinisches Restaurant im Zentrum der Stadt. Dem Restaurant war eine „parilla" angeschlossen, eine Grillstation, an der man auch direkt einkaufen konnte. Es kostete mich außerordentlich viel Anstrengung, in meinem ausgehungerten Zustand an den gebräunten Fleischbrocken vorbei zu gehen und stattdessen an einem Tisch in der hinteren Ecke des Speisesaals Platz zu nehmen. Insgesamt waren fünfzehn Tische fein eingedeckt, doch nur an drei Tischen saßen Gäste. Eingerahmte, großformatige Bilder von Fischen hingen über unseren Köpfen und auch gleich die passenden Angelhaken dazu. Manche glichen Lachs und Forellen und wir schlossen daraus, dass wir in begehrtem Anglergebiet waren und rechneten mit einem üppigen Fischangebot in der Speisekarte.

Die Speisekarte hatte die Größe und Dicke eines Groschenromans und setzte uns ziemlich zu. Um ehrlich zu sein, waren wir ihr nicht gewachsen. Seitenlang waren „Primeros", „Segundos", „Especialidades" usw. aufgelistet, die uns entweder völlig unbekannt oder miteinander kombiniert merkwürdig vorkamen. „Truchas" fielen uns keine auf und auch Bilder gab es keine. Nervös blätterten wir in der Karte wie in einer Wochenzeitung und lasen mal vorn, mal hinten, mal in der Mitte. Uns hätten zwei Seiten genügt. Die fremdartigen Begriffe der überbordenden Auswahl verhedderten sich in unseren Köpfen, bis wir schließlich nichts mehr verstanden. Am liebsten hätte ich auf ein dickes Steak in der „parilla" gezeigt und mich wieder hingesetzt. Mein Hunger war unerträglich.

Die Bedienung fächelte uns mit ihrer freundlichen, gelassenen Art Mut und Entschlossenheit zu, etwas zu bestellen. Nur eben was. Kühnheit und Tapferkeit hätten wir dringend nötig gehabt, doch da sie kein Englisch verstand, retardierte ich unter dem Dickicht des Angebots zurück in die Kindersprache. Mit „Muh" und „Mäh" malträtierte ich die geduldige junge Dame und flatterte auch noch wie ein Huhn. Es war peinlich und ich dachte an Sara, die das alles zigfach mit uns geübt hatte, aber wir kamen weiter. Die Bedienung fand meine Aufführung anscheinend lustig und lächelte in einem fort. Als ich auf diese Art sechzehn Gerichte seziert hatte, stand unser Entschluss fest. Eva bestellte Putenbrust, ich ein Rindersteak eingebettet in herzhafter Creme, dazu jeweils gegrillte Kartoffeln. Als „Apéro" brachte uns die geduldige Bedienung „Aioli"-Creme mit Brot.

Evas Putenbrust war auch für Laien leicht zu erkennen, wohingegen auf meinem Teller ein mit weißer Creme überzogener großer Berg irgendetwas dampfte, der sich erst beim Anschneiden als zartes, rosa Riesensteak entpuppte. Wir legten los, schon mal ohne gegrillte „Patatas". Dem Geschmack nach zu urteilen, stammte mein saftiges Steak von einem sonnenbeschienenen Weiderind und nicht von einem apathischen Stallvieh. Ich verlor mich in dem Bollen Fleisch und man sah mir bestimmt an, wie ausgehungert ich war. „Patatas" kamen keine und je länger wir aßen, desto unwahrscheinlicher war es, dass sie noch gebracht wurden. Das Steak sättigte ungemein und als wir die Teller geleert hatten waren wir sogar froh, nicht noch Kartoffelecken essen zu müssen. Im Eiweiß-Schock machten wir uns auf den Heimweg.

Ich hatte eine Nacht verbracht, in der man mich hätte wegtragen

Können – nichts gegessen, wo wir tagsüber so wenig zu uns nahmen. Unser Hauptaugenmerk galt wie immer dem Frühstück, so auch an diesem Morgen. In unserer Frühstücksfaszination stopften wir alles in uns rein, was der Einkauf hergab: Vollkornbrötchen, Käse, Butter, Schokoladepudding, Marmelade, Joghurt, Äpfel, Nektarinen, Orangen und eine große Kanne Tee. Erst im leichten Zustand der Verformung fühlte ich mich in der Lage, den Anforderungen des Tages gerecht zu werden. Denn heute ging es über den Carirrine Pass zurück nach Chile.

„Mit dem richtigen Auto gar kein Problem" hatte man mir geantwortet, als ich mich beim chilenischen Grenzposten am Paso Mamuil Malal de Tromen über die Straßenverhältnisse erkundigt hatte. Ein Satz, der unterschiedliche Emotionen in uns geweckt hatte. Eva hatte ob ihres großspurigen Geländeungetüms leicht geschluckt und besorgt dreingeschaut, während ich auf Theos Spruch „der Schotter in Argentinien ist viel besser als in Chile" baute und uns den Rücken stärkte.

Der Bäckerlehrling im Mehlsack

Heute war kein Tag wie jeder andere, heute war Heilig Abend. Nicht, dass wir besondere Erwartungen an den Tag gestellt hätten, unsere Ansprüche waren zwischenzeitlich auf ein Minimum geschrumpft. Wir dachten eher, dass es schwierig werden könnte, eine Unterkunft und Abendessen zu bekommen. Hinter diesem Tag stand also ein Fragezeichen, wohingegen Weihnachten in trockenen Tüchern war, wir wurden von „Mama Mapuche" erwartet.

Die heutige Aufgabe lautete: ca. einhundert Kilometer Schotter-Strecke durch den Lanin-Nationalpark, an zwei Grenzposten vorbei, viele Kilometer Niemandsland, ein Pass, mehrere Seen und unser anvisiertes Ziel hieß Liquine. Dazu drückend heißes Wetter.

Zwei „Carabineros" hatten ihr getarntes Revierprovisorium in der Art eines Baucontainers verlassen und standen mitten auf der Straße, als wir uns auf den Weg machten. Wer auf dem Rad saß und rechts abbog, so wie ich, wurde angelächelt, alle anderen wurden angehalten. Kaum war ich von der Hauptstraße abgewinkelt, knirschte es vertraut unter den Stollen, Schotter. Die Straße hatte eine komfortable Breite und schlängelte sich die ersten Kilometer eben dahin. Wie immer begleitete uns ein Fluss. Eva fühlte sich soweit gesund, heute wieder auf den Sattel zu steigen. Nicht gleich von Null auf Hundert, mit dem Pickup wollte sie einige Kilometer vorausfahren und mir dann auf dem Fahrrad entgegenkommen.

Tranceartig trat ich am eingezäunten Büschelgras entlang, zur Auflockerung ab und zu eine Ranch, an der sich ein Windrad sachte drehte. Eine beruhigende Stille lag über der Landschaft, als plötzlich aus dem Nichts ein riesiger Koloss über den Weidezaun setzte, keine 20 Meter von mir entfernt. Im ersten Augenblick dachte ich, es sei ein Pferd und nur das immense Geweih, das seinen Kopf schmückte, entlarvte es als Hirsch. Ein Hirsch in Übergröße, eher ein Elch, mit der Eleganz eines Pferdes und der Kraft eines Stiers. Es war ein gewaltiger Moment, ein Erlebnis, das mir so richtig in die Knochen fuhr. Pralle Venen, dicke Sehnen und kantige Muskeln zeichneten sich unter dem glänzend-braunen Fell ab. Kopf, Hals und Beine waren schwarz, vermutlich war er brunftig. In unglaublicher Eleganz überflog er den zweiten Zaun und landete im dichten Büschelgras. Bevor er endgültig davon galoppierte, blickte er noch einmal zurück, hob majestätisch den Kopf mit dem ausladenden Hörnergewirr und brüllte sein kehliges Röhren in den Himmel. Das galt wohl mir.

Hin und wieder waren junge Menschen auf ihren Mopeds an mir vorbei geknattert, die zum See am Ende des Tals fuhren und irgendwann radelte mir auch Eva entgegen. Mit ihren ersten drei ruppigen Kilometern war sie angekommen in der Realität. Schwer kaute sie an jedem Kiesel, an tiefen Schlaglöchern und krummen Wurzeln. Zusammen fuhren wir zum Auto, banden das Rad auf die Ladefläche und fuhren getrennt weiter. Eva trainierte ihre körperliche Fitness, mit mentaler Erschöpfung hatte niemand gerechnet.

Der argentinische Grenzposten, an den wir kamen, war eine glatte Luftnummer, ein Bohnenpfahl als Schlagbaum mit einer langen Schnur daran, darunter eine Metallstütze als Blockade. Ein junger Grenzposten in olivfarbenem Ganzkörperanzug wies uns an, in einem Dixi-Klo großen Holzhäuschen zu warten, während er sich in seiner Wintermontur ins Hauptgebäude schleppte. Es dauerte ewig, bis er der Hitze entsprechend langsam zurückkehrte. Bis dahin hatten wir schon viele „tabanas" in dem flirrenden Hüttchen erledigt, die nun tot auf dem Holzboden lagen. Es war gut, dass wir die einzigen Grenzgänger waren, denn so konnte er sich in aller Ruhe in Evas dickes Bündel Auto-Dokumente vertiefen.

Seite um Seite ackerte er den Leih-Vertrag durch und als er zu unserer Freude am letzten Blatt angekommen war, klappte er den Stapel einfach um und begann von vorn. Nachdem er einen gewissen Überblick über die Papiere erlangt hatte, nahm er sein Siegel zur Hand und setzte gewissenhaft, geradezu vorbildlich, auf jedes Blatt einen Stempel, einmal vorn und einmal auf die Rückseite. Danach war die Bürotätigkeit beendet, der große Grenzübertritt stand bevor. Mit kraftvoller Geste entfernte er den Metallständer und zog ganz langsam den Pfahl in die Senkrechte. Wir fuhren durch.

So wollten wir nie aussehen

Handbemaltes Ortsschild von Curarrehue

Merquen-Gewürz in der Markthalle von Temuco

Mit dem Campingplatz-Schild beginnt manchmal die Suche

Damen-Asado in Villa la Angostura

Naturschauspiel am Nahuel Huapi-See

Kunstmarkt in San Martin

Start zur eisigen Lago Pirihueico-Überquerung

Aufquellen in den Termas Geometricas

Nach der Villarrica-Nationalpark-Durchquerung

Auf dem Mapuche-Fest

Maximal
4 Personen

Singend bei der Arbeit

Mein sechzigster Geburtstag

Der Höckerzug

Blick vom Paso de Libertadores

Mit dem Eintritt in den Lanin-Nationalpark, kam die ersehnte Ruhe zurück, doch nur kurzzeitig. Kein Auto, noch nicht mal Besucher, denen wir begegneten, dafür Stechmücken en masse. Schlagartig umschwirrten sie uns mit ihrem giftigen Ton, Pausen waren schlimmer als fahren. Und als kurze Zeit später auch noch Schilder vor Moskitos und Wespen warnten, wucherte unser Selbstmitleid unkrautartig in die Höhe. Dabei fuhren wir durch ein wunderschönes Naturschutzgebiet.

Die Schotterstraße schlängelt sich oberhalb des Lago Curruhué Grande an steilen Felswänden entlang, ich fuhr vorneweg, Eva knapp dahinter. Der See misst kühle 17 Kilometer Länge, während wir unter 45°C in der Sonne schmachteten. Auf grobem, festem Gestein kamen wir erstaunlich gut voran, doch kein Mensch hätte die Straße als „vom Auto abhängig" beschrieben. Und so kam, was kommen musste, ein Stück unfahrbaren Weges, von dem wir hofften, dass es so schnell wie möglich wieder zu Ende gehe.

Es war kein Sand, auf den wir fuhren, es war Staub. 20 Zentimeter Mehl unter uns und zwar so locker, dass sich Wolken erhoben, wenn man abstieg. Aufgewirbelt kräuselte sich der feine Puder in den sonnigen Himmel und wehte als dünne Rauchfahne davon. Eva war genauso erschrocken wie ich. Radfahren war nun kaum mehr möglich, nur unkontrolliertes Eiern auf dem losen Gemisch, mal nach links, mal nach rechts. Das Vertrackte waren die Sturzfallen unter der Schicht. Wurzeln, Steine, selbst Löcher konnten einen zu Fall bringen, ständig driftete ich mit dem Rad irgendwo dagegen. Rettung versprach mir der handbreite Wegrand, der sich wie eine holprige Baggerspur am Gestrüpp entlang zog. Allerdings handelte ich mir im Gewirr der dornigen Hecken blutige Arme und Beine ein und scharfkantige Äste schlugen mir peitschend ins Gesicht. Auf Dauer war das keine Lösung. Ich dümpelte weiter im Schneckentempo, mal auf der einen, mal auf der anderen Seite. Dann stieg der Weg an und zerrüttete endgültig meine Hoffnung, vor Einbruch der Dunkelheit Liquine zu erreichen.

Der See blinkte tief unten sein silbriges Blau durchs Gebüsch und gab mir Halt wie ein Geländer. Er hat ein Ende und diese Gewissheit gab mir Kraft zum Durchhalten und Weitertreten, auch wenn tief in mir drin sich Ungewissheit regte. Der Sand hatte meine Fahrrad-Kette blitzblank geschmirgelt, mehrmals ölte ich nach. Zäh nur kam ich voran, verlor jegliches Gefühl für Distanzen. Der Tacho zitterte sich auf 4-5 Km/h ein, genauso gut hätte ich gehen können, nur der Staub hielt mich davon ab, der direkt in die Stiefel rutschte.

Jeder hatte hier etwas zu sagen. Die Sonne mahnte mit ihrer stechenden Hitze, ja genug zu trinken, mein Inneres appellierte an mich, ja nicht zu stürzen und über allem thronte die Hoffnung, bloß keinen Defekt zu erleiden. Noch nicht mal ein Zelt hätte man hier aufschlagen können, es gab nur steilen Abhang mit Wald, Wald und nochmals Wald. Zur Not hätten wir zusammen gekauert in der Fahrerkabine die kalte Nacht verbracht. Für weitergehende Gedanken, etwa ein entgegenkommendes Fahrzeug, fehlte uns schlicht der Mut.

Der Kampf mit dem Staub zersetzte mein Zeitgefühl. War eine Stunde vergangen oder schon vier? Je langsamer ich vorankam, desto schneller galoppierte sie davon. Tatsächlich verrann sie im Flug, denn aus Mittag war Nachmittag geworden und noch viele Kilometer lagen vor uns. Wirre Gedanken jagten mir hitzig durch den siedenden Kopf, selbst Ausstecherle und Spritzgebäck verwoben sich kurzzeitig mit meinem Denken, als ich den Staub mit Mehl verglich. Ich war der Bäckerlehrling im Mehlsack. Auf Hilfe könnte man lange warten, im Niemandsland zwischen den Grenzen. Tief war die Tonschicht unter mir und tief wäre meine Ratlosigkeit, wenn der Belag so bliebe.

Dass aus dem Pulverweg irgendwann ein Durcheinander aus groben Steinen, querverlaufenden Wurzeln und sperrigen Felsen wurde, mit schmalen Brücken, die einsame Schluchten überwinden, glich einem Wunder. Griffiger Boden unter den Reifen war wie Labsal, auch wenn ab und zu längere Mehl-Passagen eingesprenkelt waren, die im Zwielicht des Waldes sehr kritisch waren. Augenblicklich stieg die Hoffnung, noch vor Einbruch der Dunkelheit anzukommen, doch Landschaft kann gehässig sein. Kaum fuhr man auf Gestein, machte mir prompt die Topografie einen Strich durch die Rechnung. Lange, schmale Rampen schnürten raketensteil nach oben, das Vorderrad bäumte sich auf und zwang mich zum Schieben. Bergauf, bergab, es kam mir unendlich lange vor. Immerhin hatte ich noch ein erhitztes halbes Käsebrötchen und gekochtes Obst in der Tasche, heißes Wasser und glühende Haferflocken lagen im Auto. Ans Kochen wollten wir hier lieber nicht denken.

Als sich der Wald lichtete und den Blick zum See freigab, war dies ein Gefühl von Ankommen, auch wenn ich erst noch eine brenzlige Abfahrt hinunter schlingern musste. Der einsame See wirkte atemberaubend schön. Mag sein, dass ihn die Strapazen noch schöner machten, aber wie er so eingebettet dalag, umgeben von Wald, war es ein besonders ergreifender Augenblick, endlich an seinem Ufer zu stehen. Erschöpft ließ ich mich auf eine der Bänke nieder und streckte alle Viere von mir. Am liebsten wäre ich hiergeblieben. Eva besorgte eine Packung gefüllter Kekse am Kiosk und zwei Flaschen Limonade. Ausgelaugt, mit einem tonigen Geschmack im trockenen Mund gluckerte ich gierig die halbe Flasche in mich hinein.

Auch Eva war erschöpft, mehr mental, und froh, den verkrampften Körper endlich wieder lösen zu können. Die Fahrt war ihr schwer an die Nerven gegangen, schon allein die Hitze im Pickup war unerträglich. Da die Räder den Staub seitlich hochwirbelten, musste sie die Fahrt über die Fenster geschlossen halten. War der Staub schon schrecklich, trieben es die Felsbrocken auf den Gipfel. Auf große Steinnasen folgten tiefe Löcher und unterspülte Wurzeln. Ständig hatte sie befürchtet, irgendwo anzuecken oder aufzusitzen. Mit hochgerecktem Hals musste sie den Weg abscannen, um ja nicht aus der Spur zu geraten. An mancher Rampe sah sie nur noch Bäume und die Kühlerhaube und hatte sie eine Kuppe erreicht, konnte sie oft nur erahnen, ob es nach links, rechts oder geradeaus ging. Ganz zu schweigen von den waghalsig schiefen Bohlen-Brücken mit den gemeinen Nägeln. Aufgeregt platzte es aus ihr heraus. Sie konnte sich kaum beruhigen.

Unser Tag war ziemlich durcheinandergeraten, und dann der Kiosk als kleine Oase, der unverhofft Auftrieb gab inmitten der nagenden Zweifel. Nur die Zeit hatte kein Erbarmen. Noch einen Moment lang sitzen bleiben, noch ein bisschen Kraft schöpfen, einen letzten Keks essen. Eva kam mit der Hiobsbotschaft, dass es bis zur Grenze weitere 19 Kilometer auf ähnlichem Untergrund seien. Die Aussicht, heute noch ein Bett zu finden, sank endgültig gegen Null. Ich berappelte mich.

Als ich aufstehen wollte hinderte mich ein merkwürdig erdendes Gefühl daran. Bleischwer hob ich meinen Fuß vom Boden und bemerkte eine Garnitur „digüelles", die an meinem Schuh klebte, Kugelpilze, die aussahen wie löcherige Schwämmchen. Ich hatte Schneeschuhe an und watete durch Sirup. „Mach voran" unterbrach Eva mein Tun, als ich mit einem Stecken die Bällchen aufspießte und als Fetzen davon schleuderte.

Die vor uns liegenden 19 Kilometer hatten mich ziemlich deprimiert, es schmeckte mehr nach Büßerfahrt als nach Radeln und der Abend stand schon in den Startlöchern. 19 Kilometer, sagte ich mir, dann waren wir in Chile, noch 19 Kilometer Ungewissheit, die vor uns lag. Gleichförmig kurbelte ich weiter, immer auf der Suche nach der besten Spur. Irgendwann ließ der Staub tatsächlich nach und doch war die kolossale Vielfalt an Straßenbelägen noch nicht erschöpft. Wir kamen zu einer Schlackenhalde aus erkalteten Lava-Brocken, die vom Ausbruch des Vulcans Achen Ngyen vor fünfhundert Jahren stammten, wie auf einer Tafel zu lesen war. Das Überwältigende an der Szenerie aber waren die saftgrünen Bäume, die auf dem Gestein in all den Jahren zu einer optimistischen Größe herangewachsen waren. Längst hatten sie sich ihren Raum zurückgeholt mit ihrem raffinierten Wurzelwerk. Unbeholfen stakste ich über die kantigen Gesteinsbrocken und kam mir wie auf einem umgepflügten Acker vor.

Was immer wir auch unter den Reifen hatten, wir hatten richtig an Höhe gewonnen, denn vor uns lag der Carirrine Pass. Grünes Schilfrohr heißt er auf Deutsch, und das nach der beigen Mehlschlacht.

Behäbig schälten sich an der Grenze die Zollbeamten aus ihrer Lethargie und staunten, dass doch noch Reisende kamen, die einzigen an diesem Tag, wie sie sagten. Vier Zollbeamte, die sich furchtbar gelangweilt haben müssen, so sehr, dass sich der jüngste und freundlichste von allen umgehend an die Arbeit machte und mein Formular anhand meines Passes ausfüllte. Sämtliche, jemals an einer Grenze durchlebten Schikanen machte er mit dieser Geste umgehend wett. Eva kam nicht so leicht davon. Versehentlich hatte sie in der Deklaration eine falsche Angabe angekreuzt und das Kreuz einfach wieder durchgestrichen. Ihr gegenüber stand der älteste und strengste der vier Zöllner, dem die Korrektur derart aufstieß, dass er ihr das Papier unwirsch unterm Kuli hervor riss, zerknüllte und mürrisch ein neues brachte. Reichlich verdattert und mental zerrüttet verschliss sie unter seinem gestrengen Blick drei Formulare, bevor im vierten dann alles stimmte. Der offizielle Akt war beendet. Erleichtert wünschten wir ihnen „feliz navidad" und erhielten ein „bon viaje" zurück mit der Warnung, dass es sehr steil werden würde.

Eine kleine Hütte im Wald gab uns Zuversicht, bald wieder unter Menschen zu sein. Noch ungefähr zehn Kilometer lagen vor uns, reine Abfahrt. Den Gedanken an Vorsicht hatte ich längst aufgegeben, als mein Vorderrad im losen Split plötzlich versank und mich mit einem haarsträubenden Manöver zur Raison rief. Beinahe hätte es mich hingelegt und wäre bei dem Tempo bestimmt eine schmerzhafte Lehre gewesen. Im Tal sah man Bauernhöfe, doch erst als ich Asphalt unterm Reifen hatte, traute ich mich, die verkrampften Hände von der Bremse zu lösen. Wie befreit rauschte ich hinunter und hielt mitten im Ort an. Eva fragte im Supermarkt nach einer Unterkunft und wurde schräg gegenüber zu einem hohen Eisentor verwiesen.

Die heutige Strecke war ein raubeiniges Geschenk der Natur und nun standen wir da und trauten unseren Augen nicht. Vor uns dampfte es aus einem blauen Pool einer todschicken Therme. Ungläubig gingen wir ins Haus, wo die Tische des großen Speisesaals festlich geschmückt waren, als erwartete man eine geschlossene Gesellschaft. Es ehrte uns, wie freundlich wir in unserem arg verlotterten Auftritt empfangen wurden, kein leiser Schauder im Gesicht der jungen Dame. Wie durch ein Wunder hatten auch wir am Ende des Tages ein Zuhause, ein kleines, lilafarbiges Holzhaus mit 1,5 Zimmern.

Es war spät, ich war kaputt und von oben bis unten verdreckt, als hätte ich tagelang im Straßengraben gelegen. Als ich die Strümpfe auszog, blieb ein scharfer Rand zurück, darüber lange, dunkelbraune Stulpen. Hastig kletterte ich in den gesprenkelten Steintrog und sah zu, wie mir unterm heißen Wasser umbrafarbige Rinnsale die Beine hinunter rannen und als schmutzige Brühe im Abfluss versickerten. Ob der Schlick nun rechtsdrehend oder linksdrehend in den Gully gurgelte, war mir ziemlich egal. Drei Mal musste ich mich einseifen und erst dann hatte ich das Gefühl, vom Schmutz des Tages befreit zu sein. Zum Schluss trampelte ich auf meinen schmutzstarren Socken umher und presste den letzten Dreck aus ihnen heraus. Als ich in den Spiegel schaute, starrte mich ein rostrotes Gesicht mit weißer Stirn, weißumrandeten Augen und zwei weißen „V" auf den Wangen an. Ich sah schlimm aus.

Die Mutter aller Blusen in weiß war nicht im Gepäck und auch keine mit extravagantem Auftritt, etwa origineller Schnittführung, schicker Kragenlösung oder hübscher Schluppe. Noch nicht mal eine individuell verarbeitete Saumkante oder Perlmuttknöpfe hatte diese rosafarbene, kleinkarierte, hauchdünne Sportbluse zu bieten, die ich anzog. Eva erging es keinen Deut besser. Und das an Heilig Abend.

Ein mächtiger Gong ertönte und rief uns zum Abendessen. In unserer armseligen Urlaubsuniform ging die weihnachtliche Stimmung etwas unter und machte einem leicht mulmigen Gefühl Platz, als wir zum Speisesaal hasteten. Zwanzig Tische waren eingedeckt, doch außer uns war nur eine Familie anwesend. Unsere erste Aufmerksamkeit galt deren kurze Hosen und Badeschlappen und augenblicklich fühlten auch wir uns von jeglicher Befangenheit befreit. Gelassen schauten wir im Saal umher, wo in der Mitte ein Tannenbaum mit Päckchen stand, daneben eine beleuchtete Krippe. Unser Tisch war mit Engeln, gebackenen Weihnachtsmännern und einem Glas geschmückt, in dem rosafarbige Blüten schwammen. In unserer Euphorie war es der schönste Weihnachtstisch weit und breit. Und die bunten Nikoläuse waren das ideale Geschenk für Mama Mapuche.

Das kulinarische Festtagsmenü eröffnete eine Käse-Fisch-Creme-Rolle als kalte Vorspeise, zu der salzige Kräcker gereicht wurden. Der

Käsemantel der gefüllten Walze glich rohem Teig und betonte den faden Geschmack dieser geschmeidigen Angelegenheit. Knuspernd arbeitete ich mit den Kräckern die Creme ab, wohingegen Eva nur zaghaft probierte. Der Hauptgang, gefüllter Truthahnbraten an brauner Soße mit Kartoffeln und grünen Bohnen, schmeckte uns dagegen atemberaubend gut. Das samtige, dichte Sößle mit seiner wunderbaren Balance zwischen Intensität und Eleganz umgarnte meine schwäbischen Wurzeln leidenschaftlich und hätte mich um ein Haar um meine guten Manieren gebracht.

Als Nachtisch gab es Früchte-Quark. Mein persönlicher Höhepunkt des Festmahls war jedoch die bombastische Johannisbeer-Creme-Torte, eine chilenische Spezialität, die schon lange auf meinem lukullischen Wunschzettel stand. Das viellagige Konditoren-Prachtexemplar stand wie eine barocke Wuchtbrumme vor mir und haute mit ihrer dramatischen Höhe ordentlich auf den Putz. Knusprige Zwischenböden wechselten mit frischen, leicht säuerlichen Fruchtlagen und sündigen Cremeschichten ab und hielten sich gegenseitig gekonnt im Zaum und schafften es so, mir ein herrliches Wolllustempfinden zu entlocken. Die Gelüste waren mit Bowle, Wein und Säften vollkommen bedient und bestärkten uns endgültig in dem Gefühl, inmitten des Schlaraffenlandes getafelt zu haben.

Schon beim Essen hatte sich schleichende Müdigkeit im Körper ausgebreitet und ich merkte, dass mir die gut 90 Kilometer lange Strecke unter der brodelnden Sonne im ewigen Mehlgewühle ganz schön an die Substanz gegangen war. Und dann dieser Abschluss. Ein unbändiges Glücksgefühl, pure Freude stieg in uns auf, einen Heiligen Abend der Superlative erlebt zu haben. Wir waren euphorisch, magenfüllend satt und unendlich dankbar.

Sechshundert lahme Schritte zur Cabana, noch einige wenige im Haus, dann gab es kein Halten mehr. Als der Kopf das Kissen berührte, waren wir schon eingeschlafen.

Dicke Nebelschwaden waberten am frühen Morgen gespenstisch über das Gelände. Sachte dampfende Rinnsale mäandrierten schemenhaft durch die eingelullte Wiese und blubberten fröhlich einem

Bach entgegen. Die kleinen Dunsttöpfe zauberten mit den schräg einfallenden Sonnenstrahlen eine mystische, märchenhafte Stimmung. Das Schwimmbecken lag so früh noch unterm weißen Nebel und nur hier und da blinkte helles Blau durch. Ein wunderbarer Tagesbeginn inmitten in der „Liquine-Ofqui"-Störungszone, einer tausend Kilometer langen geologischen Furche. Hier gluckert auf jedem Grundstück eine Therme, der ganze Ort ein Heilbad. Wir standen an unserer Therme und waren mächtig stolz.

Nach dem Weihnachts-Frühstück gingen wir zum Empfang und waren ganz selbstverständlich davon ausgegangen, die Hotelkosten mit der Kredit-Karte zu begleichen. Wenn dem nicht so wäre hätten wir ein Problem, mit den paar Pesos in den Taschen. Kartenzahlung war leider nicht möglich, wie man uns freundlich erklärte und Bankomaten gebe es auch keinen im Ort. Einen entmutigenden Augenblick lang sahen wir uns mit der trüben Aussicht konfrontiert, die Rechnung nicht begleichen zu können, bis uns die zündende Idee kam, im Internet nach dem Umrechnungskurs zu recherchieren. Und als der Kurs so unverrückbar auf dem Bildschirm flimmerte, ließ sich die junge Angestellte auf unseren brillanten Vorschlag ein, und akzeptierte es, einen Teilbetrag in Pesos, den anderen in Euro zu bezahlen.

In entspannter Gelöstheit suchten die Erlebnisse vom Vortag auf der Fahrt erneut Zugang zu unseren Gedanken. Bilder von ewig langen Staubpassagen, die Kraft und unendlich Zeit gekostet hatten, gepaart mit einer aufkeimenden Hoffnungslosigkeit, Liquine zu erreichen und eine Unterkunft zu finden, drängten sich immer wieder auf. Und dann der alles versöhnende, unerwartet schöne Abschluss des Tages. Ein Heilig Abend wie man ihn nur ganz selten erlebt, es hatte einfach alles gepasst. Aufgekratzt und erfüllt von Freude machten wir uns überglücklich auf den Weg in Richtung Pucon, direkt zu „Mama Mapuche".

Schmotze

Nach großer Anstrengung sah es zu Beginn der Strecke nicht aus. Auf surrenden Reifen rollte ich locker über den Asphalt, strampelte in heiterer Stimmung vor mich hin und malte mir schon das staunende Gesicht von „Mama Mapuche" aus. Doch dann zerrüttete grober Wellblechschotter mein Denken und den Wunsch, flott voran zu kommen.

Der nächste Kilometer verengte sich nach einer Kurve zu einem schmalen, mit Bäumen gesäumten Weg, in dessen Mitte spektakulär der schneeweiße Vulkan Villarrica auftauchte. Schöner kann sich die Natur kaum präsentieren. Ein absolut symmetrisches Gebilde, mit einem perfekten Kegel als Perspektivpunkt, auf den wir geradewegs zufuhren. Rüttelnd hoppelte ich den steilen, schottrigen Weg hinunter direkt zur Therme Conaripe. Wäre der Untergrund griffiger gewesen, hätte ich den Schwung für die vier Spitzkehren genutzt, die am gegenüberliegenden Hang senkrecht hochschnürten. Stattdessen arbeitete ich mich kriechend die aufgescharrte, schorfige Fahrspur hoch, die mich mit ihrer Steigung, dem Sand und den groben Steinen schließlich doch noch zum Absteigen zwang. Ich sandelte die Anhöhe empor und als ich oben ankam, galoppierte ein junges Pferd ungestüm über die Ranch, gerade so, als freute es sich über die abgeschaffte Radlerin.

Kilometer lang führte uns die Straße durch dichten Wald und erst kurz vor Conaripe legten wir eine kleine Rast ein. Etwas Hässliches lag in der Luft, als wir anhielten, ein tiefes Brummen, als sich auch schon Legionen von „tabanas" formierten und aus allen Richtungen lautstark auf uns zu schossen. Blauäugig hatten wir die ausgelaufene „Brum-Brum"-Flasche in die offene Autotür gestellt und gehofft, ihr Gestank würde die Viecher vertreiben. Noch nicht mal andeutungsweise zuckten sie vor dem Gestank zurück.

Obwohl zu zweit, reagierten wir schrecklich hilflos mit unseren furchterregenden pantomimischen Gebärden und diagnostisch bedenklichen Anfällen. Fuchtelten sprangen wir wild umher und schlugen Löcher in die Luft, was als Abwehr in etwa so erfolgreich war wie gut zureden. Je bizarrer wir zappelten, umso nervöser umkreisten sie uns. Wir überlegten deshalb, abzuwarten, bis eine landet, satt zuzuschlagen und flink drauf zu springen. Doch allein die Vorstellung „tabana auf Haut" erzeugte derart ernst zu nehmende Ekelgefühle, dass wir den Plan umgehend verwarfen. Stattdessen prügelten wir nun gegenseitig ungestüm auf uns ein, sobald sich eine Bremse näherte. Es war die irrsinnigste Idee, die uns je gekommen war. Zu heftig und zu oft bekam man ohne Vorwarnung einen pfetzenden Klatsch auf Hals, Arme und Beine, auch wenn wir anfangs noch ein „Achtung" vorne weg schrien. Es tat nicht nur höllisch weh, man lässt sich einfach nicht gerne schlagen. Auch dieser Plan wurde gekippt, die „tabanas" waren einfach zu raffiniert. Rein kosmetisch waren die Folgen eines Bisses, im Verhältnis zur Größe und dem Lärm der Biester, eine Bagatelle und krank wurden wir auch nicht.

Etliche Autos rasten plötzlich in hohem Tempo an uns vorbei und lenkten die Aufmerksamkeit dem nächsten brisanten Thema zu, einer irren Staubwolke, die sich wie ein Kokon um uns hüllte und uns Sicht und Luft zum Atmen nahm. Als sich die zähen Schwaden langsam lichteten, trauten wir unseren tränenden Augen nicht. Schemenhaft hastete eine Gestalt in hohem Tempo stechschrittartig auf uns zu. Sein Gesichtsausdruck strahlte Qualen allererster Güte aus und seiner Gehetztheit schien eine existenzielle Ausnahmesituation zugrunde zu liegen. In mörderischem Schritt stach er fahrig an uns vorbei, noch nicht mal ein Blick zur Seite. Einzig die Trinkflaschen, die an seinem Gürtel baumelten, nahmen der dramatischen Vorstellung etwas die Schärfe. Als noch ein zweiter Geher auftauchte, ausgelaugt und torkelnd hinterher stolperte und nur mit Mühe Anschluss halten konnte, waren wir richtig besorgt. Er schien am Ende seiner Kräfte und würde bestimmt nicht mehr lange durchhalten. Entweder fand hier ein ruinierender Wettkampf unter Zweien statt, denn danach kam niemand mehr, oder die beiden hatten Krach. Was immer hier auch geschah, wir wollten nicht daran teilhaben.

„Kuchen"-, „Berlines"- und „Torten"-Schilder" lenkten am Straßenrand von Erschöpfung und Bremsen ab und trieben uns kurz vor

Conaripe das Wasser im Mund zusammen. Wir blieben standhaft und kaum surrten die Reifen auf Asphalt, hatten wir auch schon den Ort erreicht. Mein weicher Hinterreifen brauchte Luft und meine Kette Öl, weshalb mir die Tankstelle am Ortseingang wie gerufen kam.

Zum Ölen genügen mir immer einige Tropfen aus einer Öldose, nach der ich heute im Abfall vergeblich stöberte. Ein Tankwart in schmierigem Blaumann kam fragend auf mich zu und als ich um Luft bat, presste er mir Luft ins Ventil. Damit hätte ich es bewenden lassen sollen. Noch heute bin ich mir sicher, dass ich „un poco" gesagt hatte, als ich ihn um etwas Öl bat. Er hatte mich auch verstanden, war kurz in die Garage gegangen und mit einhundert Millilitern Öl im Messbecher wieder aufgetaucht, die er mir unvermittelt ins Rad kippte. Ein Glas Blütenhonig über Kette, Ritzel, Nabe und Schaltung, der nun zäh über die Speichen und Felge troff, den Reifen entlang schmierte und schließlich auf die Straße kleckerte, dickflüssiges, sämiges Öl. Am meisten ärgerte mich, wie er dabei gegrinst hatte.

Ausgerechnet mir musste das passieren, wo ich nichts so sehr verabscheue, wie klumpige Ölverkrustungen. Uralte Kindheitserinnerungen kamen hoch, wie ich als kleines Mädchen in Opas Scheune zwischen alten Motorrädern und auf Leiterwagen herumgeturnt war. Immer war man ermahnt worden, ja nicht an die Wagenschmiere zu kommen, die an den Speichen-Rädern und am Gelenk der Deichsel klebte. Wehe, es war Schmotze, wie wir es nannten, am Kleid oder an den Kniestrümpfen, dann drohte Ärger. Und nun würde es nicht lange dauern, bis Schmotze am Rad war. Mehrmals hob ich das Hinterrad an und ließ es wieder fallen. Wasser wäre weggesprungen, das zähe Öl klebte. Eva gab mir ein Päckchen Papiertaschentücher, eine symbolische Geste für das Ölbad, das mir wie ein Defekt vorkam.

In abgasgeschwängerter Luft kurbelte ich die Landstraße entlang, selbst der bildhübsche Ausblick zum Lago Calafquen konnte mich kaum von der Ölkatastrophe ablenken. Andauernd ging es bergauf und bergab, wobei mir die Steigungen eindrücklicher im Gedächtnis blieben. An einer Einbuchtung kam mir Eva wedelnd mit einer prallen Tüte entgegen. Es sah nach Essen und Aufmunterung aus. Eine „Empanada" hatte sie gekauft, ein dickes, schweres Teigkissen mit einem großen Durcheinander innen drin. Fleisch machten wir aus, Ei, Zwiebel, Oliven und Kräuter. Nur gut, dass sie keine Soße enthielt, sie wäre uns glatt an den Ellenbogen runter gelaufen. Im dreckigen Außenspiegel des Pickups fotografierten wir uns mit vollem Mund und der Trophäe in der Hand und konnten es kaum glauben, wer uns da entgegen schaute. Zwei deformierte, verzerrte Frauengestalten mit alarmierend kleinem Kopf und verheerend dicken Beinen – so, wie wir nie aussehen wollten.

Nach einer letzten Anhöhe fuhr ich im Schuss hinab, direkt ins Zentrum von Villarrica. Am ersten Weihnachtstag war das Stadtzentrum wie ausgestorben. In einer offenen, düsteren Garage entdeckten wir einen Händler, der auf einer umgedrehten Kiste hockte und sich über jeden Kunden freute. Obst bot er an, Gemüse, Brot, Würste und Konserven. Wir deckten uns mit dem Notwendigsten ein und machten uns auf zu „Mama Mapuche".

Heute war ein Tag, wo man einfach nur ankommen musste. Kein Herumirren, keine verschwitzte Suche nach einem Zimmer. Stattdessen ein herzlicher Empfang. „Mama Mapuche" hatte ihren 14-jährigen Neffen zu Besuch, der uns mit einem Kuss freudestrahlend empfing. Im Nu entwickelte sich eine leibwarme Vertraulichkeit. Wie schön es doch ist, an Weihnachten nicht alleine zu sein und die Nr. 7 war auch schon gerichtet. Als kleines Mitbringsel packten wir unsere bunten Nikoläuse aus, heil und unbeschadet.

Eva wechselte das Pferd

Als wir am anderen Morgen gemeinsam im Pickup saßen und nach Temuco fuhren, fühlte es sich wie Loslassen an, als hätten wir Ketten abgestreift. Loslassen vom knorrigen Diesel-Radau und der Verantwortung für das Auto, aber auch vom letzten Rest an Sicherheit und Komfort. Und in diesem losgelösten Zustand war ich eingenickt und hatte alles verpasst, auch die Jogger, die auf dem Standstreifen der tobenden Schnellstraße entlang gerannt waren. Und das bei der Fülle an Natur.

Wir kamen im selben Hotel unter, an dem unsere Reise begonnen hatte, nur lag unser Zimmer diesmal direkt am Eingang, was unserem mageren Zeitkorridor sehr entgegenkam. Unser Bus nach Junin de los Andes am anderen Morgen ging schon um 7 Uhr, also bloß keine langen Wege!

Was wir bei unserem ersten Aufenthalt in Temuco nicht geschafft hatten, holten wir nun mit Freude nach, einen Besuch beim „Mercado Municipal", der örtlichen Mapuche-Markthalle. Die Halle ist ein offenes Gebäude, das – je nach Wetter – mit einem Rundtonnendach geschlossen werden kann und auch die Stände sind überdacht, gerade so, als gelte es Monsun-Güsse von oben abzuhalten. Am Dach-Gestänge baumelten Waren, Tafeln, Preis-Schilder und Tüten, selbst Waagen hingen an Haken von den Streben herab. Stand an Stand ging ineinander über mit allem was man sich nur vorstellen konnte.

Die Markthalle offenbarte sich als ein Wunder an Farben, Formen und Düften, Tausendundeine Nacht auf chilenisch. Obst- und Gemüsepyramiden in geometrisch verzwickten Ausmaßen konkurrierten mit dem Farbenspektrum eines viellagigen Malkastens. Gemüse trumpfte vor allem mit Größe auf, war armlang, Handball groß oder in der Dicke eines Oberarmes. Ob das alles Erde kann? fragte ich mich.

Wir schlenderten die Stände entlang und entdeckten spannende Rubriken, Hülsenfrüchte z. B., in einer Verschiedenartigkeit, wie wir sie noch nie gesehen hatten. Mindestens sechzig kniehohe Säcke standen dichtgepresst aneinander, jeder gefüllt mit einer anderen Sorte. Dicke Bohnen lagen neben flachen, runde neben länglichen, schwarze, gesprenkelte, glatte und geriffelte neben bleichen, schrumpeligen Erbsen, große, rillige braune Linsen neben kleinen schwarzen oder langen orangen. Käufer sahen wir an diesem Stand keine.

Im nächsten Gang hingen medizinische Kräuter wie Trockenblumen-Sträuße herab, waren in Tüten verpackt oder in Fläschchen konzentriert. Das augenfälligste in dieser Markthalle waren jedoch die offenen Wannen, auf die wir stießen, mit dem traditionellen „merquén"-Salz der Mapuche. Die großen Schaufeln im Pulver ließen vermuten, dass man mit dieser Farbauffrischung so gut wie jede Speise aufpeppen konnte. Je nach Gewichtung leuchtete die Kreuzkümmel-, Chili- und Paprika-Mischung in intensivem Rot, manchmal schimmerte sie auch bräunlich. Mal roch sie würzig, mal dumpf, mal fruchtig-frisch.

Auf diesem Markt ging es nicht um Klein-klein, hier stapelte man leger übereinander, was sich aufhäufen ließ. Leitzordner große Käselaibe lagen in Achterreihen übereinander und brachten die untersten fast zum Platzen. Honig gab es natürlich auch zu kaufen, selbst handgearbeitetes Holzspielzeug wurde angeboten.

Die Patina der uralten, analogen Waagen war bezaubernd und ich bin mir sicher, dass sie sich auf dem heimischen Antiquitätenmarkt wunderbar verkaufen ließen. Wir wandelten durch längst vergangene Zeiten. Ich war so beeindruckt und beschäftigt damit, die vielen Eindrücke zu verarbeiten, dass ich es fast vergaß, zu fotografieren.

Am Ende der Halle stießen wir auf eine Fleischtheke, „Carnes araneda" und als ich „Longaniza artesanal" an rohen Schweins-Grillwürsten las, frischte sich kurzzeitig meine Rohwurst-Erfahrung von Melipeuco auf. Schweineschädel baumelten an der Front des Metzgerstandes herab und als wir sie wohl etwas zu intensiv angestarrt hatten, kam zwei jungen Verkäufern nichts Besseres in den Sinn, als einen davon uns entgegen zu strecken.

Wir beendeten unseren überaus lohnenden Markthallen-Bummel und kauften wie so oft samtrote Pfirsiche, mit denen wir uns beim Reinbeißen prompt verkleckerten.

Auf dem Weg zurück zum Hotel wackelte ein zusammen geschusterter Ochsenkarren knirschend und rumpelnd die Straße entlang und drosselte Autos und Lastwagen auf Schritttempo herab. Für die Einheimischen gehörten solche Gefährte zum Alltag, nur wir staunten über das Gespann mit den beiden uralten, ausgeblichenen Ochsen vorne dran. Sie hatten Kuheisen an den Hufen, die so passgenau gearbeitet waren, als hätten sie schwarze Riemen-Sandalen an. Im klapprigen Holzanhänger, einem käfigartigen Geviert aus schiefen Latten, war alles, was einmal nützlich war oder noch werden könnte zu einem wankenden Materialmix übereinander getürmt. Vieles blieb uns darunter verborgen, aber schon das Sichtbare war imposant genug: eine zusammen gerollte Matratze, ein Kuhfell, ein aufgeschnittener Autoreifen, stramm gefüllte Kartons, pralle Stoff- und Plastiktüten, Kleidungsstücke, Eimer und oben drauf ein Fahrrad. Und aus diesem Sammelsurium schaute ein Hund neugierig durch den windschiefen Lattenverschlag. Am hinteren Pfeiler hing eine Holzkiste mit gackernden Hühnern darin, doch mein Augenmerk galt den schlangenförmigen Braun-Algen, die wie zusammengebundene dicke Radmäntel zwischen den Sparren klemmten. Ich war begeistert von dem üppigen Angebot. Der Wagen befand sich eindeutig auf Verkaufstour, auch wenn man mit etwas Phantasie das Gefährt genauso gut einer Wander- Zirkus-Gruppe hätte zuschreiben können.

Die Eindrücke hallten noch nach, als wir am Abend unsere Gepäcktaschen füllten und die gesattelten Räder wie vereinbart im Besprechungszimmer des Hotels abstellten, dort, wo auch das Frühstück vorbereitet stehe. Und wir würden geweckt werden, hatte man uns versichert, alles lief nach unseren Wünschen.

Von innerer Unruhe geleitet, war Eva am anderen Morgen aus dem Bett gestürmt, obwohl das Wecktelefon nicht geklingelt hatte. „Ich hab's gewusst" wetterte sie mehrmals vor sich hin. Fieberhaft kramten wir die umherliegenden Sachen zusammen und schmierten uns in Windeseile Brötchen für die siebenstündige Busfahrt. Aufregender konnte der Tag kaum beginnen. Wenn es klemmt, dann richtig, denn auch der Besprechungsraum war noch verschlossen und der junge

Mann an der Rezeption für keine Handreichung zu bewegen. Aufgelöst fand ich im anderen Flügel des Hotels doch noch einen älteren Bediensteten, der die Tür öffnete. Der erste Blick ins Zimmer beruhigte mich, tatsächlich stand Frühstück bereit, der zweite deprimierte: vertrocknetes Toastbrot, zwei hutzelige Käsescheiben, wässriger Magerjoghurt und abgekühltes Teewasser. Dem Hunger gehorchend spülte ich die schale Angelegenheit mit der gelblichen Brühe hinunter, während Eva ungeduldig den Raum durchschritt.

Es war sicherlich kein schöner Anblick, wie wir die vollbepackten Räder hochkant durch den viel zu schmalen Türrahmen ins Freie quetschten, jede mit einer baumelnden Vespertüte am Lenker. Mehr Flucht als Abschied war das und genauso ungestüm jagten wir das kurze Stück zum Busbahnhof mit giftig pochendem Herzen an den wuseligen Frühaufstehern vorbei.

Die Fern-Bus-Unternehmen in Chile sind in Privatbesitz und auf den wichtigsten Strecken herrscht große Konkurrenz, was sich üblicherweise positiv auf die Qualität auswirkt. Bustoilette oder Getränkebar durfte man jedoch nicht erwarten. Die Busse bringen einen überall hin, über Berge, Pässe und Grenzen, selbst über Schotter und staubige Pisten.

Am Busbahnhof scherten laufend Busse aus und ein mit dem jeweiligen Fahrtziel an der Frontscheibe. Auf unserem Bus stand San Carlos de Bariloche/Argentinien und wir gingen davon aus, dass diese Route enorm beliebt ist, denn ausgerechnet unser Bahnsteig war brechend voll. Wir fielen auf mit den Rädern und die argwöhnischen Blicke der Wartenden erweckten leise Zweifel in uns, überhaupt mitgenommen zu werden. In solch ungewisser Situation waren die Tickets im Handgepäck wie eine Versicherungspolice. Umtriebig wedelte ein Schokoladen-Verkäufer seine prall gefüllte Plastiktüte die Bahnsteige entlang, während in meiner Phantasie schon die ersten Wärme-Skulpturen darin entstanden.

Der Schaffner unseres „Igi Llaima"-Busses bestärkte unsere Zweifel, als er einen separaten Fahrausweis für die Räder einforderte, den es jedoch nicht gab, da wir die Fahrkarten ,inclusive' gekauft hatten.

Wir waren froh, nicht gänzlich abgewiesen und nur zum Fahrkartenschalter hinüber kommandiert zu werden – angesichts unseres Sperrgepäcks allerdings eine Zumutung, zumal wir geradewegs wieder zum Bus zurückgeschickt wurden. Wahrscheinlich gehörten wir zur Sektion Räder-Schikane, denn außer uns lief niemand hin und her.

Gepäckstücke mit Igi Llaima-Aufklebern zu versehen war Alltagsgeschäft des Busschaffners und passte zur feinen Hose und weißem Hemd. Ohne zu murren, beklebte er große und kleine Taschen und fummelte sogar einen Aufkleber auf meine Kamera. Nur Räder passten nicht in seine Vorstellung, mit ihnen würde man sich schmutzig machen. Überhaupt schien Gepäck stapeln nicht zu seinen Stärken zu gehören, denn als er die Ladeluke öffnete, staunten wir über das wenige Material, das den gesamten Gepäckraum verbarrikadierte. Eimer, Schaufeln und Besen steckten ineinander verheddert und leere Kartons waren nur teilweise zusammengelegt. Die Unlust des Fahrers, Sperrgut anzunehmen, war unter diesem Gesichtspunkt verständlich und prompt wurde er ungemütlich.

„Räder raus!" kommandierte er Eva, als Koffer und Taschen verstaut waren und nun ihr Fahrrad an der Reihe war. Eva, das muss man wissen, wird immer hochgradig nervös, wenn sie die Laufräder ausbauen muss, aus lauter Angst, die Brems-Kolben ihrer Scheibenbremse könnten sich schließen. Aus diesem Grund führt sie stets griffbereit Abstandshalter mit sich. Nichts hat sie so schnell zur Hand wie diese knallroten Plastikscheiben und eine davon steckte sie zittrig in den offenen Bremssattel an der Gabel. Das Hinterrad baute sie erst gar nicht aus. Missmutig schnappte er das kleine Mountainbike und stopfte es mit viel Druck halb aufrecht in die Luke. Es saß so bombenfest, dass ich mich über seine Fürsorge wunderte, das Rad noch mit einem Band zu fixieren. Der Stauraum war nun voll und ich war davon ausgegangen, dass mein Fahrrad auf der gegenüberliegenden Seite Platz findet, doch dem war nicht so.

Sattelstütze samt Sattel ragen an meinem Rad dermaßen unverschämt weit aus dem Rahmen heraus, dass man der Vermutung erliegen könnte, sie lehnten sich bewusst gegen diese Art der Behandlung auf. Dies entging auch dem Schaffner nicht, der mir in äußerst unversöhnlicher Tonlage „Sattelstütze raus" entgegen schrie. Leider waren mir in dieser Angelegenheit die Hände gebunden, denn die saß ja mit dem Stück Gummischlauch bombenfest im Rahmen. In Anbetracht seiner ungezügelten Gereiztheit hielt ich selbst meine Lieblingsvokabel „Quisiera" nicht mehr für angebracht und war gespannt, was nun passieren würde.

Eine Mischung aus wutentbrannter Empörung und ungehobeltem Jähzorn ließ ihn das Rad packen und in Richtung Gepäckraum rammen. Das metallisches Quietschen und Schleifen, die diese grobschlächtige Aktion begleitete, erinnerte an die Stuttgarter U-Bahn, wenn sie in voller Fahrt in den Charlottenplatz einfährt. Notdürftig steckte es zwischen Busstreben, Koffern und Evas MTB verkeilt halb im Gepäckraum. Noch ging die Klappe nicht zu. Wutschnaubend, mit hochrotem Kopf nahm er nun sein gesamtes Gewicht zu Hilfe und rumste das Rad stückchenweise in die Luke. Mir blieb die Luft weg, doch für Gefühle war es längst zu spät, wir suchten unser Heil im Bus.

Im Bus waren nur wenige Plätze belegt, wir hatten sozusagen freie Auswahl und setzten uns im Windhund-Prinzip in die erste Reihe rechts. Lenkertaschen, Helme, Vesper und Getränke legten wir ins Gepäckfach oder zu unseren Füßen und beobachteten den Trubel. Die Passagiere, die den Bus bestiegen, schauten konzentriert auf ihre Fahrkarten und gingen zielstrebig zu einem Sitz, anscheinend hatten sie Platzkarten. Es dauerte nicht lange, bis uns ein älterer Herr verdeutlichte, dass wir seinen Sitz in Beschlag genommen hatten. Zu einem Tausch war er nicht bereit und deshalb fuhren wir nach Junin de los Andes eben im Bus links hinten.

Die Fahrt war mit 7 Stunden angesetzt, was uns überaus lange vorkam, doch nach und nach lüftete sich das Stunden-Geheimnis. Immer wieder hielt der Busfahrer unterwegs an und gabelte Passagiere auf. Nach welchen Kriterien er stoppte, nach Plan oder auf Handzeichen, erkannten wir nicht, manchmal legte er irgendwo an einem Strauch einen Halt ein. Und als wir es uns gerade so richtig gemütlich gemacht hatten, stoppte er für eine Kaffee-Pause.

In Pucon füllte sich der Bus, viele Backpackers stiegen zu. Ihre mannshohen Rucksäcke, teilweise mit Pickeln bestückt, wurden in den Laderaum gedrückt, was uns tiefe Sorgenfalten ins Gesicht schnitt. Als der Bus wieder Fahrt aufnahm, zückten die Tramper ihre Miniatur-Kameras und schossen reihenweise Fotos durch die spiegelnden Fenster. So reisen also Rucksacktouristen, dachte ich und empfand den Wunsch noch drängender, so schnell wie möglich wieder auf den Sattel zu kommen.

Die Strecke über den Pass kannten wir schon, Eva im Pickup, ich auf dem Fahrrad, und wir genossen es sehr, sie nochmals entspannt Revue passieren zu lassen. Natürlich reckten wir in Curarrehue die Köpfe nach links, zu Ladies „Hospedaje". Noch bevor der Asphalt zu Ende war, wurden wir zu einer weiteren lästigen Pause verdonnert, diesmal an einem Kiosk direkt am Bach. In uns nagte viel zu sehr die Ungeduld, als dass wir die Auszeit hätten genießen können und waren erleichtert, als ein stummes Kommando die Passagiere in den Bus zurücktrieb. Das einzig Spektakuläre an dieser Pause war, dass der Fahrer die Motorklappe am Heck des Busses öffnete, um dem Motor mehr Kühlung zu spendieren. Nun wurde es ruppig und steil und ich hoffte inbrünstig, dass wir keinen Radfahrer überholen. Wieselflink dröhnte der klimatisierte Bus die Steigung empor und zog Staub und dreckige Dieselschwaden hinter sich her, wo ich mich im Schleich-Modus schwitzend hochgearbeitet hatte.

Am Busbahnhof in Junin de los Andes wurden wir vom Busfahrer genauso so unfreundlich bedient wie bei der Abfahrt. Unwirsch hatte er die Fahrräder aus dem Stauraum gerissen, unser Gepäck auf den Gehweg gezerrt und war wortlos in seiner Fahrer-Kabine verschwunden. Wartende Fahrgäste beobachteten uns, anscheinend waren wir mit unserem Gepäckwulst eine willkommene Attraktion.

Evas Vorderrad lehnte an einer Mauer und kaum hatte sie den bunten Stopper aus dem Bremszylinder entfernt, um ihn in die Tasche zu stecken, packte einer der Wartenden das Laufrad und rammte es in die Gabel. Er wollte einfach behilflich sein. Der schrille Ton, den die klagende Bremsscheibe von sich gab, ging durch Mark und Bein und man kann sich vorstellen, was das bedeutete. Zu seinen Gunsten muss erwähnt werden, dass wir auf der gesamten Fahrt kein einziges Fahrrad mit Scheibenbremsen gesehen hatten und bei einer Felgenbremse wäre diese ungestüme Art eher nicht ins Gewicht gefallen. Eva sah es anders. Borstig, regelrecht unflätig riss sie ihm das Rad aus der Hand und fädelte es fein säuberlich in die Gabelenden ein. Zu meinem Erstaunen hatte mein Fahrrad die Tortur schadlos überstanden, lediglich das Hinterrad hatte sich im Rahmen verkeilt.

Als wir unser Gepäck aufsattelten, fiel mir ein zünftig gekleideter Herr auf mit Pumphose, hohen, edel gearbeiteten Lederstiefeln und breitem Ledergürtel am Hosenbund, der mit großen, geprägten Silbermünzen beschlagen war, dazu ein Halstuch und einer Art Sombrero auf dem Kopf. So stellte ich mir den klassischen Gaucho vor, und ich war mir sicher, dass am heimischen Garderobenhaken der passende Poncho hing.

„Les dos alemanas son aqua" sprach ich ins Handy, um uns erneut im Hochsicherheits-Appartement einzumieten. Wir schienen die Euphorie des Tages zu sein, denn umgehend kam der Vermieter vorbei und bat uns, ab sofort Danny zu ihm zu sagen. Nun waren wir also alte Bekannte, was uns beim Abschied leicht sentimental berührte.

Ein heiliger Akt unter Frauen

Eva begann ihre körperliche Anstrengung unter Volllast auf einem Abschnitt, der wie geschaffen dafür war, denn die flache, ca. 40 Km fein asphaltierte Straße nach San Martin de los Andes schloss eine frühe Überforderung aus.

Wir scharrten über Schotter den Hang hinunter und bogen in südlicher Richtung in die Hauptstraße ein. Zügig fuhren wir durch struppige Büschelgras-Landschaft, ab und zu frischte ein Pferdehof die Monotonie auf. Doch dann zog eine Baumgruppe mit zwanzig kleinen Schreinen unsere ganze Aufmerksamkeit auf sich. Zuerst dachten wir an einen Unfall und erst als ich Fahnen, glitzernden Schmuck und ein Meer an bunten Wasserflaschen sah, wusste ich um deren Bedeutung. Die Schreine sind Maria Correa gewidmet. Sie war im Bürgerkrieg in der Wüste verdurstete, ihr neugeborener Säugling an ihrer Brust aber hatte überlebt. Als Schutzheilige der Reisenden spendet man ihr eine Wasserflasche.

In einem Supermarkt legten wir eine kurze Vesperpause ein, nachdem ich für eine schnelle Jause Stangenbrot, zwei Salamiwürste, Joghurt und Pfirsiche eingekauft hatte. Die Würste schmeckten derart köstlich, dass wir im Aromataumel völlig vergaßen, Vorräte für die nächsten Tage einzukaufen.

Das „Zermatt der Anden" trubelte uns eine freudige Geschäftigkeit entgegen, als wären Almabtrieb und Jahrmarkt zusammengelegt. Uns war das eindeutig zu viel und wir entschieden, direkt ans Ufer des Lago Lacar zu fahren, wo eingemottete Boote im leichten Wellengang stoisch vor sich hindümpelten. In unserer entspannten Stimmung dachte niemand an Brot und Käse und als Eva zum Aufbruch ermunterte, zog es auch mich weiter. In weitem Bogen führte uns die Straße direkt aus der Stadt hinaus und mit diesem Schwung entledigten wir uns sämtlicher weiterer Überlegungen. Vor uns lag das Seengebiet, alles andere war ungewiss.

Engagiert pedalierten wir den steilen Anstieg hoch, zügig gewannen wir an Höhe und je höher wir kamen umso beeindruckender wurde die Aussicht. Unter uns schimmerte der See in wunderbarem Glanz, eingebettet in Wald, eingekerbt durch Felsnasen und ausgefranzt in eine Bucht. Auf seiner metallisch glitzernden Oberfläche zogen kleine schwarze Punkte weiße Wellen-Keile hinter sich her, Boote in einem Spielzeugland, auf das wir schauten. Wasser begleitete uns ständig auf dieser Tour und fuhren wir an keinem See entlang, platzte irgendwo ein tosender Wasserfall herab. „Miradore" stand dann an der Straße, ein Aussichtspunkt samt Parkplatz.

15 Kilometer hatten wir bereits zurückgelegt, als ich einen kleinen, verblichenen Holzsparren entdeckte, der zur Seite zeigte und auf dem kaum leserlich „Pan" stand. Brot, wie ein erhobener Zeigefinger. Der Richtung des Schildes folgend, schusselten wir mit den Rädern den krümeligen Hang hinab und landeten auf einer kleinen baumbestandenen Wiese mit einem Wohnhaus, einem Gewächshaus und einer Baracke voller Mountainbikes. Kinder radelten auf dem Gelände umher, einem kleinen Campingplatz mit winzigem Kiosk.

So ansprechend der Platz war, so ernüchternd zeigte sich der Kiosk. Auf einem einzigen Regalbrett breitete sich das erschütternde Angebot vor uns aus, ein Potpourri an Erbsen-, Tomaten- und Wurstkonserven in Miniaturgröße, Kekse, Süßigkeiten, Wasser und Limonade. Kaloriendichte oder zumindest magenfüllende Nahrungsschätze gab es hier keine zu ergattern, kein Brot, kein Obst und kein Gemüse. Aus der Vielfalt des Mangels wählten wir eine Dose Wurst und zwei Flaschen Sprudel und schwatzten der Verkäuferin noch eine selbstgezogene „cebollia" gegen etwaigen Zahnausfall ab.

Es war einer der Momente, in denen die bequeme Hoffnung gerne mal über die lästige Vernunft siegt. Anstatt umzukehren fuhren wir einfach weiter, zum Umkehren fehlte uns schlicht die Gelassenheit. Und doch war ich sehr unzufrieden. Der Versorgungsnotstand war vor allem deshalb ärgerlich, da uns eine Übersichtsliste mit bedeutungsvollen Informationen unterstützte. Auf Evas Lenkertasche thronte eine wasserdicht verpackte Seite mit sämtlichen Vermerken, die uns wichtig erschienen, also Ortschaften, Campingplätze aber auch Existenzielles wie Einkaufen, und zwar in Rot.

Die Straße gab ihr Bestes, uns von negativen Gedanken abzulenken, forderte mit giftigem Anstieg oder belohnte mit schönem Ausblick, und legte die Pracht mal eine Pause ein, gab es Geologie. Ein Aufschluss wie im Lehrbuch gewährte uns mit seinen rauen Schichten einen wunderbaren Blick in Argentiniens Erdgeschichte. Grasnarbe, Humus, ockerfarbiger Lehm und Sedimentgestein durchsetzt mit groben Kieseln lagen in gedeckten Farben so akkurat übereinander, als hätte man mit einem Pinsel quer über eine naturfarbene Palette und dann schwungvoll an einer Böschung entlang gemalt.

Eine verschwenderische Fülle an leuchtenden Farben überraschte uns dagegen einige Kilometer weiter, als wir in einer Linkskurve auf hüfthohe Lupinen stießen. Die Blumen erfreuten uns mit ihrem Blütenfestival von reinstem Weiß über elegantes Rosa zu leidenschaftlichem Karminrot und mystischem Violett. Nirgends waren die Straßen bunter gesäumt als auf diesem Abschnitt. Dem schmalen Bankettstreifen zufolge trugen sie unkomplizierte Charakterzüge und ich stellte mir vor, wie die imposanten Blütenkerzen mit ihrem umherfliegenden Samen ein immer größer werdendes Areal besetzen werden. Ich freute mich an der dekorativen Schönheit dieser majestätischen Blumen, die sich mit ihren farbenprächtigen Leuchtraketen vor den in weiter Ferne dunkel abzeichnenden Bergrücken wunderbar inszenierten.

„Lago Hermoso" stand an einer Häuseransammlung rechts der Straße, dort wollten wir zelten. Zielstrebig brausten wir die Schotterstraße hinab und spuckten Steine hinter uns her. Auf eingezäunten Grundstücken standen verriegelte Wochenendhäuser, es schien ein begehrtes Plätzchen zu sein, was auch die vielen Autos bestätigten, die uns entgegenkamen. An einer Wegegabelung wählten wir die rechte Straße, worauf sich ein breites Tal vor uns öffnete. Großzügig gruppierten sich verfallene mit neu errichteten Häusern zu einer Ranch samt großem Forstlager. Über einem Holzgestell trocknete ein glänzendes Pferdefell. Menschen waren nicht zu sehen.

Am Lago Hermoso genossen einige Besucher die letzten Sonnenstrahlen. Im silbrigen Zwielicht der tiefstehenden Sonne, umrahmt vom Dunkel des Waldes, sah der See prächtig aus. Am maroden Steg lagen Bohlen zur Reparatur bereit und an einem neu errichteten Haus musste auch noch Hand angelegt werden, bevor die Saison begann.

Zwei Kilometer waren es bis zum Campingplatz, wie wir einem Wegweiser entnahmen, der uns direkt in ein kleines Wäldchen lotste. Vielleicht waren wir zu ungeduldig oder hatten die Entfernung auf dem holperigen Weg falsch eingeschätzt und waren nicht weit genug gefahren, vielleicht lag er auch etwas abseits und war schlecht einsehbar. Einen Zeltplatz hatten wir jedenfalls nicht gefunden. Dafür entdeckten wir ein weiteres Schild, das auf eine Cabana hinwies und zu der es furchtbar steil hochging.

Als man uns am Zaun wahrgenommen hatte, erschien der Besitzer und erklärte, dass seine Frau Deutsch spreche. Roswita, wie sie sich vorstellte, eine kräftige, entschieden zupackende Frau, die uns ohne Umschweife erklärte, dass wir in der Cabana übernachten könnten.

Die Cabana, ein kleines Hüttchen am unteren Teil des buckligen Grundstücks, sah sehr romantisch aus. Eine kleine Stiege führt ins Innere, das mit zwei Betten, einer Bank und einem Schrank auf der einen, einem Tisch und einer Küchenzeile auf der gegenüber liegenden Seite so geschickt eingerichtet ist, dass kein Gefühl der Enge aufkam. Das lag auch am hohen Giebel, der den Raum nach oben weitete. Im hinteren Teil versteckten sich Dusche und Toilette. Ein kleines, idyllisches Paradies, ein heimeliges, gemütliches Plätzchen inmitten der Natur, und das, ganz ohne Zeltheringe einzuklopfen. Die Räder fanden im rückseitigen Geräteschuppen Platz und kaum hatten wir die gewaschenen Hosen und Trikots an Rebschnüren aufgehängt, fegte sie der aufgeregte Wind auch schon ins Gras.

Hier gab es nur Natur, keine Läden, keinen Lärm und keine Ablenkung. Vater und Sohn werkelten auf allen Vieren im angelegten Calendulagarten eng beieinander und zupften Unkraut aus den Beeten. Ein Hund tobte rasselnd an einer Kette, ein zweiter lief frei umher. Hin und wieder huschte ein gackerndes Huhn über die Wiese. Es war eine ganz bewusste Entscheidung gewesen, der städtischen Hektik San Martins den Rücken zu kehren und auf Annehmlichkeiten zu verzichten, wie uns Roswita erklärte. Das große Wohnhaus, das sie oberhalb unserer Hütte bewohnen, hatten sie selbst erbaut. Kein Internet, kein Fernseher und nur Strom mithilfe eines Generators.

Es hatte nicht lange gedauert und zwei existenzielle Fragen lenkten meine Gedanken von der schönen Lage des großen Grundstücks ab: wovon um alles in der Welt lebt diese Familie, und wovon sollen wir satt werden. Roswita ahnte nichts von meinen lautlosen Fragen und war auch viel zu sehr damit beschäftigt, uns auf das dunkle Gebräu am düsteren West-Himmel hinzuweisen, das sich mehr und mehr zu einem gärenden Schwarzgrau zusammenschob. „Es kommt Regen" hatte sie uns vorhergesagt und dabei Rückendeckung vom Barometer bekommen, das stark gefallen war. Und kalt würde es werden, ausgerechnet jetzt, im einsamen Seengebiet.

Roswita hielt es wohl für angebracht, unser bedrücktes Sinnieren über die kommende Schlechtwetterfront zu beenden und machte sich daran, einen Mate-Tee als Begrüßungstrunk zuzubereiten. Nebenbei erklärte sie uns in ihrer bodenständigen Art die Vorgehensweise: Mate-Tee in eine Tasse geben, einen Schuss aufgekochtes und leicht abgekühltes Wasser an der „bombilla" entlang in die Tasse fließen lassen, Zucker nach Wunsch beigeben und immer wieder Wasser nachgießen. Der Clou an der Zeremonie aber war, dass sie mit der Tasse zur Tür eilte, einen Schluck Tee abtrank und in hohem Bogen in den Garten spuckte. Das nehme dem Tee den bitteren Geschmack, wie sie sagte. Von heilender, esoterisch-spiritueller oder gar kartesischer Wirkung des Tees hielt sie nichts, es sei ein Tee wie jeder andere auch. Für uns war er etwas mehr, ein Schluck argentinischen Kults und fremder Kultur, ein Schluck der Gastfreundschaft und des Willkommenseins.

Wieder alleine, betrachteten wir die Klemme, in der wir saßen. Der verfehlte Campingplatz hatte uns die letzte Chance genommen, an Proviant zu kommen und vom Vorrat hing nüchtern betrachtet unsere weitere Planung ab. Beunruhigt in unserer Zwangslage, begannen wir die Speisekammern unserer Packsäcke zu durchwühlen und den Inhalt wie Wertgegenstände auf den Tisch zu legen: zwei Packungen

Trockennahrung als äußerste Notreserve, 200 Gramm Haferflocken, eine Miniatur-Dosenwurst, eine Handvoll Kekse, zwei Brötchen, eine Zwiebel und das für zwei Personen. Mir krampfte sich der Magen. Lange hielten wir Rat, ehe wir beschlossen, um Lebensmitteln zu bitten, allerdings nicht, ohne uns zuvor unserer hausfraulichen Pflichten, was Vorratshaltung anging, ins Gewissen geredet zu haben. Ein heiliger Akt unter Frauen.

Mit zwei randvoll gefüllten Körben schritt Roswita kurze Zeit später andächtig durch den Bambus-Vorhang unserer Hütte und erweckte den Anschein, sie bringe eine Opfergabe. Dabei lag der Dank bei uns. „Nehmt was Ihr davon braucht" verabschiedete sie sich und stellte die Körbe auf den Tisch. Wir fackelten nicht lange und begannen, in den Körben zu graben. Eier, Nudeln, Dosenwurst, Kohlrabi, Bananen, Orangen, Äpfel, und eine Packung Knabberei waren die Fundstücke, auf die wir stießen. Schätze, Glücksgüter und Rettungsanker.

Das Material an Kochutensilien, über das ich mich hermachte, war leicht zu überschauen. Es gab nur einen verbeulten Alu-Topf samt Deckel, in dem ich zuerst kochte und dann briet. Als Gericht stellte ich Nudeln mit Wurst, überbacken mit Ei, dazu Kohlrabi in Streifen zusammen. Öl wäre dabei eine unschätzbare Hilfe gewesen. Das schwierigste am Menü war tatsächlich, dass es kein Fett in der Hütte Hütte gab, weshalb ich planlos mit dem Holz-Löffel im Topf herumscharrte. Anstelle von braten begann alles zu trocknen und verklumpte zu einem weiß-gelb-rot gesprenkelten Konglomerat. Es war kein Gaumenschmeichler, den ich servierte. Schweigend spachtelten wir den Berg vor uns ab, einzig mit dem Gedanken, satt zu werden. Das Mahl rundeten Cracker als Nachtisch ab.

Im zittrigen Kerzenlicht begann sich dämmrige, feuchte Kälte in uns einzunisten und kratzte an unserer Hoffnung, anderntags abreisen zu können.

Trist und trübe brach der Morgen an, doch ich war mir nicht sicher, ob das kaum hörbare Rauschen Regen oder womöglich die Melodie eines nahen Baches war. In meiner Unschlüssigkeit bat ich Eva, die am Fenster lag, nachzuschauen. „Ich bin schon über fünfzig, ich geh da nicht raus!" lehnte sie kategorisch meine Bitte ab, wo sie noch nicht mal Stubenälteste war. Es regnete tatsächlich. Zögerlich begannen wir mit dem Frühstück, kochten Tee und schnitzelten Obst in die mit Wasser aufgeweichten Haferflocken. Gehen oder bleiben, schwebte über allem. Schließlich kamen wir zu dem Entschluss, entweder würde sich das Wetter entscheiden, oder eben wir.

In Anbetracht des Wetters war die Hütte ein Glücksgriff. Wir beglückwünschten uns zur heimeligen Cabana und bereuten nicht eine Sekunde, den Campingplatz verfehlt zu haben. Wie viel ungemütlicher wäre es jetzt, zusammengekauert unter nassen Stoffplanen zu liegen. Stattdessen strahlten die helle Holzverkleidung und der hohe Giebel freundliche Leichtigkeit aus und Zuversicht.

Eva hatte auf einem umlaufenden Wandregal eine runde Papierdose entdeckt, die mit Roswita beschriftet war und Holz-Puzzleteile enthielt. Es waren naturbelassene dünne Holzscheibchen, die zu einem Tier zusammengesteckt werden konnten. Könnte das vielleicht zum Unterhalt der Familie dienen? fragten wir uns.

Als es etwas aufklarte, schnappten wir die fast leer gegessenen Holzschalen und gingen durch das feuchte Gras am angeleinten Hund vorbei zum Wohnhaus um zu bezahlen. Man hatte auf uns gewartet und uns freundlich ins Haus gebeten.

Den Windfang schmückte eine muntere Ansammlung dieser filigranen Holzsäge-Kunstwerke in Form von Greifvögeln, Bäumen, Giraffen, Hund und Katze, mal flach, mal in Würfelform, manche mit Naturfarben bemalt und immer in bewundernswerter Detailtreue. Es war die Arbeit von Monaten, wie man uns sagte und die feinsten Stücke stammten vom 15-Jährigen Sohn. Und werkelte er nicht mit der Säge, hackte er im Calendula-Beet oder jagte Hühner durch den Garten.

Einen besseren Ort für Kunst hätte man sich in dieser abgeschiedenen Gegend nicht vorstellen können, das ganze Haus ein einzigartiges Kunstwerk. Holzverkleidete Wände mit eingepassten Galerien und gläsernen Präsentationsvitrinen, ein herrschaftlicher, den gesamten Raum dominierender Ofen, der mit den Sofas und den bunten, handgewebten Wolldecken darauf eine einladende Gemütlichkeit zauberte.

Raumhohe Regale, vollgepresst mit Bildbänden, in Gläsern waren Kiesel und Steine aufgeschichtet und die farbenfrohen Kappen einer ganzen Schulklasse hingen in Reihen neben- und übereinander. Ein ästhetisches Gesamtkonzept, eine wunderbare, sympathische Atmosphäre.

Roswita führte uns durch die ineinander übergehenden Räume und blieb in einer Nische plötzlich stehen. Mit gespanntem Blick holte sie ein verschlossenes Glas-Döschen mit weißem Pulver vom Regal und fragte erwartungsfroh was das wohl sei. Unschlüssig kramte ich in meinen aufgewühlten Gedanken, kam aber zu keinem sinnvolleren Ergebnis, als dem einer Droge, von dem ich mich schleunigst wieder verabschiedete und war froh, als sie mein gedankliches Suchen unterbrach. „Das ist Gold", posaunte sie triumphal in unsere Richtung, „unbezahlbares Gold" und nahm uns mit zu den Wannen. „Nickelbad" und „Kupferbad" blieb mir in Erinnerung, alles rein elektrolytische Vorgänge. Und zehn Schritte weiter lagen dann die Schmuckstücke, gesammelte Nussschalen, Blätter, Kletten und dergleichen, allesamt unter einer zarten Haut aus Gold, Silber oder Kupfer. Sie wirkten sehr filigran und zerbrechlich, was uns trotz echter Begeisterung davon abhielt, der Faszination zu erliegen.

Der Regen war kein Starthilfekabel am grauverhangenen Tag, der langsam und trostlos dahin schlich. Lange hatten wir die Abreise hinausgezögert, und es war schon Mittag, als wir endlich aufbrachen. Im Gästebuch hielt ich unseren Dank fest, wir verabschiedeten uns. Zufrieden setzten wir uns auf die Sättel, denn die beiden existenziellen Fragen hatten sich geklärt: die Familie hat ihr Auskommen und wir waren nicht verhungert.

Notcamping am Fluss

Die Wolken hatten die Farbe nassen Zements und der Lago Hermoso trauerte in seiner dunklen Weite unter den tiefen Schwaden glanzlos vor sich hin, als wir uns auf dem schmierigen, matschigen Weg zur Straße hinauf mühten. Eva machte mich auf eine Riesendogge aufmerksam, die auf einem nahen Grundstück wie eine Marmorstatue dasaß und auf der gegenüberliegenden Seite wartete ein Tramper-Pärchen auf Mitnahme. Mensch und Tier wirkten gleichermaßen energielos. Es war ein ungemütlicher Tag. Bleischwer thronte das trübsinnige Einheitsgrau über uns und ein leichtes Hungergefühl meldete sich auch schon wieder. Vesper hatten wir keines dabei. Immer wieder prasselten Regengüsse auf uns herab, die uns zum Unterstehen zwangen. Stückchenweise krochen wir voran und waren sehr erleichtert, als wir gegen 16 Uhr den Kiosk am Lago Falkner erreichten. Und wie auf Geheiß, blinzelte schlagartig die Sonne mit ihrem hoffnungsvollen Licht zwischen den Wolken hindurch.

Die Begrüßung schien dem Grau des Wetters angepasst, als man uns mit dem unfreundlichen Satz „Der Platz ist nur für Camper" empfing, da wir Anstalten machten, uns auf eine der dampfenden Bänke zu setzen. Da weit und breit niemand zu sehen war, der den Platz hätte beanspruchen wollen, erschloss sich uns der Sinn dieser Regelung nicht. Wir schlängelten uns durch den milchigen Plastikeingang des Kiosk-Vorzeltes und bestellten je ein Sandwich. Die unverhältnismäßig üppigen Exemplare mit Fleischküchle, Leberkäse und gebratenem Ei brachten uns physisch und psychisch wieder auf Vordermann, wir waren erstaunt, wie schnell das ging. Und während wir unseren Energieschub genossen, erholte sich auch die Sonne und flammte freudig aufs Plastikdach. „Der Pichi Traful hat geöffnet", schmetterte uns der Kioskbesitzer entgegen, als wir ihn nach dem nächsten Campingplatz fragten, denn dort wollten wir zelten.

Die Cabanas entlang des Weges lagen nicht in unserem Interesse, wir würden heute zum ersten Mal Zeltnägel in chilenischen Boden klopfen, ganz unspektakulär auf einem bewirtschafteten Campingplatz, direkt am See. Es dauerte auch nicht lange und wir erreichten nach einer sehr steilen, ruppigen Schotter-Abfahrt die Talsohle mit dem behäbig dahinfließenden Pichi Traful. Hätten nicht einzelne Brücken-Betonpfeiler das Bild verschandelt, es wäre ein überaus hübscher Platz gewesen. Auf einem Wiesenstück nah am Fluss standen zwei Zelte.

Auch wenn wir am heutigen Tag nur verhältnismäßig wenige Kilometer zurückgelegt hatten, fühlten wir uns durch die morgendliche Unentschlossenheit und das nasskalte Wetter ziemlich flügellahm und freuten uns sehr über das „Camping"-Schild, das an der Straße stand und schräg zur Seite zeigte. Das Schild kam gerade zur rechten Zeit, denn über uns brüteten erneut dicke Wolken, die nichts Gutes verhießen. Artig folgten wir dem Pfeil, der uns auf einen Weg führte, der immer holpriger wurde und schließlich versandete. Mühsam drückten wir die Räder noch ein Stück weiter, als auch schon die ersten Blitze am Himmel zuckten, die von fernem Donnern begleitet wurden. Kaum war das Grollen verstummt, segelten die ersten Schneeflocken herab. Es hatte noch mehr abgekühlt. Im Minischneetreiben bugsierten wir die Räder zur Straße zurück und entschlossen uns, zur Flussniederung und den zwei Zelten zu fahren.

So richtig gefiel uns der Standort nicht. Mir lag der Platz zu nah und zu niedrig am Wasser und Eva missfielen die anwesenden Camper, sie hatte auch noch nie wild gezeltet. Unschlüssig begaben wir uns auf Gebietserkundung, durchwanderten die holperige Wiese, durchstreiften ein kleines Wäldchen, zwängten uns durch dichtes Gestrüpp und standen plötzlich an einer hübschen Lichtung, die schöner nicht sein könnte. „Hier schlaf ich nicht!", verdeutlichte mir Eva unverblümt, dass ihr Erlebnishunger an diesem Tag bereits gestillt war. Wir verließen das reizvolle Plätzchen und stöberten wieder im vorderen Areal, wo schon oft gecampt wurde, was man an den erkalteten Brandplatten sah. Wurzeln, Kuhfladen, Steine, Dornen, zu klein, zu schräg, zu wellig, es gab fast nur Gründe, sein Zelt nicht aufzustellen. Doch der nahende Regen drängte uns eine Entscheidung ab, wir siedelten an.

Heute war Zelteinweihung, auf fünf Schritten naturbelassenen Grases. Unter den bedrohlich schwarzgrauen Wolken kramten wir fiebrig das Tannengrün aus dem Sack und beruhigten uns mit dem schon gut einstudierten Schema: Windrichtung prüfen, Plane auslegen, Zelt an den schmalen Seiten fixieren, Alugestänge in die Schlaufen einführen, abspannen, Leinen straffen und - wenn nötig - nachkorrigieren. Soweit die Theorie. Tatsächlich strauchelten wir schon bei den Zeltnägeln, der Beutel war weg.

Was im Ansatz bereits einer Verzweiflung glich, potenzierte sich zu einer wahrhaften Hysterie. In meinem aufgeschreckten Gedankengewühl rekapitulierte ich mehrmals, wie ich die leichtesten Nägel der beiden Zelte aussortiert und im Beutel verstaut hatte. Zu mehr Klarheit drang ich nicht. Angetrieben durch die brenzlige Wetterlage, flatterten wir kopflos über den Platz und suchten krumm gebeugt im Gras. Eva begann bereits panisch nach kleinen Stecken und Ästchen zu suchen. Und als wir schon gar nicht mehr an eine vernünftige Lösung dachten, schlich sich eine fatale Gleichgültigkeit in meine Gedanken ein, die mich augenblicklich beruhigte. Bedächtig nahm ich mir nochmals den Zeltsack vor, in dem tatsächlich der kleine Beutel steckte.

„Pass auf, Skorpione!" schrie mir Eva zu, als ich nach einem geeigneten Stein Ausschau hielt. Ungestüm hämmerte sie mit dem kantigen Brocken auf die dünnen, blau-eloxierten Heringe ein, als sich urplötzlich ihr Gesicht erhellte. Nicht, dass sie besonderen Gefallen am Nageln gefunden hätte, sie hatte ein Wohnmobil mit gelbem Kennzeichen entdeckt, das auf die Wiese gefahren war. „Schau, Holländer!" hatte sie in ihrer allgegenwärtigen Beklemmung gerufen und war augenblicklich ein anderer Mensch.

Während des Zeltaufbaus beobachteten wir deren Treiben und waren über die Aufgabenverteilung höchst verblüfft. Die umtriebige Großmutter wusch mit viel Wasser den staubigen Campingbus aus, der füllige Sohn saß entspannt im Führerhaus und rauchte, die nervöse Schwiegertochter wusch im Eimer erschöpft dreckige Bettlagen aus und die beiden Kinder zappelten losgelöst zum nahen Fluss. Auf diese Weise wollten sie ein Jahr lang den gesamten südamerikanischen

Kontinent bereisen, wie uns die Großmutter erzählte. Wir wünschten ihnen anderntags beim Abschied „Alles Gute" und meinten es ehrlich damit.

Auch bei uns herrschte Aufgabenteilung. Zelt einräumen war Evas Aufgabe und ich hatte mich um Trinkwasser zu kümmern. Mit einer Zwei Liter PET-Flasche machte ich mich auf den Weg zum nahen Fluss. Den hinteren Teil des Platzes kannte ich schon, ich ging bewusst noch viel weiter, um so sauberes Wasser wie möglich zu schöpfen, was bei dem trägen Gewässer zwar schwer vorzustellen war, aber es beruhigte mich etwas. Der Weg wurde zusehends schmäler, bog sich um Hecken und schlängelte durch hohes Gras, verlor sich unter niedrigem Geäst und fiel in einer Wurzelpassage schließlich steil zum Fluss ab. An einem leblosen Ast entlang schlitterte ich den krümeligen Hang hinab und stand auch schon am Ufer. Der feuchte, sandige Untergrund war mit Kieselsteinen gespickt und losem Geäst. Vorsichtig machte ich einen Schritt nach vorn, um ans Wasser zu gelangen, als sich auch schon eine Kuhle bildete, die sich blitzschnell mit Wasser füllte. Erschrocken machte ich einen Schritt zurück, um an einer anderen Stelle erneut mein Glück zu versuchen. Auf diese Weise erschuf ich lauter kleine Wasserlachen. Es hatte inzwischen so stark abgekühlt, dass ich nicht barfuß gehen wollte und nasse Schuhe war das letzte, was ich mir einhandeln wollte. Etwas ratlos begann ich, Äste und Stöcke zu sammeln, die ich zu einem wackeligen Gittergeflecht übereinanderlegte, in der Hoffnung die Konstruktion würde nicht brechen und auch nicht im Sand versinken. Alles musste ganz flink gehen, Fuß drauf, Flasche rein und fertig. Blöderweise sträubte sich die Flasche gegen das Untertauchen und zwang mich, meine Konstruktion nochmals zu versetzen. Stolz ging ich zum Zelt zurück, das Wasser war in der Flasche und nicht im Schuh.

Im schneidenden Wind, der tiefe, bleigraue Wolken an uns vorbeifegte, machte ich mich ans Abendessen. Auch das lag in meinem Resort, da sich Eva nach meinem missglückten Koch-Experiment kurz vor unserer Abreise, strikt weigerte, jemals wieder die Outdoor-Küche zu bedienen. Zu plastisch hatte sie das Missgeschick noch vor Augen.

Es war mir wichtig gewesen, im Voraus die Brenndauer einer Kartusche zu ermitteln und ich war mit meiner Fragestellung samt Feinwaage, Kochtopf, Spaghetti, Brenner und Schreibzeug unter spätherbstlichen Umständen auf den Balkon gegangen, um ja keine Brandflecke in der Küche zu produzieren. Penibel hatte ich den Topf mittig auf die filigranen Brenner-Ärmchen gestellt und das Feuer entfacht. Als Windschutz lehnte ich einen Klapptisch an die Balkonverkleidung.

Der Brenner fauchte, der Wecker tickte und das Wasser wurde schnell heiß. Kaum sprudelte es im Topf, fügte ich Salz und Spaghetti hinzu und wartete, doch bevor mein Experiment zu Ende war, war die gesamte Apparatur in sich zusammengekracht. Eva war in einem unbedachten Moment mit dem Knie an den Camping-Tisch gestoßen und hatte eine verheerende Kettenreaktion in Gang gesetzt. Der Klapptisch kippte mit Schwung auf den Topf, der Topf knallte dröhnend auf die Fliesen, der Deckel rollte scheppernd davon, heißes Wasser und elastische Spaghetti flossen glitschig heraus. Die Nudeln schleimten über den Balkon, schmierten durch die Balustrade und kippten als wirres Gemenge hinab in den Garten. Dort klebten sie wie Lametta im Gestrüpp und bündelten sich im Gras zu ellenlangen Würmern. Einige hingen hilflos am Zwischenbalkon, als Nachbar konnte man sich nur wundern. Es war alles so schnell gegangen. Das Thema Brenndauer war damit erledigt. Eva hatte erstmal den Nudeln einen Topf kaltes Wasser hinterher geschüttet, um sie aus ihrer Verankerung zu spülen, und war dann mit einer Schüssel unterm Arm in den Garten gehastet. Mit klammen Fingern nahm sie Nudel um Nudel aus dem Gebüsch und klaubte das klebrige Gewirr von der Wiese. Dass es bei dem Unfall keinerlei Schäden am Brenner gab, noch nicht mal eine Delle im Topf oder Deckel, grenzte an ein kleines Wunder. Dennoch waren wir missmutig in die Küche gestapft und hatten uns wie enttäuschte Kinder der unverfänglichen elektrischen Herdplatte zugewandt. Eva ging diese Angelegenheit also nichts mehr an.

Bevor ich loslegte, kamen zwei junge Männer mit großen Rucksäcken auf den Platz und bauten unweit von uns ihre dünnwandigen, fast durchsichtigen Leichtzelte auf, was mit drei, vier niederregenden Handgriffen blitzschnell erledigt war. Bald saßen sie sich in ihren bunten Daunenjacken frohgestimmt gegenüber und schnipselten Kleinzeug in ihr kleines Töpfchen, das so zierlich war, dass man sich ernsthaft Gedanken um ihren Ernährungszustand machen musste. Ob sie nun satt wurden oder nicht, bei uns gab es richtige Portionen.

Beim Zelten fühlte ich mich immer angenehm befreit von der erfinderischen Zubereitung einer appetitanregenden, pompösen Mahlzeit. Der sinnliche Umgang mit dem Abendessen erschöpfte sich in wenigen Handgriffen: Packung öffnen, Pulver in kochendes Wasser einrühren und fünf Minuten warten. Keine küchentechnische Finesse, kein großer Aromaschmaus, es ging einzig und allein um satt werden.

Der Wind wirbelte kreuz und quer über den Platz als ich den Kocher aufstellte und zwang mich mehrmals, die Küche umzusatteln. Mit dicken Steinen errichtete ich einen Schutzwall und schnippte zwei Mal die Piezzo-Zündung, die mir Zunder und Feuerstein ersparte, als auch schon das Fauchen eines professionellen Schweißbrenners gegen den Topf wütete. Sechs Minuten später klapperte der tanzende Deckel auf dem dampfenden Topf und war das klare Signal, das sandfarbene Pulver einzurühren. Heute gab es Vitamin unterstütztes Essen durch eine halbe Zwiebel.

Rittlings auf einem umgestürzten Baum hauten wir, berauscht von der abenteuerlichen Stimmung, in den geschmeidigen Camouflage-Kartoffeltopf rein. Eine behagliche Leichtigkeit lag über diesem Ort, die alle miteinander verband. In der kleinen Gemeinschaft, inmitten der Wildnis, fühlten wir uns, frei von Annehmlichkeiten, glücklich und geborgen. Tiefe Ruhe machte sich in uns breit, wie man sie im heimischen Alltag nur selten erlebt. In dieser friedlichen Stimmung vergaß man alle Vorsicht und prompt hackte Eva zu forsch in den banalen Brei und brach ihren Plastiklöffel entzwei.

Der dampfende Landeintopf hatte die Heizung in uns geweckt und wir fackelten nicht lange und zogen uns in die knappe Stoff-Hütte zurück. Auf Zähne putzen und waschen hatten wir großzügig verzichtet, Kälte und Nässe machen kompromissbereit. Wieder hatten wir an diesem Abend den richtigen Moment erwischt. Der Reißverschluss des höckerigen Zelts war gerade geschlossen, als dicke Tropfen aufs fadendünne Dach knallten und bald in einen Wolkenbruch übergingen. Welch ein Geräusch, Tropfen als unsere Sehnsuchtsmelodie, wie mir schien, denn Zelten und Regen gehörte bei uns wie selbstverständlich zusammen. Prasselnd lullte der Regen in schläfrige Monotonie, wohlige Wärme umhüllte uns im Schlafsack. Mit Ohrstöpseln im Ohr war die Welt um mich im Nu vergessen. Eva fühlte sich wie immer für sämtliche Geräusche verantwortlich.

„Stell Dir vor, was ich heute Nacht erlebt habe!" erzählte Eva am anderen Morgen in emotionaler Hast. In einer finsteren Stunde der Nacht hatte sie das heftige Bedürfnis geweckt, in die Büsche zu müssen, dem sie auch nachgegeben hatte. Raus aus dem Schlafsack, inneren Reißverschluss öffnen, Helmlampe gegen die Dunkelheit, Regenjacke gegen Nässe, Schuhe gegen Matsch nehmen, äußeren Reißverschluss öffnen und rauskriechen in die Nacht. Dort war sie dann allerdings nicht alleine. Fünf kraftstrotzende Jungbullen mit weit aufgerissenen Augen standen auf der vom Mond beschienen Wiese und gafften sie staunend an. Im Eifer des Dranges war sie ängstlich an der unangenehmen Schar vorbei geschlichen und hatte erst weit hinter einem Gebüsch die nötige Ruhe gefunden, ihrem Bedürfnis nachzugehen. Als sie sich wieder auf den Rückweg machte und das Zusammenspiel aus Bullen, Zeltschnüren und Kuhfladen zu meistern hatte, war sie durch den Hindernislauf derart aufgeputscht, dass sie noch lange hellwach im Schlafsack lag und darüber sinnierte, ob Kühe auch über schrägen Stoff steigen können.

Der Karakara kam wie gerufen

Zum Tagesanbruch hatte der Regen gestoppt, tausende Wassertropfen zitterten auf den Gräsern. Eine leichte Regenkühle lag frisch in der Luft, als wir im schattigen Morgen unser Frühstück zubereiteten: Haferflocken an kaltem Flusswasser, garniert mit Apfelschnitzen dazu Schwarztee.

Die Sonne kam spät über die Berge und zögerte noch lange mit Kraft und Wärme, alles wirkte wie stumm und angehalten. Auch wir zeigten dynamisch noch wenig an diesem Morgen. Steif und ungelenk setzten wir uns aufs voll bepackte Rad und kurbelten temperamentlos über das lose Geröll den steilen Hang zur Schotterstraße hinauf. Wir schleppten uns mehr voran, während eine Gruppe junger Rinder im nahen Wald schon längst ihren gewohnten Tagesrhythmus gefunden hatte. In solchen Momenten redeten wir uns gut zu, dass man sich immer erst warm fahren müsse. Auch Ablenkung tat gut. Einmal entdeckten wir ein hohes, abgeknicktes blaues Plastik-Rohr mitten im Wald, aus dem verschwenderisch viel Wasser herab schwallte. Wem das wohl diente?

Und auch der Rio Pichi Traful, unser Wasserspender und treuer Begleiter, tat uns gut, der in weiten Schlingen vor sich hin mäandrierte, sich mal kurz entfernte, dann aber wieder zur Straße zurückkehrte, wo er ganz friedlich neben uns her plätscherte. Später krümmte er sich ungestüm im Gelände und als ihm die Straße zu langweilig wurde ringelte er sich endgültig davon.

Blühende Blumenpolster erfrischten jetzt als gelbe Farbkleckse das Bankett. Die Straße verlief wellig, ohne dass man viel an Höhe gewann oder große Talsohlen durchfuhr, und doch war es ein stetes Auf und Ab. Wenn ich zurückschaute, erschien und verschwand Evas roter Helm hinter den kleinen Erhebungen und tanzte rauf und runter wie eine Murmel in der Kugelbahn.

Wir fuhren auf Schotter und bezogen die übliche Ration an kleinen Gehirnerschütterungen. Auch die Räder leisteten Höchstarbeit. Klagende Speichen, klirrende Steine, schlagende Kette, polternde Taschen und scharrende Reifen begleiteten uns bei jedem Tritt. Es war der übliche Chor auf Schotter, der uns begleitete, Schotter mit seinen vielen Gesichtern. Es hatte gedauert, bis wir uns daran gewöhnt hatten, an das unrunde Fahren, den Widerstand der Straße, das Hoppeln auf dem Sattel und an die langsame Geschwindigkeit, mit der wir nur vorankamen. Rüttelnd kämpften wir gegen den steinigen Untergrund und ließen viel Kraft auf der Straße. Je länger die Abschnitte gingen, umso mehr gewöhnte man sich daran, umso vertrauter wurde uns der „Ripio", das erdige, naturverbundene und konzentrierte Fahren. Jede noch so kleine Gelände-Falte, jedes Loch und jede Kerbe merkte man doppelt. Schotter als Herausforderung, entweder man mag ihn oder eben nicht.

Am Straßenrand standen große, gelbe Baumaschinen, ein untrügliches Zeichen für Straßenbaumaßnahmen. An manchen Abschnitten war die Schotterschicht schon abgetragen und der Untergrund planiert. Lange würde es nicht mehr dauern bis auch dieser Abschnitt mit einer durchgehenden Teerschicht versiegelt war.

Beiläufig machte mich mein Popo darauf aufmerksam, was mir schon längst bewusst war, dass ich auf einer groben, holperigen Straße unterwegs war. Es gibt Tage, da weiß man schon beim Anziehen, als würde sich eine unerforschte Gesetzmäßigkeit dahinter verbergen, heute klemmt die Hose. Und solch einen Tag hatte ich erwischt, wo auch das übliche Salben mit Melkfett keine Linderung brachte. Zwicken, drücken, brennen, stechen – die Hose gab einfach keine Ruhe. Dabei war das Polster noch lange nicht verschlissen. Etwas weiter nach links rutschen oder nach rechts, weiter zurück, ein bisschen an der Hose zupfen, die üblichen Kniffs eben, sie halfen heute nicht. Unruhig fuhr ich die Strecke entlang, fand keinen Rhythmus und keine klare Spur. Womöglich war meine zappelige Fahrweise sogar manchem Autofahrer aufgefallen und er hatte die richtigen Schlüsse daraus gezogen. Dass sich aber die Vogelwelt für mich interessierte, hätte ich nicht gedacht.

Lustig, wie der kleine, stolze Karakara auf seinen gelben Füßen plötzlich aus dem nahen Bambus-Wäldchen herausstolziert kam. Um die Beine trug er ein dunkles Federkleid, gerade so, als hätte er Bermudashorts an und über dem gelben Schnabel thronte eine Haube wie ein schnittiges Käppi. Ein hübscher Falke, der einzige auf unserer gesamten Reise. Er schien gerne zu wandern, denn er machte keinerlei Anstalten, zu fliegen. Mal hüpfte er voran, mal kam er schreitend näher. Vorsichtig stieg ich vom Rad und ging gespannt in die Hocke. Er war mutig und als er mir auf dem Grünstreifen am nächsten war, schwenkte er aufgeregt den Kopf hin und her. Fragend beäugte er mich, aber ich verstand ihn nicht, erst hinterher. Er kam als Engel an diesem Tag. So überraschend wie er gekommen war, machte er plötzlich kehrt und verschwand fidel nickend im schützenden Unterholz. Was war das? Ich hatte ihn nicht um Hilfe gerufen, den kleinen Karakara, doch als ich mich wieder in den Sattel schwang, waren meine Sitzbeschwerden wie weggeblasen. Vielen Dank, kleiner Falke. Nur das Nieselwetter hatte er nicht mitgenommen.

An einer kleinen Einbuchtung am Lago Correntoso standen zwei junge Radfahrer, von denen der ältere der beiden um ein gemeinsames Foto bat, nachdem er seine vom Kopf gewehte Kappe wieder eingesammelt hatte. Die Hände des Jüngeren, der in kurzer Hose und T-Shirt fuhr, waren schwarz wie die Nacht. Seine Kette war gerissen, wie er uns erklärte und er hatte sie nur notdürftig reparieren können und auch die Schaltung ging nicht mehr. Die Gesellschaft der beiden Jungs war herzerfrischend, wie sie lächelnd alles nahmen, was da kam und unbekümmert, in Leichtigkeit ihre Fahrt genossen. Ratternd kurbelte er im größten Gang davon, nachdem wir uns verabschiedet hatten, in Richtung Villa la Angostura und hätte sich nie und nimmer die gute Laune vermiesen zu lassen.

Als wir weiterfuhren, setzte starker Regen ein, der von heftigen Windböen schräg übers Land gepeitscht wurde. Schnell verdrückten wir uns unter eine Brücke, die über den Rio Ruca Malen führt. Einen hübscheren Blick hätten wir uns von der zugigen Stelle aus kaum vor stellen können. Unerwartet intensiv leuchtete das türkisfarbige Wasser und kontrastierte mit den modrigen Stümpfen einer längst verfallenen Brücke, die aus der Mitte des Flusses ragten, zu einem ungewöhnlich surrealen Gesamtbild. Hinter einem schützenden Strauch packten wir gerade unsere Vesper aus, als auch schon die Jungs mit der Panne kamen. In strömendem Regen knüpften sie ihren zerbeulten Suppentopf vom Rad, schöpften Wasser aus dem nahen Fluss, sammelten umliegende Holzästchen für ein kleines Feuer und gönnten sich etwas Warmes. So viel Zeit investierten wir tagsüber nie, was uns ziemlich beschämte und auch neidisch machte. Denn nichts harmoniert so gut wie nasskaltes Wetter und eine heiße Suppe.

Frauen lieben es, allem und jedem einen Namen zu geben, wir schließen uns gerne damit ein. Mit Namen entstehen automatisch Beziehungen und wie in jeder Beziehung gab es auch schon in meiner Mensch-Rad-Beziehung die eine oder andere Delle. Beispielsweise strafte ich mein Fahrrad Pudu – es bekam diesen Namen, weil wir so gerne durch dichte, dunkle Wälder fahren – mit monatelangem Platz auf dem Hochregal ab, nachdem es mich an einem steilen Waldstück auf schneebedeckter Eisschicht abwarf und achtlos verletzt liegen ließ. Lange hatte ich mir überlegt, die Beziehung für immer zu beenden. Aber irgendwie hatte mich Pudu wieder rumgekriegt und jetzt waren wir sogar zusammen in Südamerika. Wir staunten nicht schlecht, als plötzlich „Pudu" auf einem blauen Schild stand. Gerne hätte ich ihm alleine diese Aufmerksamkeit zu teil werden lassen, denn es hatte mit uns bis jetzt wunderbar geklappt. Tatsächlich galt die Aufforderung den Autofahrern, auf Pudus Acht zu geben, die hier nachts die Straße queren. Automatisch fühlte auch ich mich mehr in Schutz genommen, bei all der wilden Raserei.

Kreuzungen sind eine Herausforderung, wenn man sich für keine Richtung entscheiden kann. Als sich die Straße unnötigerweise verzweigte, waren auf einem Schild lauter kleinräumige Ortsbezeichnungen zu lesen und ich fragte mich, was es so erschwert hatte, „Villa la Angostura" darauf zu schreiben. Wir trauten uns nicht, die 1:1,6 Millionen-Maßstab-Karte aus der Tasche zu ziehen, aus lauter Angst, sie könnte im böigen Wind Schaden nehmen. Wir hatten aber auch leise Zweifel gehegt, ob sich die Karte mit solch einer kleinen Kreuzung überhaupt abgeben würde. Unschlüssig harrten wir noch eine Weile unter der ungnädigen Wolkendecke aus, als auch schon ein Auto vorfuhr und auf mein Handzeichen hin anhielt. Es muss wohl an uns gelegen haben, dass er seiner Freude derart freien Lauf ließ, gerade so als wären wir Schulkameraden, die sich schon viele Jahre nicht mehr begegnet waren. Womöglich hatte er noch nie ältere Damen mit Gepäcktaschen am Rad gesehen, vielleicht war man hier aber auch einfach so. Wie dem auch war, wir mussten uns links halten, erklärte er uns in seinem Überschwang und dass es gar nicht mehr weit sei nach Villa la Angostura.

Als letzte Hürde nagte der Paso Cardenal Samore an unserer Ungeduld, und Wald. Es dauerte, bis wir wieder freie Sicht hatten. Drohender Platzregen trieb uns mächtig voran und als wir den Nahuel Huapi-See erstmals zaghaft durchs Gebüsch schimmern sahen, waren wir sehr erleichtert. Kurze Zeit später standen wir am „mirador" und bewunderten seine Größe und Wildheit. Aufgestachelt durch giftige Sturm-Böen und rasende Wolkenberge, schäumte auch er sein Unbehagen krachend ans Ufer.

Wasserdicht in Goretex-Kleidung verpackt rotierten wir den Hang hinab, als sich doch noch ein Wolkenbruch über uns ergoss. Sturzbäche schossen an uns vorbei und ich wusste nicht, ob mehr Wasser von oben oder von der Straße kam, mit dem wir uns einsudelten. Mit glucksenden Schuhen betrat ich im Ort die Touristeninformation, wo man mir freudestrahlend die Wegbeschreibung gab, zur Cabana, drei Straßen weiter. Nässe schien hier normal zu sein.

Besuch bei der kalten Dame

Das Ferienhaus, in das wir einzogen, war eine Blockhütte in familientauglichem Ausmaß, purer Luxus auf zwei Stockwerken, alles gab es doppelt.

Wir pressierten unters heiße Wasser und wuschen Schweiß, Dreck und Kälte zweier Tage ab. Erst dann fühlten wir uns wieder zu allem bereit.

Am höchsten unfallfrei erreichbaren Punkt über der Treppe knüpfte ich das feucht-weiche Zelt zum Trocknen auf, von wo es wie ein im Geäst verhakter Fallschirm mit roten Schnüren ins Untergeschoß baumelte. Und mit aneinander gebundenen Rebschnüren erschufen wir ein wirres Gebilde quer zum Wohnzimmer, an dem wir unsere regennasse Kleidung aufhängten.

Ein großvolumiger Feuerlöscher neueren Datums im Wohnzimmer ermunterte uns, das wahrscheinlich gefährlichste Gerät im ganzen Haus zu benützen, einen Heizstrahler. Der Heizstrahler hatte die furchterregenden Ausmaße dreier Küchen-Hängeschränke und hing an der Kopfseite des Treppenabgangs. Als ich ihn mit einem heftigen Ruck anwarf, erwachte er in bedenklich dunklem Blutrot, ging dann aber schnell in unheilvolles Weiß über. Er feuerte, als sollte er Aluminium schmelzen, wo es uns lediglich darum ging, die Wohntemperatur etwas zu überschlagen. Der Heizstrahler kannte nur an oder aus und leitete derart gigantische Hitzewellen ab, dass wir als Vorsichtsmaßnahme in wechselnden Schichten immer mal wieder in der heißen Ecke auf und ab patrouillierten. Der Kleidung wurde die Feuchtigkeit geradezu entrissen und auch bei uns schlich sich leibwarme Gemütlichkeit ein. Durchwärmt wandten wir uns den Radtaschen zu, packten alles aus und entledigten uns mit diesem Akt endgültig des Gefühls, Durchreisende zu sein. Wir hatten ein Zwischenziel erreicht, die kalte Dame Villa la Angostura.

Draußen schüttete es ununterbrochen und kälter wurde es auch, wie wir dem Radcomputer auf dem Balkon entnahmen. Wir mussten einkaufen. Ohne Schirm war man bei diesen Bedingungen ziemlich aufgeschmissen, auch wenn der „Supermercado" nur einige Hundert Meter entfernt lag. Hurtig flitzten wir in unserer Regenaufmachung die Straße entlang und obwohl mir das Wasser strömend übers Gesicht rann, entgingen mir in meiner gebückten Haltung die Aschereste nicht, die grau im Kandel klebten. Ein Überbleibsel aus schrecklichen Tagen, als die Stadt 2011 unter einer 30 Zentimeter dicken Staubschicht des ausgebrochenen Vulkans Puyehue Caulle lag.

Im unberechenbar großen Supermarkt vergaß ich alles, was mir jemals heilig war, da mich urplötzlich der Hungerast packte. War es schon unvernünftig, ausgehungert, ohne Einkaufszettel in ein Lebensmittelgeschäft zu gehen, trieb es mich in meiner Not nun direkt zu den Backwaren, wo ich eine Packung süßer Stückle dem Regal entriss und sogleich verdrückte. Erst danach konnte ich einigermaßen Vernunft gesteuert an Vorrat denken.

An Mate-Tee-Regalverzweigungen entlang landeten wir in der Obst- und Gemüseabteilung, wo mir ein junger Herr auffiel, der sich gelangweilt mit seinem Handy beschäftigte, während seine Frau den Einkauf erledigte und ich nahm an, er könne mir bestimmt die aktuelle Wetter-Vorhersage mitteilen. Er tat es gerne. „Regen, Regen, Regen" klatschte er mir die deprimierende Prognose so freudig ins Gesicht, dass ich mich erneut darin bestätigt sah, in Villa la Angostura kennt man überhaupt kein schlechtes Wetter. Etwas weniger euphorisch wandelten dagegen wir zur hintersten Abteilung, wo es ausschließlich um Fleisch ging.

Silvester in Argentinien ist gleichzusetzen mit einem „Asado", einem großen Grillfest, wo aufgespießte Tierleiber über Stunden vor sich hin garen. Auch wir wollten an diesem Ritus teilhaben.

Die Metzgerabteilung glich einer bis unter die Decke gefliesten, weißen Waschküche, in der rote Fleischbrocken hinter einer Glastheke lagen und ein zweifarbiges Arrangement in rot und weiß erschufen. In diesem Kabinett agierte ein erhitzter, aufgedrehter Metzger. Das auffallendste in dieser Metzgerei aber war, dass es keine Tabletts mit Schnitzeln, Steaks und Hälsen gab, die stundenlang vor sich hin safteten, hier gab es nur dunkelrote Fleischbrocken, mal mit, mal ohne

Fett. Ob es sich dabei um Oberschale, Hohe Rippe, Hals oder Bug handelte und ob es von einem weiblichen Fleckvieh oder einem aromatischen Weideochsen stammte, konnten wir nicht erkennen. An der Wand hingen zwar bunte Metall-Tafeln, die alles erklärten, aber richtig schlau wurden wir nicht daraus. Die eine Tafel zeigte ein Rind puzzleartig in nummerierte Fleischregionen zerteilt, auf einer anderen standen die Preise. Ungeschickt nur, dass wir die Fleischbrocken nicht den Puzzleteilen zuordnen konnten und deshalb auch nicht die Preise den Fleischbrocken. Manchen Kunden in der langen Schlange, die während unserer gedanklichen Orientierungs-Studien bedient wurden, erging es womöglich ähnlich, doch da man gleich halbe oder ganze Tiere mitnahm, fiel das nicht auf. Zumindest bei den Tierleibern ging uns ein Licht auf. Schon am Supermarkteingang waren uns die krückstockartig ausgebeulten Plastiktüten in den Einkaufswägen aufgefallen, die bockbeinig überm Rand hingen. Jetzt wussten auch wir was sich dahinter verbarg: Schlachtvieh für den Grill.

Aufgepeitscht hantierte der Metzger in seinem Geflies, zerteilte Fleischtrümmer und warf den Rest in hohem Bogen in die Auslage zurück, wo sie schmatzend aneinander klatschten. Schneiden, werfen, nächster Kunde, so war sein Rhythmus, bis er plötzlich im Kühlraum verschwand und mit einer Tierhälfte auf der Schulter zurückkehrte. Bis dahin hatte ich die deckenhohe Knochensäge noch gar nicht bemerkt, auf die er das Tier legte. Nachdem er den Knopf an dieser blutbespritzten Bandsäge gedrückt hatte, jubelte sie sich zu ihrem hochtönigen Singsang auf, als er auch schon begann, rhythmisch das Tier ans Blatt zu schieben. Schnitt für Schnitt teilte er den störrischen Brustkorb zu einem Fächer auf, um ihn fürs Eisenkreuz gefügig zu machen. Das Hölleninstrument ersetzte wahrscheinlich ein Hackebeil, denn das gab es keines in der Metzgerei. Kaum war die Sägerei beendet, holte er für den nächsten Kunden ein ellenlanges Messer und schnitt sechs große Rinds-Rouladen absolut identischer Dicke von einem mächtigen Bollen Fleisch ab. Der Mann war geübt.

Eine junge Frau unterbrach unser Staunen und machte uns auf ein Kästchen an der Wand aufmerksam, ein Nummern-Apparat wie im

Stuttgarter Finanzamt. Mit der gezogenen 113 waren wir unserem Fleischwunsch ein beträchtliches Stück nähergekommen. Pragmatisches Ausharren in Warteschlangen scheint tief in der argentinischen Mentalität verwurzelt zu sein, gelassen geduldete man sich, bis man drankam. Wir dagegen drehten unruhig ab und nutzten die Zeit, weitere Lebensmittel in den Wagen zu häufen.

Sowohl Backofen als auch gemauerter Balkon-Grill unserer Blockhütte wären bestimmt in der Lage gewesen, größere Tierleiber zu bräunen, doch wir begnügten uns mit Steaks aus der Pfanne, unser Damen-Asado, wie wir es nannten. Als wir zum Metzger-Abteil zurückkehrten, hatten wir genügend Zeit damit verbracht, an unserer Bestellung von sage und schreibe zwei Angus-Steaks zu feilen. 113 war dran. Mit dem eingeübten Sätzchen klappte es wunderbar, der Metzger griff zu Messer und Fleisch. Als er dann aber das Messer ansetzte, sah es eher nach einem Sonntagsbraten aus, was Eva zu erregtem Protest veranlasste, der jedoch glattweg verhallte. Längst hatte der Fleischer bestimmt, wie dick ein Steak zu sein hat und schnitt einfach ab. Wir hatten nicht vor, hier peinliche Momente zu feiern und dennoch belustigten wir die Wartenden sehr. Als Eva auch noch fragte, wie lange die Bratdauer denn sei und er mit „jede Seite eine Minute" antwortete, war das Gelächter groß. Die Steaks waren dick wie eine Faust und so blutrünstig sahen wir eigentlich gar nicht aus.

Die beiden Schlafzimmer im Untergeschoss unserer Cabana hatten die fröstelige Temperatur eines Schloss-Weinkellers, was uns dazu brachte, uns nach dem Einkauf schlotternd dem kleinen Gasofen zuzuwenden. Kältestarr buckelte ich mich zu den Knöpfen des Anlassmechanismus hinunter, die in Fußboden Nähe hinter einem kleinen Türchen versteckt waren. Es sah so vertraut aus, ein Drehknopf mit Stern und Ziffern, ein Drücker und ein Hahn für die Gaszufuhr waren auch da. Drücken – drehen – schießen, alles schreiend einfach. Drücken – drehen – schießen, ein zweites Mal, dann ein drittes und so weiter, bis die Finger schmerzten. Da sich nichts tat, verdunkelte Eva das Zimmer, ich legte mich auf den ausgekühlten Boden und beobachtete. Nichts ereignete sich, kein Zischen, kein Funke und erst recht kein Flämmchen waren zu sehen. Wir verließen uns auf die Daunen-Schlafsäcke.

Am anderen Morgen goss es in munteren Strömen als wir aufwachten und so sollte es den Tag über auch bleiben. Der Regen erleichterte unsere Entscheidung, mit dem Bus nach San Carlos de Bariloche zu fahren, denn selbst bei schönem Wetter wären die 160 Kilometer eher eine Hatz als ein besonderes Vergnügen gewesen, und da waren die wilden Stürme noch nicht einkalkuliert. Der Regen machte uns deshalb keinen lästigen Strich durch die Rechnung, wir würden den Überlandbus um 9:15 Uhr nehmen und hätten mehr Zeit zur Besichtigung.

Mit den eisenbewehrten Radschuhen klickerten wir den Hang hinunter zum Busterminal, wo der Bus schon stand. Wir hatten uns für Radschuhe entschieden, da sie uns wetterfester erschienen als die luftig-leichten Stoffturnschuhe, auch wenn es im Moment eine Regenpause unter dem wolkenverhangenen Himmel gab. Im Bus war es warm und gemütlich und kaum war er angefahren, erschien über der Fahrerkabine ein rotes Lauflicht, das die Geschwindigkeit anzeigte.

Auf leicht welligem Terrain raste der Bus dahin, doch es kam mir nur deshalb wie ein Höllentempo vor, da ich die langsame Radgeschwindigkeit inzwischen verinnerlicht hatte. Tatsächlich hielt sich der Fahrer die gesamte Strecke über exakt an die vorgeschriebenen 90 Km/h.

Anfangs ging es durch Waldgebiet und erst als wir die „Bahia Manzano" erreicht hatten, schwenkte die Straße zum See hin, zur „Insel des Jaguars", wie er auf Mapudungun heißt. Mir kam er eher wie ein großer Krake vor, der sich zwischen zweitausend Meter hohen Gebirgsstöcken müde ins Gelände gelegt hat. Das Wetter klarte auf, je südlicher wir kamen, umso sonniger wurde es. Kurz vor Bariloche mündeten wir in die R 40 ein, wo sich schlagartig die Vegetation veränderte. Wir fuhren durch Steppenlandschaft und waren gespannt auf die Stadt der „Menschen hinterm Berg", wie Bariloche in indigener Sprache heißt.

Nach Bariloche zieht es Touristen aus aller Welt, ich hatte sogar den Eindruck, die Jugend versammelte sich hier. Ein Bus nach dem anderen entließ junge Menschen und sie waren, wohl um sich nicht zu verlieren, busspezifisch uniformiert gekleidet. Aus dem einen Bus kamen schwarzweiß karierte Jacken, aus einem anderen grün-weiß-rot gestreifte und aus dem nächsten rotblau gemusterte. Diese Uniformierung war mir dann doch etwas zu viel, wir zogen los in Richtung Schokolade.

Schokolade beherrscht das Thema dieser Stadt, wie man sofort erkennt und treibt die Geschäfte-Inhaber zu erstaunlichen Kapriolen. Beispielsweise stand vor einem Laden eine lächelnde Oma mit einem überlaufenden Schokolade-Topf in den Händen, natürlich aus Plastik. Die Konkurrenz war nicht zu übersehen, Schaufenster reiht sich an Schaufenster mit nichts als Schokolade. Manchmal zu hohen Bergen aufgetürmt, manchmal verpackt, in Gestaltung und Größe, wie wir sie noch nie gesehen hatten: urwüchsige Baumstämme, abgelöste Rinde, lange, gefüllte Stangen, faustgroße Kugeln, wuchtige Tafeln, ein- oder mehrfarbig, mit Früchten, Nüssen, mit Raspeln bestreut oder überzuckert. Die Dimension der Exemplare erweckte den Anschein, es handelte sich um vollwertige Mahlzeiten.

Schon nahm mich Eva dem süßen Sog folgend am Ärmel und zog mich ins nächste Geschäft. Beim Genuss eines Schokolade-Brockens redeten wir uns ein, dem Zauber der Stadt etwas näher gekommen zu sein, den Schweizer Einwanderer einst entfacht hatten. Und doch war der Geschmack sehr ungewohnt, die Konsistenz fremd. Wir vermissten den zarten Schmelz, der die Liga der Schokolade sonst bestimmt.

Das „Centro civico", das Bürgerzentrum Bariloches, wo sich Tuffsteinhäuser im Alpenstil kreisförmig aneinanderschmiegen, gilt als der repräsentative Platz der Stadt. Die rustikalen Fassaden mit bäuerlichen Klappläden und gezimmerten Balkonen aus Lärchen- und Zypressenholz verströmen Schweizer Charme und ergeben mit den kleinen Gauben, den Schieferdächern und Arkaden ein sympathisches alpenländisches Gesamt-Ensemble. Das Zentrum wurde bereits 1940 eingeweiht und gilt schon heute als historisches Monument.

Auf dem mosaikbelegten Platz davor stand ein Weihnachtsbaum aus weißen, ornamentverzierten Plastikbahnen, die wie eckige Röcke übereinandergestapelt waren. Und um den Alpenflair Bariloches noch zu unterstreichen, taperten vor dem Weihnachtsbaum Bernhardiner-Hunde mit Schnapsfässchen umher, fotografieren nur gegen Bezahlung möglich. Auch wenn diese touristischen Auswüchse sehr abstoßend wirkten, war es unmöglich, sich dem Charme dieser Stadt zu entziehen.

Wir gingen zum Ufer des Nahuel Huapi, wo unaufhörlich Welle auf Welle ans Ufer klatschte und dem schäumenden See sein rhythmisches Rauschen gab. Flatteriges Gebüsch wurde von Böen niedergedrückt und wuchs schräg wie eine Föhnfrisur davon. Über diesem Szenario hebt sich die strikt nach Osten ausgerichtete Nuestra Senora del Nahuel Huapi-Kathedrale in neogotischem Stil markant vom dörflichen Stil der Umgebung ab, thront wie eine Festung und macht mit ihrem Kontrast aus weißer Fassade und Schwarzem Dach betont auf sich aufmerksam.

Der außergewöhnliche Kontrast setzt sich im Innern der Kathedrale fort und lebt vom zurückhaltenden Grau der Steinwände und des bernsteinfarbigen Holzes. Spotlichter bringen Sitzbänke, Beichtstuhl und geschnitzte Figuren zum Leuchten, und auch die vielen Motiv-Fenster mit ihren Themen erzeugen ein fantastisches Licht. Für uns war die Kathedrale ein willkommener Rückzugsort an diesem windigen Tag, ein Ruhepol inmitten des Trubels.

Wir hatten den südlichsten Punkt unserer Reise erreicht, der ideale Zeitpunkt, ein erfreuliches Zwischen-Fazit zu ziehen. Trotz der unüberbrückbaren Nord-Süd-Irritation, waren wir nie der steten Verlockung erlegen, uns in der Fahrtrichtung zu verhaspeln, Ambition und Ergebnis stimmten wunderbar überein. Und als wir auf diesen herrlichen See mit der knatternden argentinischen Fahne blickten, verspürten wir eine innere Gelöstheit, ein Gefühl von Erleichterung, das wir mitteilen wollten. Wir kauften Postkarten, die alle paar Meter angeboten wurden und wunderten uns über die Widersprüchlichkeit in dieser touristischen Stadt, keine einzige Briefmarke beschaffen zu können.

Stadtbesichtigungen können Füße ungeheuer ermüden, mit den eisenhart besohlten Radschuhen war sie sogar eine regelrechte Tortur.

Ermattet waren wir durch die Straßen gelahmt, und hatten den Eindruck, wer weiß was geleistet zu haben. Inzwischen war es später Nachmittag geworden, wir waren durstig und müde. In einem Lebensmittelgeschäft kauften wir Getränke für die Heimfahrt, wo wir zum ersten Mal eine Sozialkasse entdeckten, an der nur Kunden mit Sozialschein abkassiert wurden.

Die Buslinie 20 – hatte man uns erklärt – fährt zum außerhalb gelegenen Bus-Terminal und die Haltestelle war auch gleich gefunden. Viele Linien fuhren von diesem geschäftigen Platz aus ab, wo sich mittlerweile Menschentrauben gebildet hatten. Inmitten der kunterbunten Melange aus Passagieren drückten wir uns in unseren Bus, nachdem er in die Haltestelle eingeschwenkt war. Der Bürger will nach Hause, hatte es den Anschein. Brav reihten wir uns in das stehende Gewoge ein, baumelten im Verbund an Halteschlaufen und setzten uns, als der Bus leerer wurde.

In meinem entspannten Lebensgefühl hatte ich mich geistig längst von meiner sozialen und topografischen Umgebung gelöst und wäre liebend gerne schläfrig sitzen geblieben. Doch wir fuhren in die falsche Richtung, wie mir Eva giftig ins Ohr schrie. Überstürzt hasteten wir zur Tür und verließen bei der nächstbesten Gelegenheit fluchtartig den Bus. Nun standen wir an einem Stück unbesiedelter Straße, wo es weder Bushaltestelle noch Wartehäuschen gab. Übertriebenes Nachdenken hätte uns womöglich noch stärker durcheinandergebracht, weshalb wir uns, wie wir das inzwischen gelernt hatten, einfach auf die gegenüberliegende Straßenseite stellten und abwarteten. Tatsächlich stoppte der Bus keine zehn Minuten später und nahm uns mit. Da wir keine Fahrkarten hatten, ging ich – ebenfalls wie gewohnt - zum Busfahrer, der mit mir jedoch nichts anfangen wollte und nach hinten schickte. „Touristen fahren umsonst", war mein erster Gedanke und ich wollte am Terminal gerade aussteigen, als mich der Fahrer doch noch zurück kommandierte, um den Fahrpreis abzukassieren. Manches blieb mir unverständlich.

Die Wartehalle des Busterminals war voller müder Menschen. Um nicht einzunicken, schrieb ich sechs Postkarten. Draußen hatte der

Wind hörbar aufgefrischt, Wolkenberge zogen auf und brachten die Sonne mehr und mehr ins Hintertreffen. Der Bus traf ein, ich machte es mir gemütlich und schon fielen mir die Augen zu. Ich ließ es zu bei der Busfahrt und konnte in Begleitung dem Erholungszustand nichts Schlechtes abgewinnen, auch wenn mir dabei so manches Erlebnis durch die Lappen entging.

„Es fing mit dunkelgrauen Wolken an", erzählte Eva ganz aufgeregt, als ich aus meinem Tiefschlaf erwachte und mich über das laute Trommeln auf das Omnibus-Dach wunderte. Vom Sturm getrieben seien sie in dramatischer Zusammenballung von Westen hereingezogen und hätten sich zu einem furchterregenden Gebirge übereinander getürmt. Finster sei es geworden und kalt. Und dann habe ein fürchterlicher Wolkenbruch begonnen mit orkanartigen Böen. Wassermassen seien derart heftig gegen das Chassis gepeitscht worden, dass der ganze Bus wankte. Der Fahrer konnte selbst bei höchster Wischerstufe kaum mehr etwas sehen und war nur ganz langsam weitergefahren. Sogar das Radio habe er ausgeschaltet. Und in diesem wüsten Unwetter hätte er auch noch anhalten und ein Fahrrad im Gepäckschacht verstauen müssen, nachdem ihm drei völlig durchnässte Männer ein Zeichen gegeben hatten.

Noch immer schlierte der Regen wie eine Klarsichthülle über die Fenster und verstärkte mein freudiges Gefühl, im Trockenen zu sitzen. Doch das war nur von kurzer Dauer, denn auch in Villa la Angostura prasselten noch Regengüsse auf uns herab und fegte uns kalter Wind ins Gesicht. In Regenkleidung hasteten wir fluchtartig nach Hause wo wir umgehend den Schmelzofen anwarfen.

Unsere Vermieter, die im Haus vis à vis wohnten, entpuppten sich als flinke Heinzelmännchen und liebevolle Glücksbringer. Mit Lichtgeschwindigkeit hatten sie unsere Kleidung gewaschen, getrocknet und zusammengelegt und ich fragte mich, ob sich die Wäsche-Trommeln auf der Südhalbkugel womöglich schneller drehen als daheim. Und noch eine Überraschung lag auf dem Couchtisch, ein Silvesterkuchen, eingepackt in Folie mit roter Schleife, als Zeichen für ein gutes neues Jahr.

Im Zusammenspiel von profaner Notwendigkeit und himmlischer Erwartung machten wir uns mit fiebriger Lust ans Abendessen. Angus-Steaks mit Kartoffeln und Karottengemüse lautete unser schlichtes Silvesteressen, war aber immer noch originell genug, eine schmackhafte Gemüsebrühe vermissen zu lassen. Doch heute drehte sich alles um Fleisch, um unsere dicken Steaks.

Es lag uns fern, im Blutrausch zu taumeln, „jede Seite eine Minute" klang noch im Ohr, was uns mehr mit als gegen die Zeit arbeiten ließ. Dennoch konnte die Hitze den Brocken nur wenig anhaben. Zwischen bleu und English schwangen die Steaks im eigenen Saft und thronten wie Leitzordner auf den Tellern. Sie waren so groß, dass wir die Beilagen separat servieren mussten.

Dann schnitt ich die blutige Angelegenheit an und schon beim ersten Happen versuchte ich mir vorzustellen, wie das rohe Fleisch in die noch roheren stofflichen Schichten meines Körpers überging. Und als ich mich in diesem Gedanken verlor und dabei mutig den Brocken abarbeitete, kehrten Kraft und Wohlbefinden zurück.

Manchmal aßen wir im Unverstand, so auch heute, denn als der Bauch schon merklich spannte, machten wir uns über den Silvester-Kuchen her und verspeisten ihn als Nachtisch.

Bücken ging nun nicht mehr, stattdessen fläzten wir uns in die Ohrensessel und schickten Neujahrs-Grüße vom Handy heim. Man schien auf ein Zeichen gewartet zu haben, denn so schnell konnten wir gar nicht schauen, wie Glückwünsche zurückkamen. Wir fühlten uns verbunden mit der Heimat.

In unserer privilegierten Vorstellung waren wir davon ausgegangen, dass man uns um unser „Sommerwetter" beneidet, auch wenn wir tatsächlich gegen Nässe und Kälte ankämpften. Stattdessen lieferte man uns niederschmetternde, unfassbare Wetterdaten: 20°C in Degerloch, und das im Winter. Manchmal verhaspeln sich die Jahreszeiten, doch ehrlichgesagt hätte ich mir lieber Minus 20°C für die Heimat gewünscht, damit sich der neue Elektro-Rollladen auch richtig lohnte.

Wir lenkten uns mit Fernsehen von dieser ungebührlichen Wetterlage ab und durchwanderten vom Sofa aus die argentinischen Kanäle.

Aus den wenigen Programmen, die wir empfangen konnten, blieb mir die Dokumentation über eine Mutter in Erinnerung, die mit ihrer kleinen Tochter obdachlos geworden war und nun in einem Omnibus im Grünen lebte. Am meisten hatte uns die Zufriedenheit beeindruckt, mit der sie die Situation annahmen und sich darin einrichteten. Und am wenigsten gefiel uns die Wettervorhersage einen Sender weiter, der für den kommenden Tag Starkregen und Kälte prognostizierte.

Noch immer schüttete es wie aus Kübeln und nichts und niemand hätte uns aus unserer warmen Stube hinaus locken können. Anstatt zu feiern legten wir uns todernst in die kalten Betten.

Kein Stöffle fürs Fahrrad, keine Pizza für den Magen

Auf unserer Reise tauschten wir fast täglich die Betten. Lag man dann in seinem Bett, war man meist auch gleich eingeschlafen und hatte die Welt ringsum vergessen, die Welt der wechselnden Orte. Ein schöner, beruhigender Zustand, solange man nicht aufstehen musste. Kaum verließ man nämlich seine Bettstatt ging es los mit den Gefahren, man stand im Dunkeln und wusste nicht wohin. Es war erschreckend, wie schnell man vergaß, was tagsüber vertraut und verinnerlicht war, die Geometrie des Raumes, die Anordnung der Einrichtung und sonstige Besonderheiten. Die Erinnerung war einfach weg. Nachts, da herrschte Zimmer-Amnesie.

Etliche Male war ich beim Aufstehen deshalb schon gegen eine Schrank- oder Zimmertür gestoßen, einmal über ein Sofa gekippt, ein andermal hätte ich mir an einer gemeinen Stufe beinahe den Fuß verknackst. Aufgeschreckt und verdattert taumelte ich dann weiter und war jedes Mal heilfroh, wenn ich nicht auch noch den Schädel irgendwo anschlug. Kleiderhaken, Geländer, Griffe, Tischecken, Stuhlbeine, es gab so viele heimtückische Widerhaken, an denen man sich verheddern und straucheln konnte. Aufregend war so ein nächtlicher Ausflug zur Toilette allemal und hier gab es auch noch Treppen. Doch dieses Mal hatten wir das nächtliche Bedürfnis unbemerkt verdrängt und die Nacht ohne Malheur durchschlafen.

Falls in Villa la Angostura Böller, Schüsse oder gar Kanonen abgefeuert worden waren, wir hatten sie nicht gehört. Mitbekommen hatten wir am nächsten Morgen dafür, dass es nach wie vor unablässig vom Himmel goss und zudem war es zittrig kalt. Uns trieb keine Eile und wir nahmen uns nach dem Frühstück zunächst einmal die dreckigen Räder vor.

Die Putzete, die wir veranstalteten, war diesmal von besonders heikler Art, da wir noch nie ölverschmierte Räder im sauberen Wohnzimmer gereinigt hatten und schon gar nicht ohne Stoff. Uns stand nur Papier in Form von Taschentüchern, Haushalts-Tüchern und Klopapier zur Verfügung. Aus Gewichtsgründen hatten wir auf ausrangierte

Socken, ein viertel Leintuch oder ein aus der Mode gekommenes T-Shirt bewusst verzichtet - in der irrigen Annahme, unterwegs würde sich schon etwas finden lassen.

So gesehen betraten wir Putz-Neuland und die penibel ausgeklügelte und mit den Jahren verfeinerte Putz-Hierarchie, die ein Lappen normalerweise bei uns durchmacht, kam völlig durcheinander. Gewöhnlich darf ein Stöffle wenn es noch sauber ist, Lenker, Griffe, Sattelstütze und die oberen Rahmenrohre polieren, ist es schon länger in Gebraucht, muss es an die Gabelholme, die unteren Rahmenrohre und die Laufräder. Ganz schlimm trifft es den Lappen der untersten Kategorie, seine Aufgaben sind Schaltung, Kettenblätter, Kette und Ritzel. Danach geht er ab in die Tonne. Stöffle gab es leider keines und das war ein Problem.

Einen polierten Titanrahmen kümmert weder Dreck noch Öl, an ihm perlt alles ab wie Badewasser an einem Kinderpopo. Einmal trocken darüberwischen und er glänzt wie neu. Die fordernden Aufgaben befanden sich weiter unten, am Antrieb. Im Grunde war es lächerlich, eine ölverkrustete Kette mit Papiertaschentüchern zu reinigen, doch was blieb mir anderes übrig.

Der stahlharten Kette hatte das labile Papier rein gar nichts entgegenzusetzen, es zerfledderte augenblicklich, igelte sich zu kleinen Röllchen ein und verstopfte in seiner Unvernunft jeden Hohlraum, der sich ihm bot. Es verschanzte sich regelrecht in den Höhlen und Aussparungen. Und wem dort kein Platz mehr blieb, ließ sich einfach auf den Boden fallen. So benahm sich Papier, wenn es keine Lust auf Kette hatte, in seiner uneinsichtigen, bockigen Haltung. Auf diese Weise hatte sich mein Problem vervielfacht und ich begann, mit einem Kabelbinder in den Kettengliedern herum zu stochern, ungefähr 120 Mal, ehe ich mich dem schwarz verkrusteten Ritzelpaket zu wand. Ein hochkritischer, explosiver Moment war das, als ich mir beim Stochern, Abstreifen und Pulen schwarze Hände und unterfütterte Nägel einhandelte und hätte mich beinahe um den Verstand gebracht. Selbst zuhause wäre die Schmotze nur schwer zu ertragen gewesen. In einer feinen Stube, in der außer Zucker und Salatöl nichts als Waschpaste herhalten konnte, war mein psychischer Grenzzaun im Grunde überschritten.

Als aus schwarzen Händen endlich helle und aus sattem Regen vereinzelte Schauer wurden, verließen wir unser Blockhaus und gingen bummeln, nicht ohne alles anzuziehen, was übereinander passte. Es war lausig kalt und auch wenn wir mit den übereinander geschachtelten Pullovern und Jacken angehenden Polarforschern ähnelten, wurde es uns eher kälter als warm. Eine heiße Suppe hätte gutgetan, ein Glühwein oder ein Grog, selbst eine Tasse Tee oder heiße Schokolade hätten wir nicht verachtet, doch wir bekamen nirgendwo Einlass. Im ersten Lokal tafelte eine geschlossene Gesellschaft, das zweite war eine Weinschenke und vollbesetzt und alle anderen hatten geschlossen. Immer wieder ging ein Schauer während unserer Stadtwanderung nieder, der uns bocksteif unter Arkaden flüchten ließ und zitterten wir zu sehr, betraten wir ein Geschäft. Nur diesem Umstand war es zuzuschreiben, dass wir uns in vollgepfropften Souvenir-Läden herumdrückten, in Ramschläden, die hier rund um die Uhr Touristen anlocken. Wir kauften zwei Tafeln Schokolade und einen Routa 40-Aufkleber und staksten halb erfroren zur Cabana zurück.

Morgen war Schluss mit Völlerei und Lotterleben, morgen würden wir weiterfahren, unabhängig von Regen, Schnee oder Hagel, auch wenn wir in unserem Innersten die unmögliche Hoffnung trugen, auf 850 Meter Höhe von Sonne geweckt zu werden.

Es regnete nicht am frühen Morgen, es hatte geschneit. Bis weit herunter waren die Berge überzuckert und der Tacho zitterte magere 1°C aufs Display. Soviel Wärme kann eine von Wolken verhangene Sonne gar nicht erzeugen, wie wir sie uns zur Abfahrt wünschten. Immerhin war das Thermometer auf unglaubliche 5°C hochgeschnellt, als wir uns mit schlotterndem Gemüt von unseren Gastgebern verabschiedeten. Halb auf Englisch, halb auf Spanisch hatten wir uns alles Gute gewünscht und dabei den Eindruck gewonnen, dass man uns nur ungern hatte weiterfahren lassen.

Starr vor Kälte rollten wir zaghaft den sandigen Hang mit den tiefen Wasserrillen zur Straße ins Zentrum hinab direkt zur Post. Zehn Post-

Karten hatten wir beschrieben und dabei gar nicht bedacht, dass auf jeder Karte noch sechs große Briefmarken untergebracht werden mussten. In einem ungeheuer sinnlichen Akt der Hingabe und Sorgfalt fächerte der junge Postangestellte die sechzig Marken akribisch an- und übereinander und riss mich förmlich aus meinem geschäftigen Vorwärtskommen. Selten erlebte ich eine Pause derart entspannend und genoss einen Augenblick mehr als diesen, auch wenn bemerkenswert viel Zeit dabei verstrich. Jedes kleine gezackte Kunstwerk verzierte er noch dick mit „Alemania". Ich war stolz auf die schöne Post, die wir verschickten.

In der hinderlichen Wintermontur drückte ich mich wie ein Stück Holz den Berg hinauf. Über uns hingen regenschwere Wolken und kein Strahl Sonne, der uns erwärmte. Nur vereinzelte, blaue Wolkengucklöcher munterten unsere Zuversicht auf.

Wir fuhren unserem gestrigen Weg ein Stück entgegen und erlebten am Nahuel Huapi See ein wunderbares Naturschauspiel. Mit seinen pechschwarzen Inseln im schiefergrauen Wasser bot er die einmalige Bühne für dieses Drama. Schräg einfallende Sonnenstrahlen funkelten durch die blauen Wolkenfenster und zauberten eine lichtdurchflutete Szenerie über den See. Gebannt verfolgten wir, wie sich plötzlich ein sonnenbeschienener, durchsichtiger Regenvorhang über das Wasser legte, nur ganz kurz, ehe sich alles in ein einheitliches, diffuses Grau ergoss. Böiger Wind trieb den Regen wellenartig auf uns zu und kaum hatte er uns erreicht, platschte uns eiskaltes Wasser ins Gesicht. Düsterem Platzregen folgten grelle Sonneninseln, die für einen Augenblick Glanz auf den See schillerten, dem erneut trostloses Grau folgte. Der Kreislauf des Wassers, zwischen Wolken und See. Wir trennten uns vom fantastischen Schauspiel und pedalierten zum nächsten See.

Im Zwiespalt unserer Erwartung näherten wir uns der Falkner Hütte mit ihren sattmachenden Sandwiches und den reservierten Sitzbänken. Heute kamen wir zum Zelten. Es gab zwei Zeltareale, wie man mir erklärte, eines für junge Menschen und Gruppen, die es erfahrungsgemäß etwas lauter mögen, das andere für ältere oder ruhebedürftigere Urlauber, also für uns.

Die Topografie unseres dürftig belegten Zelt-Platzes war außergewöhnlich abschüssig und bog sich zum See hinunter wie eine sportliche Schlittenbahn. Krumm und schief schmiegten sich deshalb die Zelte ans Gelände und ich staunte einmal mehr über die Großzügigkeit mancher Camper. Beim Anblick der windschief hängenden Zeltbahnen drängten sich mir hochrote Köpfe und blutleere Füße auf, wenn nicht gar eingeschlafene Hände und abgeklemmte Gliedmaßen. Wie bunte Riesenwürste klebten sie am Abhang. Dabei musste man bei der Auswahl gar nicht so nachlässig sein, war mein erster Eindruck. Bei unserer eigenen wählerischen Suche entdeckten wir dann aber ausschließlich Gründe, einen Platz abzulehnen. Gemauerte Feuerstellen z.B. hieß abendliches Grillen mit Rauch und Radau, vielleicht auch Stolpern über Zeltleinen. Dicke Baumwurzeln vermieden wir grundsätzlich unter uns, wie auch Schräglage oder Zufahrten, von denen es mehrere gab. Viel übrig blieb also nicht und wir quetschten unsere ausladende Stoffhütte in die Schlucht dreier benachbarter Bäume und struppigen Gebüschs, nachdem wir die Windrichtung professionell mit dem nassen Zeigefinger geklärt hatten. Immer wenn unser Zelt stand, empfanden wir Sicherheit, eine beruhigende Sorglosigkeit, die aus zwei übereinander gespannten Planen und einem gebogenen Reißverschluss bestand und Schutz und Privatheit versprach.

Der Camping-Platz war unbeleuchtet. Wolken bauten sich zur Abenddämmerung auf und kaum verschwand die knickrige Sonne dahinter, wurde es bitterkalt. In unserem Kälteempfinden waren wir Meilen weit davon entfernt, Eistauchen oder Null-Grad-Schwimmen in Erwägung zu ziehen, wir gehörten eindeutig zur Kategorie der Sonnenanbeter. Kaltes Wasser bei kalter Luft schreckt uns gehörig ab und da die Lufttemperatur schon merklich nach unten sackte, musste das Wasser entsprechend heiß sein.

Die Ernüchterung war deshalb groß, als wir dem blanken, ausgebleichten Tierschädel am Baum folgten, auf dem „banos" stand und zu den sanitären Einrichtungen und zu einem Gerüst führte, auf dem in fünf Meter Höhe ein großer grauer Metallbottich schwebte. Schon beim Anblick zuckten wir zusammen. Wahrscheinlich lagerte darin hoch gepumptes Seewasser, das abends so richtig auskühlte. Am Waschhaus klebten Außenwaschbecken wie Viehtränken mit abgeplatztem Emaille und einem uralten Wasserhahn oben drauf. Auch wenn ich schon wusste, was mich erwartete, drehte ich übervorsichtig den oxidierten Hahn auf, wo mir eiskaltes Wasser entgegen zischelte. Das Wasser war so kalt, dass ich augenblicklich den Finger zurückzog. Wir erkundeten die Duschen, die sich drei Schritte weiter hinter einer knarzenden Tür befanden, wo es durch jede Ritze pfiff. Und dann noch die entsetzliche Vorstellung, sich mit den papierdünnen Times-Handtüchern abtrocknen zu müssen. Die Entscheidung fiel deshalb einstimmig, heute wird nicht geduscht, noch nicht mal gewaschen.

Schloss man die quietschende Tür der Toilette nebenan, war es stockfinster. Vielleicht war es gut, dass kaum Licht das Interieur dieser Einrichtung beleuchtete, Plumpsklo ohne Toilettenpapier, doch geschickt war es nicht. Mehrmals hatte ich die splittrigen Holzwände abtasten müssen, ehe ich an die herabbaumelnde, verrostete Kette stieß, die zur Spülung gezogen werden musste. Unsere Verweildauer beschränkten wir aufs Allernotwendigste, wir gingen strammen Schrittes zum Kiosk.

Ein letzter Blick galt dem Szenario am Gebirge, als die untergegangene Sonne die zerklüfteten, kahlen Felsspitzen in ein zartkühles Rosa tauchte, das schlagartig in ein rauchfarbenes Grau überging, als auch schon die Nacht hereinbrach.

An den hinteren Teil des Kiosks war eine riesige milchige Zellophan-Tüte auf Metallstelzen angenagelt, in der man sich zum Abendessen einfand oder sich auch nur nochmals richtig durchwärmte, bevor man ins kalte Zelt kroch. Wir kamen zum Essen, freuten uns aber genauso sehr über die Hitze des bollernden Ofens, der mitten im Raum stand. So verrostet und zerbeult wie er aussah, glich er eher einem uralten Ölfass und man konnte damit rechnen, dass er über kurz oder lang durchbrannte. Von diesem Bottich verzweigten sich Rohre in umständlichen Schlingen quer durch den Raum und es hatte den Anschein, als habe jemand dafür überschüssiges Altmetall verwendet. Womöglich hatte man sich von dem verzwickten Rohrgeäst aber auch nur eine bessere Wärmeausbeute erhofft. Der Ofen knackte und knisterte und erzeugte eine heimelige Stimmung mit seiner pochenden Hitze. Dazu passte der feine Suppengeruch, der durchs Plastikzelt zog. Suppe gab es keine mehr, wie man mir an der Theke erklärte, nur noch Pizza und Sandwiches. Ich wählte zwei Pizzen (auf Spanisch und zur Sicherheit auch auf Englisch) und genoss das angenehme Gefühl, mich der letzten Aufgabe des Tages entledigt zu haben.

Eine Gruppe junger Mädchen aus Buenos Aires, die trampend und wandern unterwegs waren, hatten sich auf Bänken um den maroden Ofen versammelt, wo wir uns dazu setzten. Auch wenn wir wahrscheinlich 40 Jahre älter waren, stürzten sich die Mädels in tadellosem Englisch mit einem Fragenkanon auf uns, der uns regelrecht überrannte. „Woher, wohin, habt ihr schon, kennt ihr"., hagelten die Fragen auf uns ein und ich konnte mich des Eindrucks nicht erwehren, Opfer einer aus dem Ruder gelaufenen Vernehmung zu sein. Nicht nur einmal beglückwünschten wir uns zu der Entscheidung, in Areal zwei die Heringe eingeklopft zu haben. Die Mädchen klebten an unseren Lippen und mit den Füßen am Ofen, als eine von ihnen vor lauter Geschichten gar nicht bemerkte, wie ihre Stoffschuhe zu qualmen begannen.

Die Kioskdame, bei der ich die Pizzen bestellt hatte, setzte sich nach ca. 20 Minuten ebenfalls zu uns und brachte – noch mehr Vernehmung - argentinische Fragebögen zum Zeltplatz mit. Was immer ich auch dachte, ich war guten Glaubens an unser Abendessen. Freundlich beantworteten wir die vielen Fragen und da die Stimmung an diesem warmen Ort so erfreulich gelöst war, fielen die Antworten entsprechend positiv aus. Zu positiv, wie mir schien, denn als ich mich nach unserem bestellten Essen erkundigte, erklärte sie schroff, dass es keine Pizza mehr gebe. Mit einem knochentrockenen, lieblosen und überteuerten Sandwich wurden wir abgespeist und hofften auf Wiedergutmachung beim Frühstück.

Vorsichtig tasteten wir uns in der völligen Dunkelheit zu den Sanitäranlagen, schockten die Zähne kurz mit eisig kaltem Wasser und stolperten halsbrecherisch zum Zelt. Geduckt krabbelten wir ins niedrige Stoffgewölbe und in die Schlafsäcke, wo wir eine glückliche Entspanntheit verspürten und zur inneren Ruhe in der Einsamkeit fanden. Erwartungsfroh fragte ich mich, ob denn hier wohl die Regel Abendrot Schönwetterbot gelte?

Ein kalter, strahlender Bilderbuch-Morgen empfing uns tatsächlich beim Aufstehen. Die Sonnenstrahlen glitzerten silbrig auf dem Wasser und zauberten gleisend weißes Licht auf die noch immer von Schnee bepuderten Bergspitzen. Ein herrlicher Beginn, ein erwartungsvoll schöner Tag.

Die nachtfeuchten Schlafsäcke und Pergament-Handtücher baumelten zwischen den Bäumen, als wir hungrig und leicht fröstelnd zum Frühstück gingen. Emsig wuselten schon Bedienstete über den Platz, leerten Feuerstellen, hantierten an einem Boot oder fegten die Wege. Am Kiosk setzten wir uns in die Sonne und fühlten uns augenblicklich bereit für ein ausgiebiges Frühstück, doch im Gegensatz zur allgemeinen Geschäftigkeit fühlte sich niemand dafür verantwortlich. Erst nach der dritten Bitte brachte man uns freudlos zwei Toasts und ein Schälchen „Dulce de Leche", das uns die Mädels am Vorabend noch sehr ans Herz gelegt hatten. Im Wunsch, dieser morgendlichen Zeremonie einen Schuss Leichtigkeit zu verschaffen, stürzten wir uns auf die klebrige Masse und wurden in unserem Eindruck endgültig bestätigt, dass das lieblose Frühstück mit dem faden Aufstrich das gescheiterte Abendessen vom Vortag perfekt abrundete.

Als Eismumie unterwegs

Wir verließen den Ort des missratenen Preis-Leistungsverhältnisses und genossen es, wieder auf Achse zu sein. Selten erfreute mich pedalieren so sehr wie an diesem Morgen, auch wenn uns noch frische Kühle um die Nase wedelte. Wo uns gestern bei nasskaltem, wolkenverhangenem Wetter die Schneekappen der Berge frostige Schauder über den Rücken gejagt hatten, verliehen sie heute im strahlenden Sonnenlicht der Landschaft eine freundliche Offenheit. Noch lange konkurrierten die weißen Spitzen mit der aufkommenden Wärme.

Auch wir trugen zur guten Stimmung an diesem Tag bei und heiterten das bedrückte Gemüt einer leidenden Beifahrerin auf. Wie Geschoßsalven hatten die Steine ans Bodenblech des Autos geschlagen, das mit kreischend hoher Drehzahl über das von tiefen Löchern übersäte Geläuf auf uns zu gefegt kam, mit einem Fahrer, der wahrscheinlich seinem Kindheitstraum vom Geländefahren im Unverstand hinterher hetzte. Scheu hatte sie sich bei uns erkundigt, ob das Martyrium denn noch lange gehe und als wir bejahten, fuhr er einfach weiter. Doch nur kurz, wie wir sahen, dann wendete er und aus dem polternden Auto winkte uns eine gelöst lächelnde Frau zu.

Als San Martin de los Andes in Griffweite lag, legten wir an einem „mirador" einen kurzen Halt ein, um ein letztes Mal die zauberhafte Aussicht auf den Lago Lacar zu genießen. Eine Argentinische Familie, mit dem obligatorischen Matetee-Tässchen in der Hand, fand den Ausblick anscheinend ähnlich bewundernswert. Schrill und völlig losgelöst schnatterten sie aufeinander ein, bis ich erkannte, dass ein Teil ihres Staunens auch uns galt. Mit ihren barocken Maßen war es offensichtlich, dass sie weite Bögen um Fahrräder machten und ihre Bewunderung wuchs noch um ein Vielfaches, als sie erfuhren, dass wir aus Deutschland kommen. Überwältigt von Stolz und Achtung schnappte der Vater seine Kamera und bannte uns als bunte Kuriosität flugs auf sein Speichermedium.

In San Martin de los Andes steuerten wir geradewegs die Touristeninformation an. Es dauerte nicht lange, da wedelte Eva strahlend mit einer doppelseitigen Liste an Zimmern und Ferienwohnungen und meinte, dass wir uns etwas Schönes aussuchen werden. Es hatte den Anschein, man freute sich auf uns.

Überall verschönerten Hausbesitzer ihre Fassaden, reparierten Dächer und Zäune und werkelten in den angelegten Vorgärten. Ein untrügliches Zeichen, dass die Hauptreisezeit unmittelbar bevor stand mit Strömen von Touristen. Freudig steuerten wir die erste Unterkunft an, die leider schon belegt war. Bei der zweiten öffnete niemand und an der dritten hing bereits ein Schild „ocupado". So wanderten wir durch die Stadt, klopften eine Unterkunft nach der anderen ab, wurden zusehends mutloser und wunderten uns, wieso die belegten Zimmer noch alle auf der Liste standen. Wir sprachen einige Hausbesitzer an und ernteten leicht spöttische Absagen oder aber irrsinnig hohe Preise. Hier musste man über Wochen Urlaub machen, hatte es den Anschein und nicht nur eine Nacht lang bleiben, so wie wir. Resigniert schoben wir unsere Räder zurück zur Touristeninformation, als uns Amado – wie er sich vorstellte – ansprach.

Der rundliche, aufgeregt agierende Herr mittleren Alters hatte nur wenige Worte gesagt und war dann winkend und mit ausholenden Schritten davongeeilt. Wir sollten ihm folgen, hatte er mehrfach angedeutet, was wir ziemlich misstrauisch und nur zögerlich taten, während wir uns andauernd fragten, ob dieser Weg direkt ins Verderben führe. Schnurstracks bog er in ein Grundstück ein, wir hinter her, und schloss das Gartentor. Unsere vollbepackten Räder lehnten wir an das Gartenhäusle an und liefen der etwas grenzenlosen Begegnung hinterher in einen dunklen Hausflur, wo sich eine Wendeltreppe wie ein schmaler Korkenzieher nach oben wand. Eifrig stürmte Amado durchs Haus, öffnete Türen und Schränke und erklärte im Vorübergehen wo sein Reich und das der Gäste sei. Sein Kühlschrank sei für alle da. Kein Ausweis, keine Frage zur Aufenthaltsdauer, hier Zimmer, hier Bad, fertig. So fix hatten wir ein Dach überm Kopf. Und da wir noch immer etwas unschlüssig schauten, erklärte er uns sein Beuteschema, in das nur Rucksack- oder Fahrradtouristen passten, am liebsten aus der ganzen Welt.

Türe zu, hinsetzen, zur Ruhe kommen und dann kapieren, was uns soeben widerfahren war. Ganz selbstverständlich hatten wir in einer verzwickten Lage Hilfe bekommen, was uns ungemein euphorisierte und uns für unser weiteres Unterwegssein begeistert anstachelte. Unbändige Freude schwang mit über die noch vor uns liegende Zeit und in solch überschwänglichen Momenten, wo einfach alles stimmt, schreit auch der Körper nach Glück. Wir gierten nach Schokolade.

Im Verhältnis zu den wenigen Tischen im Café war das Angebot an Schokofrüchten, die in Glasrohren in Reih und Glied auf der Theke standen, phänomenal. Die Gläser waren allesamt beschriftet, doch da wir nicht jeden Begriff kannten, rätselten wir an den Formen entlang. Heller Überzug in Halbmond-Kontur oder dunkler Überzug in Batzen-Form, kugelige oder längliche Klumpen, splittrige oder hügelige Knäuel. Alles, was mit Schokolade harmonierte, konnte sich darunter verbergen. Ich entschied mich für schokolierte Hütchen (Zwetschgen), Eva für Schoko-Splitter (Nüsse), dazu tranken wir heißen Kakao. Wir schwelgten in unserem süßen Bedürfnis und genossen entspannt die vollkommene Übereinstimmung von Schokoladewunsch und erlesenem Geschmack.

Im Überschwang des gelungenen Tages gingen wir shoppen und kauften zwei argentinische Radtrikots mit dieser euphorisch strahlenden Sonne. Drei Straßen weiter entdeckten wir in der Auslage eines Buchladens neben Büchern veredelte Naturmaterialien vom Lago Hermoso. Es dämmerte bereits, als wir zum Mapuche-Markt schlenderten. Zuerst fielen uns die bunt verzierten Säulen der Marktstände auf, an denen kleine Lämpchen leuchteten und die in ihrer Buntheit eine Farbenfreude und Lebendigkeit ausstrahlten, die uns magisch anzog. Der Markt pulsierte mit Geschäftigkeit, hier wurde nicht nur verkauft, hier wurde auch emsig gearbeitet. Als gelte es, Auftragsarbeiten zu erledigen, wurde an einem Stand Silberdraht gebogen und geflochten, an einem anderen Leder geschnitten, gestanzt und mit dem Brenneisen gebrannt. Nebenan fädelte ein Verkäufer Glasperlen auf und einen Stand weiter wurden Figuren aus Holz geschnitzt. Hätten wir Interesse an einem Landschaftsbild gezeigt, wären wir sofort bedient worden. Nur mit Fingerkuppe und Fingernagel trug der Künstler Ölfarbe auf die Leinwand und erschuf in Windeseile Gemälde mit Sonnenuntergängen, Bergmassiven, Seen und struppigen Araukarien. Nur ungern trennten wir uns von diesem Basar.

Wir folgten unserem hungrigen Antrieb, der durch ein aufgespießtes Tier noch mehr entfacht wurde, das über glühenden Kohlen hinter einer Scheibe eines Restaurants bruzzelte, und strebten direkt zur Pizzeria, die uns Amado wärmstens empfohlen hatte. Mit ihr schloss sich der Halbkreis zu Villarrica, wo uns das Tischset in der Filiale den Weg hierher gewiesen hatte. Wir wurden auf Deutsch bedient und als auch noch deutsches Bier auf dem Tisch stand, war dies für uns ein emotional bewegender Moment.

Am anderen Morgen hatte sich eine wunderbare Frühstücksgemeinschaft am runden Esstisch eingefunden, zwei Amerikaner, zwei Engländer und wir. In der lockeren Begegnung entstand ein gemeinsames Grundgefühl, das über sämtliche Altersunterschiede hinweg trug. Wie so oft waren wir die Ältesten, doch unsere Erzählungen interessierten nicht minder. Jeder war gleichwertig in der Runde, sei es als Marathonläufer, Schwimmer, Kletterer oder Radsportler. Und dazwischen Amado, der seine Gäste aufmerksam versorgte. Es war eine dieser Situationen, wo man vergessen wollte, weiter zu ziehen. Auch Amado hatte sichtlich Gefallen an den Gesprächen und als ich ihm erklärte, dass wir mit der Fähre über den Pirihueico See fahren wollten, suchte er uns die Abfahrtszeiten heraus und rief vorsichtshalber auch noch bei der Fährgesellschaft an. Die letzte Fähre gehe um 20 Uhr, wurde ihm bestätigt, es würde also alles wunderbar klappen, dachten wir.

In der allgemeinen Aufbruchsstimmung ließen wir ganz entgegen unserer sonstigen Gewohnheiten ein leicht verwüstetes Bettparadies mit einem ungeordneten Deckenberg zurück, was ich noch sehr bereuen würde. Wir zwängten uns die abenteuerliche Wendeltreppe hinab und verabschiedeten uns mit einer herzlichen Umarmung von Amado und seinen Gästen. „Mes amigas" gab er uns mit auf den Weg. „Es war ein schöner Aufenthalt" resümierte ich, setzte mich aufs Rad und tat, was wir fast immer taten: treten, treten, treten.

Es gab nur wenige Routen zum Paso Hua Hum, im Grunde nur eine, aber die musste man auch erst finden. In mehreren Anläufen hatten wir jedes Mal einen falschen Schwenk genommen und waren ständig in einer Sackgasse gelandet. Erst bei der vierten oder fünften Variante, als wir in weitem Bogen um San Martin gefahren waren, klappte der Einstieg, der uns mit einer 23 prozentigen Steigung unvermittelten vor Augen führte, wer über einen Pass will, muss rauf.

Wir hatten einen Samstag erwischt, einen Ausflugstag, wo jeder irgendetwas aufs Autodach gebunden oder ins Auto gezwängt hatte. Räder, Boote, Paddel, Rucksäcke und Kletterzeug waren ein sicheres Indiz für ein attraktives Erholungsgebiet, in das wir fuhren. Es dauerte auch nicht lange, und schon mischten vollbesetzte Busse mit, die dröhnend Schottersteine ausspuckten, dicke Staubschwaden hinter sich her wirbelten und uns fragen ließen, ob die „60 Maxima" tatsächlich auch immer eingehalten wurden. In bewaldeten Abschnitten hatten wir wie gewohnt Atemnot, auch wenn ich es mir inzwischen zur Gewohnheit gemacht hatte, je nach Windrichtung die günstigere Straßenseite zu benützen und so ständig hin und her pendelte.

Eine rote Kontur im grünen Wiesenstreifen entpuppte sich als abgewracktes und bis auf die Karosserie ausgebeintes Auto, das langsam in seine rostzerfressenen Einzelteile zerfiel und nun drauf und dran war, vom wuchernden Gras verschlungen zu werden. Der Schrott peppte die Landschaft mit ihrem ewigen Grün und blassen Beige unterm blauen Himmel farbenfroh auf, auch wenn hier eigentlich keine weitere Kolorierung vorgesehen war.

„Wo es rauf geht, geht's auch wieder runter" ist ein Spruch, den man an längeren Berganstiegen garantiert zur Hand hat, und der uns schon weit vor dem Pass mit einer rauschenden Abfahrt belohnte. In atemberaubendem Zickzack schossen wir die mürbe, kurvige Rampe hinab, dass es uns beiden die Tränen aus den Augen trieb. Wir erreichten das Ufer des Lago Lacar und gönnten uns eine kurze Pause, um die Schönheit der Natur in uns aufzunehmen.

Am Ende des Sees legten wir in der „Hosteria" auf dem Hua Hum Pass eine Rast ein, wo es bereits von Ausflüglern nur so wimmelte.

Viele hatten sich in ihren scheppernden Autos hierher gequält und waren nun froh, sich am See zu sonnen oder in Ruhe etwas zu essen.

Betrat man den Gastraum der „Hosteria", stand man augenblicklich einem Kraftpaket von Grill gegenüber, der mit einer Handkurbel in Kopfhöhe betrieben wurde. Ansonsten verströmte der Raum den Charme einer etwas groß geratenen Polizeikantine, erst auf den zweiten Blick fiel mir ein liebevoll handgezeichnetes Wandgemälde auf, auf dem die umliegenden Seen und die Landesgrenze skizziert waren. Im Gebäude war es unerwartet kühl. So nüchtern das Interieur war, so wenig Extravagantes als Angebot erwartete ich. Eine heiße Schokolade lag aber sehr in meinem Interesse, vielleicht ein einfaches Stück Kuchen, ein Flan, eine Waffel oder ein Schokolade-Souffle – die Gäule waren mit mir durchgegangen, aus lauter Lust auf Süßes. Stattdessen gab es Würste, Fleisch und trostlose Pommes frites.

Die argentinische Grenzkontrolle bestand aus einem kleinen Haus, mit jeweils einem Durchgang links und rechts, der einem riesigen, ins Dach gerammten Telefonhörer glich. Die Ausreise verlief unkompliziert, die spannenden Momente erlebt man bei der Einreise. Dort empfingen uns drei auffallend gut gelaunte Chilenische Zoll-Beamte und räumten in Latexhandschuhen unser Gepäck aus. Auch wenn wir – welch ein Glück aber auch welch ein Leichtsinn – alle unsere Lebensmittel längst aufgegessen hatten, vibrierten wir doch jedes Mal ob alles reibungslos klappt. Freudig wurden wir durchgewinkt.

„Ponte Pirehueico" stand an einer Brücke und auch ein Schild mit „Rio Pirehueico" war angebracht, da konnte der Lago Pirehueico nicht mehr weit sein und tatsächlich versank die Straße nach einem weiteren Kilometer als schräge, gepflasterte Rampe schnurstracks im Wasser. Ein hölzernes Schrägdach-Gebilde in der Größe einer Sporthalle, ein Sandspielplatz mit Klettergerüst und großzügig bemessene Parkplätze legten die Vermutung nahe, dass es bei der Abfertigung im Fährbetrieb mitunter zu Wartezeiten kommt. Eine gute Stunde blieb uns noch bis zur Abfahrt nach Puerto Fuy, wo wir übernachten wollten, und die verbrachten wir im Bistro nebenan, einem kleinen Wohnzimmerstübchen mit drei Tischen. Eva bestellte ein Sandwich und ich konnte es kaum glauben, es gab selbstgemachten Apfel-Kuchen. Wir ruckelten einen der labilen Campingtische zu den letzten Sonnenstrahlen ins Freie hinaus und genossen die tatenlose Zeit und das Treiben um uns herum.

Auf dem gegenüber liegenden Grundstück kickten Männer mit kleinen Buben und flochten gelegentlich sehenswerte akrobatische Kunststückchen ein, während ein anderer Junge mehr Freude am Spiel mit einer kleinen Katze empfand. Quietschend tobte er mit ihr herum und war alles andere als zimperlich dabei, was sie hin und wieder veranlasste, sich schützend unter einen Holzstapel zu verkriechen. Von dort aus lugte sie dann mit ängstlichen Augen hervor. Greifen konnte er sie nicht, doch wenn er lange genug wartete, traute sie sich irgendwann wieder hervor und das Spiel begann von vorn.

In diese ruhige Abendstimmung platzte ein junger Carabinero mit seinem knatternden, froschgrünen Geländemotorrad herein und ging spornstreichs zu einer Gruppe Wartender, nachdem er sein Motorrad abgestellt hatte. Es musste eine verheerende Nachricht sein, die er überbrachte, denn die Menschen senkten augenblicklich die Köpfe und machten äußerst besorgte Gesichter. Da niemand mit uns sprach, ging uns das nichts an, dachten wir, erst als sich alle zum Anlegeplatz begaben, gingen auch wir mit. Es war unser dringendes Bedürfnis, an diesem Dilemma teilzuhaben. Mit unseren rudimentären Sprachkenntnissen blieb uns zunächst nur die Zuschauerrolle, doch da der Carabinero so aufgeregt agierte, gab sich Eva einen Ruck und sprach ihn auf Englisch an. Die Fähre liege mit einem Motor-Schaden am anderen Ufer des Sees, erklärte er ihr und eine zweite Fähre gebe es nicht. Es sei deshalb äußerst fraglich, ob wir heute überhaupt noch übersetzen könnten. Ein zweiter Carabinero überbrachte schließlich die freudige Information, dass ein kleines Boot kommen würde, allerdings nicht vor 22 Uhr. Die Überfahrt würde weit mehr als zwei Stunden dauern und wahrscheinlich könnten auch nicht alle Passagiere mitfahren. Wir zitterten um unsere Mitnahme.

Als die Sonne hinter den Hügeln verschwand, sackte die Temperatur schlagartig ab. Neben mir legte sich eine Chilenin eine blaue Decke um die Schulter was mir besorgt die Frage aufdrängte, ob sie zur Grundausstattung einer gelingenden Fährfahrt gehöre. Ungeachtet dessen packte ihr Ehemann seine Gitarre aus und begann zu spielen. Die unbekümmerte Leichtigkeit, die er verbreitete, riss alle mit. Aus dumpfem Warten wurde Freude und als auch noch ein Paar in die Mitte trat und zu tanzen begann, klatschten und swingten wir mit. Der Tanz war uns fremd, doch am geschwungenen Tüchlein vermutete ich, dass sie den „Cueca" tanzten.

Hände und Füße wurden nun klamm und als man zu frösteln und frieren begann, kramten wir steif nach wärmender Kleidung. Nachdem auch das letzte Kleidungsstück auf der Bank lag, musste ich mich mit dem verheerenden Gedanken vertraut machen, einen BH und meinen einzigen, sorgfältig ausgewählten Fleece-Pulli verloren zu haben. Klagen half nichts, ich musste ihn bei Amado unterm zerwühlten Deckbetten-Berg vergessen haben. So schmerzlich mir der Verlust im ersten Moment erschien, so sicher war ich mir, dass dieser Pulli einer nachfolgenden Reisenden einen guten Dienst wird erweisen können. Ich bekam Evas Pulli und zog alles an, was in Lagen übereinander passte. Als das Kälteschild komplett war, wurde von einer gestrengen Dame die nicht beheizte Wartehalle geöffnet. Durchgefroren und übermüdet nickten die Kinder auf dem Schoß ihrer Mütter ein. Während Eva die weiteren Umstände und Handlungsschritte verfolgte, legte ich mich starr und schläfrig auf eine der unbequem harten Holzbänke hin, und war mir nicht sicher, ob das noch warten oder eher schon herum lungern war.

Die leicht herrschsüchtige Dame der Organisation hatte sich auf ihrem thekenartigen Podest eingefriedet und begann in schrillem Kommando-Ton die Passagiere nach ihren Personalien zu fragen, um sie in eine Liste einzutragen. In ihrer unumstößlichen Allmächtigkeit hatte sie kurzerhand entschieden, dass wir mit den Rädern auf dieser Liste nichts zu suchen hatten. Als auch mehrmaliges Nachfragen daran nichts änderte, brauchte Eva die gesamte Routine ihres Lebens, um ruhig zu bleiben. Sie schrieb einfach selbst unsere Namen auf das Papier und schaute dabei so unfein, dass es keine Widerrede gab.

Um ca. 22:30 Uhr kam Schwung in die Wartehalle. Nachdem die Dame ein Zeichen gegeben hatte, packte jeder schweigsam seine Sachen zusammen und schlich in die Kälte der fortgeschrittenen Abenddämmerung, hinaus zur Anlegestelle. Eine zierliche, blauweiß gestrichene Barkasse dümpelte am Steg, das Gefährt unserer Apokalypse. „Seenotrettung Valparaiso" stand auf den blutroten Schwimmwesten, die verteilt wurden, und verschärfte meine unheilvollen Bedenken immens. Ich sah uns schon im Wasser liegen. „Die Räder zuerst" befahl ein Bootsmann, der daraufhin unsere übergewichtigen Räder schnappte und auf dem luftigen Podium an die Knie hohe Reling anlehnte. Mütter mit Kindern verkeilten sich im winzigen Führerhaus. Dann kamen wir.

Schwankschwindelig setzte jede Fuß um Fuß auf den Kahn und passte sich auf den splittrigen Holzbänken in die schwierige Sitzplatz-Arithmetik ein. Links von Eva klemmte die freundliche Musiker-Dame auf der Bank, die uns bereitwillig einen Zipfel ihrer blauen Decke gab. Die Ware war so knapp, dass sie sich nun wie eine Trommelhaut über sechs Schenkel spannte und uns zu einer Dreier-Mumie vereinte. Es sah nach Not aus, schon jetzt nach Havarie. Und es war kalt. Brummend legte das Boot ab, die Lichter des Anlegestegs verblassten, wir steuerten in der Dämmerung auf holzschnittartige Bergkämme zu. Kalte Luft schnitt mir ins Gesicht. Über mir zappelte eine gruselige Spinne kribbelig am Bootsgestänge hin und her, was meine innere Hoffnungslosigkeit um ein Vielfaches verschärfte.

Abhilfe kam vom musikalischen Chilenen, der wieder Lieder anzustimmen begann und für heitere Ablenkung sorgte. Im Übermut schaltete ich meine Helmlampe an, die munter im Takt zuckte und pulsierend die Stimmung anheizte. Und als sich unsere innere Verkrampfung geschmeidig zu lösen begann, forderte der Sänger plötzlich uns auf, ein Lied aus unserer Heimat vorzutragen. Alle Augen richteten sich auf uns, ausgerechnet singen, was gar nicht zu unseren Ritualen gehört. Als mir die Bedrängnis schon feuchte Hände bescherte, fiel mir „Hoch auf dem gelben Wagen" ein, passend zur wackeligen Gesamtlage. Es gelang uns sogar, den Text mit kleinen

Schummeleien auf Reim zu singen. Man schien Gefallen am Deutschen Liedgut zu finden und auch uns beflügelte das schwingende Zwerchfell. Mangels Repertoir legten wir „Schneeflöckchen" und „Oh Tannenbaum" nach. Klatschend begleiteten sie unseren fremden Rhythmus, bis der Kapitän dann alles verdarb. „Lichter aus!" brüllte er uns in die Dunkelheit, und da auch die Bootsbeleuchtung abgeschaltet war, saßen wir schlagartig im Finstern. Nun war man auf sich allein gestellt. Mutlos konzentrierten wir uns auf die trivialsten Belange, und die hießen schmerzende Kälte auf Stirn und Wangen. Mit Schlauchtüchern kapselten wir uns luftdicht ein und versuchten uns vor dem Gefrierbrand zu schützen.

Zusammengesunken bildeten wir stumm eine Notgemeinschaft, ich kam mir wie eine Schiffbrüchige vor. Selbst den Blick auf die Uhr verkniff ich mir und vergrub die gefühllos steifen Hände schützend unter der Decke, um ja der beißenden Kälte keine Angriffsfläche zu bieten. Es war tröstlich, nicht alleine zu sein, auf der Fahrt ins Ungewisse. Frost war nicht das einzige Merkmal dieser wackeligen Überfahrt, auch die Dunkelheit machte zu schaffen. Sogar der Zuruf „Schaut, ein Wasserfall", der irgendwo rauschend herunterstürzte, versetzte die Augen nicht in die Lage, irgendetwas zu erkennen.

Unerwartet entstieg der Kapitän in blütenweißem, kurzärmeligem Hemd seiner Kajüte und überquerte das Deck, sofern es diese Schiffsbezeichnung bei einem derart kleinen Kahn überhaupt gibt. Die Aktion tat gut in der Monotonie, auch wenn wir nicht erkannten, wozu sie diente. Krumm beugte er sich weit über das Metallgestänge in Richtung Wasser, bis wir mit Herzklopfen sahen, wonach er suchte. Eine schwarze Landzunge kam uns in die Quere, die wie ein Ungeheuer schemenhaft und viel zu nah an uns vorbeizog. Kein Plätschern war zu hören, nur das monotone Gebrumm des Motors.

Beißende Kälte trieb uns Tränen in die Augen, ätzender Frost piesackte die Knochen. Durchgefroren und zusammengezogen saßen wir auf einem harten Stück Holz, konnten in der Schwärze nichts sehen und hatten keine Ahnung was vor uns lag. Wir schipperten als Eismumien durch die Nacht. Zum gefrorenen Äußeren plagte mich plötzlich Hunger. Es gelang mir kaum, mit meinen gebogen steifen Fingern den Reißverschluss der Lenkertasche und erst recht nicht, einen meiner zwei Not-Riegel zu öffnen. Mit den Zähnen riss ich die knallenge Plastikverpackung auf und knackte ein kleines Stück steinharter Nussmasse ab. Ewig lange lutschte ich auf dem eiskalten Splitter herum.

Schlafwandlerisch steuerte das Boot durch die konturlos schwarze Nacht. Waren wir schnell oder langsam unterwegs, man sah es nicht. Nur über mir ging es hoch her. Als ich den Kopf in den Nacken legte, sah ich den Sternenhimmel in einer Dichte und Klarheit, wie ich ihn zuvor noch nicht erlebt hatte, funkelnde Diamanten auf schwarzem Samt, ein überwältigender Anblick. Bei all der himmlischen Verzückung kam ich mir wie ein kleines Staubkorn vor. Was sich da oben an Planeten, Sternen, Galaxien und Schwarzen Löchern auch immer zusammengefunden hatte, was in Explosionen, Kollisionen, Zusammenbrüchen und Verdichtungen entstanden und vielleicht längst wieder verloschen war, es war ein einziges Wunder. Quer über den Himmel, inmitten von Glitzern und Funkeln zog sich unsere Milchstraße, ein dahingeworfener Seidenschal, ein Sternentanz am schwarzen Firmament. Still und aufmerksam bewunderte ich das verzaubernde Kunstwerk, bis sich der übermächtige Orion als einziger Bekannter zu erkennen gab. Der Krieger hatte es mir nicht leicht gemacht mit seinem schlampig gebundenen Gürtel. Doch dann wurde mir schlagartig klar, dass er kopfüber hing, umgestülpt am Himmelsgewölbe. Und als ich meinen steifen Hals nach hinten drehte, sah ich das Croce del Sur, die kleine, schlichte Raute.

Die Sterne erhellten augenblicklich mein Gemüt, sie beglückten mich regelrecht. Fühlte ich mich zuvor noch in dunkler Einsamkeit, erwachte nun das deutliche Gefühl in mir, an einem unbeschreiblichen, einmaligen Erlebnis teil zu haben, in kleiner Gemeinschaft, hier draußen, mitten auf dem See.

Als uns das Zeitgefühl längst abhandengekommen war, tauchten kleine Lichtpunkte auf, Puerto Fuy. Es fühlte sich wie Rettung an und doch dauerte es unerwartet lange, bis die Barkasse polternd an der Seite der kaputten Fähre anlegte. Knochensteif lösten wir uns nach über 2,5 Stunden von den harten Holzbänken und staksten kantig an Land. Müde zog die Bootsgesellschaft im Gänsemarsch auf schwachen Lichtkegeln dahin, wir mit den Rädern. Es war gespenstisch ruhig, kein Mensch, der uns begegnete, kein Hund und keine Katze. Nur Eva redete ununterbrochen auf einen anderen Schiffbrüchigen ein, der uns bei der Zimmersuche behilflich sein wollte. Wir folgten ihm.

Im ersten Hotel gab es kein freies Bett, hatte man ihm erklärt und im zweiten Hotel wurde erst gar nicht geöffnet. Für dramaturgisches Zeitverplempern war es mittlerweile viel zu spät und ich war unsagbar froh, als es im ersten Hotel plötzlich doch noch ein freies Bett gab. In unserem Alter schlägt man nicht mehr über die Stränge, schien sich die junge Dame an der Rezeption gedacht zu haben und händigte uns kommentarlos den Zimmerschlüssel aus. Wir stellten die Räder in eine Nische direkt am Eingang und interessierten uns nur noch für Wärme und Betten. Apathisch stiegen wir die Treppe hoch.

Das kleine Zimmer strahlte mit den grob beschlagenen Bretter-Wänden die Rustikalität einer gefällten Eiche aus. Die Hoffnung auf vier letzte Handgriffe in dieser Nacht verflog, als sich der gänsehäutige, bibbernde Körper unter der heißen Dusche glättete und die hölzernen Gliedmaßen sich wieder bewegen ließen und Grundbedürfnisse weckten. Grob reduziert war es Hunger, der sich meldete, auch wenn Eva einem sofortigen Schlaf eher den Vorzug gegeben hätte.

Im windgeschützten Bad fächerte ich den Brenner auf und überthronte ihn mit dem Topf, in dem noch lange das Wasser hin und her schwappte. Boeff Stroganov kredenzte ich, im realen Leben also appetitlich durcheinander gewirbelte Rinderspitzenstreifen in heller Soße. Es verwunderte mich deshalb sehr, was es mit der bunten Farbe in der Tüte Trockennahrung auf sich hatte, die sich beim Einrühren in einen knallroten Sud verwandelte. Fleischstücke, Gemüse oder irgendeine Sättigungsbeilage waren nicht zu erkennen und da auf der Packung eine hohe Kilojoule-Zahl aufgedruckt war, musste die farbenfrohe Brühe hauptsächlich aus Fett bestehen. Zumindest war es freundlich, dem Fett eine schrille Farbe gegeben zu haben. Heiß tat gut, die Gewürze auch und für alles andere hatte der Magen hoffentlich eine Lösung.

Die feudale Pracht des Hauses offenbarte sich am frühen Morgen, als wir nach einer Mütze voll Schlaf am wandfüllenden Pirehueico-Jugendstil-Mosaikfenster vorbei, direkt in der kraftstrotzenden Hotelhalle landeten. Gigantische Stützpfeiler auf hochglänzenden schwarzen Steinfußbodenplatten, abgehängte Kassetten-Holzdecke, wuchtige, dunkelbraune Rindsledersofas, geschnitzte Truhen und Kommoden, Bilder und ausladende Geweihe, raumhohe Weinregale, Flügel, Statuen, rustikale Lampen aus Wagenrädern, das Auge war total überfordert vom üppigen Luxus, der uns eine Spur zu mächtig war.

Niemand erschien dem Ambiente entsprechend im Anzug zum Frühstück, insofern waren wir in unserem bunten Sportdress sehr beruhigt, auch wenn wir uns farblich vom vorherrschenden Weiß-Beige der übrigen Gäste deutlich abhoben. Die heitere Stimmung mag am Blick nach Draußen gelegen haben, der den Gästen ein umwerfend stabiles Lächeln ins Gesicht zauberte. Man war begeistert, wir eingeschlossen, vom türkisfarbenen Swimmingpool, den bunten Booten am spiegelglatten See und dem kurzgeschorenen Rasen im weichen Licht der Morgensonne. Welchen Anteil der Ausblick an den Übernachtungskosten hatte, wussten wir nicht, aber jedes Arrangement trieb den Preis mit Sicherheit fulminant in die Höhe.

Am Ende der Halle befand sich der Frühstücksbereich mit einer kleinen, geradezu unscheinbaren Ausgabe, an der man sich mit seinen Wünschen anmeldete. Die Frühstücksschätze, die man uns auf krummen, geschliffenen Holzplanken servierte, waren dagegen üppig. Gekochter Schinken, luftgetrocknete Salami, rezenter Hartkäse, sopaipillas, Marmelade, Honig, dulce de laiche und Obst stellte man als kleine Kähne vor uns hin. Jeder Bissen, den wir verdrückten, bestärkte uns in der Gewissheit, den mit Abstand teuersten Nacht-Schnipsel unseres gesamten Südamerika-Aufenthaltes durchschlafen zu haben.

Ähnlich extrem entpuppte sich der Spülgang, der vor unserer Abreise noch zu erledigen war. Die orangefarbene Grundsubstanz, die uns so sagenhaft satt gemacht hatte, klebte wie Vaseline im Topf,

Waschbecken und Essgeschirr und verhielt sich heißem Wasser gegenüber völlig immun. Shampoo, Duschgel, Seife, die große Parade lief auf und zog kleinlaut wieder ab. Letztendlich verrieb ich die zähe Konsistenz mit einem Papiertaschentuch und ließ trotz aufgebrachter Mühe ein leicht getöntes Waschbecken zurück.

Mit angehaltenem Atem schlichen wir bang zu der in englischem Stil gehaltenen Rezeption, wo man Dekor-Gläser des Hauses und dergleichen kaufen konnte. Wir hatten uns eine satte Rechnung ausgemalt, waren über den gepfefferten Betrag, den uns die junge Empfangsdame tatsächlich nannte, aber doch sehr entsetzt. Die astronomisch hohe, sechsstellige Zahl, die sie extra noch aufs Papier schrieb, sah mehr nach Hauskauf als nach Übernachtung aus und erschreckte mich so sehr, dass sich mir reflexartig die Arm-Haare stellten.

Das Erstaunlichste an dieser morgendlichen Schreck-Begegnung war jedoch, dass die kaum dem Ausbildungsalter entwachsene Fachfrau anscheinend machen konnte was sie wollte. Denn als wir hitzig um den Preis des Zimmers feilschten, korrigierte sie ihn anstandslos und mit unendlicher Freundlichkeit in drei größeren Schritten sukzessive nach unten. Wir hatten mit den paar Stunden argumentiert, die wir nur im Hotel waren und mit der Empfehlung, die Differenz bei der Fährgesellschaft einzutreiben. Es hatte zwar gedauert, bis sie unser Angebot akzeptierte und wir handelseinig wurden, was bestimmt auch an der sprachlichen Verständigung lag, doch die Bemerkung, lieber zwei halbe Gäste im Bett als gar keinen Gast schien ihr letztendlich gefallen zu haben. Mit sehr verschlankten umgerechnet Hundert Euro waren wir mit der Übernachtung mehr als zufrieden, nach dieser durchzitterten Bootsfahrt.

Im kochenden Sud

Im glücklichen Rausch dieses einzigartigen Erlebnisses, setzten wir uns auf die Räder und kurbelten los. Ständig ging es bergab auf angenehmem Schotter, ständig in Begleitung des wuchtigen, schneebedeckte Vulkan Mocho Choshuenco, der mit uns verbandelt schien. Mir war zum Singen. Ein Puma-Schild entfachte in mir die zündende Idee eines Gehege-Besuchs, was sich beim näheren Betrachten aber nur als kleiner Wasserfall entpuppte. Trotz dieser kleinen Enttäuschung war die Magie des Tales stets präsent. Hier setzte man wohl auf Ereignisarchitektur. Beispielsweise kamen wir an einem brandneuen Kletterpark vorbei mit leicht utopischem Charakter und in der Talsohle funkte der Rundfunksender „Radio Nativa" aus einem überdimensionierten Weinfass. Ein wunderschönes Tal, eines der wenigen, das ich gerne ein zweites Mal durchfahren hätte. Als wir am Lago Neltume ankamen, hatten wir vierhundert Höhenmeter traumhafte Abfahrt genossen. Doch dann ging es jäh bergauf.

Bevor wir uns die steile Rampe hinaufschraubten, meldete sich die Blase und ich suchte mir ein abgelegenes Plätzchen. Fern jeder Vernunft stieg ich unnötig weit den buckligen, verbuschten Hang hinab, wo ich an einer krummen Wurzel ins Straucheln kam und direkt in die wüsten, daumendicken Fangarme einer Brombeerhecke kullerte. Beim schmerzhaften Versuch, mich aus den stacheligen Girlanden zu befreien, verhedderte ich mich immer mehr. Hose und Trikot hingen fest, kleine Bluttröpfchen sickerten aus der Haut. Behutsam löste ich die störrischen Dornen aus dem Stoff und durchlöcherte mir dabei auch noch die Finger. Perforiert stieg ich die Böschung hinauf, wo mich Eva eine halbe Stunde lang mit der Pinzette bearbeitete. Erst dann traute ich mich noch voller Zweifel wieder auf den Sattel, rotgepunktet wie ein Marienkäfer.

Es war heiß, es war staubig und wir sehnten uns nach Abkühlung, die wir tatsächlich an einer Wegegabelung entdeckten. Zunächst war uns eine Nonne vor einem Buswartehäusle aufgefallen und als wir unsere Fahrt drosselten, bemerkten wir auf der gegenüberliegenden Seite einen Kiosk mit einer mannshohen, schwarzen Tafel davor. Es wirkte wie eine symmetrische, künstlerische Komposition, die uns zum Schmunzeln brachte.

Die Eistafel zog mich magisch an. In meiner Freude kaufte ich zwei Vanille-Eis am Stiel. Gierig biss ich im Schatten ein großes Stück davon ab – es ist der Moment, wo man auf süßen, zartschmelzenden Vanillegeschmack wartet, der sich herrlich kühl auf der Zunge ausbreitet und sahnig im gesamten Mundraum entfaltet. Stattdessen hatte ich Margarine-Geschmack im Mund. Vielleicht war ich nicht überhitzt genug, vielleicht auch zu voreingenommen, trotz Gier und Gelüste war es mir nicht möglich, das Eis zu essen.

Dieses Mal war ich wild entschlossen die Rampe zu bezwingen, die sich vor mir aufbaute, ein in die Höhe gestelltes Flussbett mit eingestreuten Großkieseln. Mit extra viel Schwung war ich in den Hang gefahren, hatte wirbelnd auf die Pedale eingestampft und mich, als es steiler wurde, weit über den Lenker nach vorn gehängt, hatte versucht, dem vorderen Rad eine geschickte Richtung zu geben und die weniger giftige Außenseite der Kurve angepeilt und war doch wieder gescheitert. Ich war vielen aber nicht allen Kieseln ausgewichen und dieser eine hatte genügt, mich in meiner wackeligen Geschwindigkeit – zack – vom Rad zu hebeln. Es wurmte mich und ich kämpfte mich schiebend und scharrend durch die sandigen Untiefen den Weg empor, immer den heißersehnten Erholungstrip vor Augen, den Besuch der Termas Geometricas.

Conaripe ist kein besonders erholsamer Ort und schien, umgerechnet auf seine wenigen Einwohner, die lauteste Gemeinde Chiles zu sein. Schon am Ortseingang schallte Musik als lupenreiner Lärm und auch im hintersten Winkel gaben die Menschen keine Ruhe. In unmittelbarer Nachbarschaft dudelte ein Refrain in Dauerschleife und belastete Gehör und Nerven gleichermaßen. Das Dorf war natürlich berechtigt, seine Bewohner bei Laune zu halten, hatte es doch Schlimmes erlebt. 1964 hatte ein sogenannter „Lahar", ein Schlamm- und Schuttstrom des Vulkans Villarrica, die gesamte Gemeinde vernichtet, wie uns Mayela, unserer Vermieterin, erzählte. Doch inzwischen lebt

Conaripe erfrischt und unbeschwert in allernächster Nähe zum Vulkan, der permanent auf Rot stand.

Unser Appartement bei Mayela reihte sich in die lokalen Marotten wunderbar ein. Auch wenn die Holztäfelung und der knallrote Kanonenofen eine heimelige Gemütlichkeit ausstrahlten, war die Unterkunft näher betrachtet eine architektonische Fehlzündung. Schon beim Betreten hatte die Behausung ein deutliches Ausrufezeichen gesetzt, als der schwere, scharfkantige Metall-Lampendeckel über der Eingangstür haargenau in dem Moment auf Eva herab gerasselt war, als sie die Türklinke nach unten drückte und hatte ihr eine Schramme im Helm beschert. „Lebensgefährlich" wollten wir sagen, hatten aber das passende Wort nicht zur Hand.

Im Inneren überraschte das außergewöhnliche Raumensemble durch seine sperrmüllartige Einrichtung, einer erstaunlichen Ansammlung an zwanzig alten, abgewetzten Stühlen und Sesseln, die in Reih und Glied an den Wänden standen und gut und gerne einer Schulklasse Sitzgelegenheit geboten hätte. Zehn für Eva, zehn für mich, im Nu waren alle belegt. Der dunkle Flur endete in einem noch dunkleren Schlafzimmer, das die Größe eines Doppelbettes hatte und muffig roch. Doch die Küche toppte alles. Ließ man Wasser ins Spül-Becken ein, platzte es aus dem offenen Abflussrohr direkt auf die Füße.

Man hätte vielleicht beim Zugang zum Grundstück den Bedenken schon mehr Gewicht beimessen sollen, der nur mit einer akrobatischen Übung zu meistern war. Geduckt musste man unter einem merkwürdig niedrigen Eisentor hindurchschlüpfen und dabei auch noch über einen 20 Zentimeter hohen Rahmen steigen. Wir buckelten uns also nach unten, als würden wir etwas aufheben, während wir gleichzeitig über einen gedachten Baumstamm stiegen, keine gewöhnliche Alltags-Routine und nur in elastischem Zustand ratsam. Und zu dieser Schikane kläffte ein Hund im letzten Zustand.

Dabei könnte Conaripe richtig was hermachen, der Ort hatte viel zu bieten. In der modernen Touristikinformation ließen wir uns ein Video zeigen und waren überrascht über die Vielzahl der Thermen, die es im Umland gibt, jede mit eigenem Motto. Naturreservate zeigte man uns, glasklare Seen und Flüsse, Wanderwege durch saftige Wälder und auch die Chilenische Seenroute hat hier ihren Beginn. Es haperte nur etwas an der Vermarktung, wie mir schien und an dekorativen Hinweisschildern.

Womöglich hätte es den Bewohnern Aufschwung gegeben, denn sie mühten sich redlich ab. Selbst sonntags wurde an der Hauptstraße gehämmert und geschraubt, um in einem weiteren handtuchschmalen Kiosk auch den letzten gewillten Fast-food-Interessenten zu erreichen. Essen war hier der Verkaufsschlager, ob als Fleischgericht oder süßes Kalorienwunder und dampfte die Gemeinde in einen seriösen Geschmacksgleichklang ein.

Ein Potpourri an Hoffnung bündelte sich in Garagen, Buden und Ständen und letztendlich auch in der Spielhalle, die nirgends so groß war wie hier. Hinter einem Stand entdeckten wir ein kleines Zelt, in dem die Verkäuferin nächtigte. In unserem heimatverbundenen Denken wünschten wir, dass auch sie ein Zuhause hatte und nur der tägliche Anfahrtsweg zu weit war.

Wir schlenderten die Straße entlang und waren kolossal gespannt auf den morgigen Tag, unseren Wellness-Tag. Einen Tag lang nur in der Therme liegen, sich im siedenden Aufguss wieder gerade ziehen lassen und nichts als Erholung verspüren. Kraft schöpfen, Nichtstun und Loslassen, was für ein unbeschreiblich erquicklicher Gedanke.

Die Aussicht auf Entspannung muss auch in unseren Gehirnwindungen Eindruck geschunden haben, die sich umgehend nur noch auf das Notwendigste beschränkten. Im Sparflammen-Zustand hatten sie uns tatsächlich suggeriert, dass 18 Kilometer Naturstraße mit einem Höhenunterschied von knapp 800 Metern einer läppischen Kaffee-Fahrt gleicht. Und in dieser irrigen Denkart nahmen wir am anderen Morgen nur das Allernotwendigste mit, einen Bikini, ein Handtuch und ein belegtes Brötchen — ganz schön gewagt, wenn man auf 1100 Meter Höhe kommt. Doch unsere Realität hieß Badetag und der hatte gefälligst entspannt zu sein. Und so kam, was kommen musste, ein genüsslicher Trip, der zum giftigen Brocken wurde.

Die Auffahrt, die zu insgesamt drei Thermen führt, fackelte nicht lange und katapultierte uns in die Wirklichkeit zurück, als sie sich gleich zu Beginn mit 20% Steigung unverschämt vor uns aufbaute, natürlich auf Schotter. Die Straße gleicht eher einer Passstraße als einem gemütlichen Ausflugssträßchen und folgt der trivialen Logik, dass der Höhenunterschied eben nicht auf einer flachen Strecke zu überwinden ist. Diese Realität tat mehr als weh, für Eva war sie eine Katastrophe. Klagend pedalierte sie vor sich hin und mäkelte immer wieder über die „kleine, gemütliche Fahrt". Im größten Ritzel kurbelte sie sich schleppend den steilen Hang hinauf, jeder Kilometer eine Qual und irgendwann war auch jede Pedalumdrehung zu viel. Anstrengung und Enttäuschung hielten sich wahrscheinlich die Waage, als sie zu schieben begann.

Nach zähen Kilometern öffnete sich unerwartet ein wunderschönes Hochplateau vor uns und augenblicklich weiteten sich Blick und Zuversicht. Kühe weideten auf saftigen Wiesen, der Rio de los Cajones gurgelte munter am Weg entlang und gezeltet wurde auch. Uns tat es vor allem gut, einfach nur eben zu rollen. Im Schatten wurde es merklich kühler und auch der Wind frischte auf.

Wieviel Gottvertrauen musste man haben, drei Thermen an der Seite dieses labilen Vulkans anzulegen, der ständig kurz vor dem Kollaps steht, dachte ich, als wir an der ersten Therme vorbeikamen. Drei blubbernde Kochtöpfe auf einem glühenden Herd. Wir fuhren auf dem schmalen Sträßchen weiter an einer steilen schwarzen Flanke entlang, einer Art senkrechten Betonspritzwand, doch an Hangabrutsch verschwendeten wir hier keinen Gedanken, eher daran, von einem rasanten Autofahrer vom Weg gewischt zu werden. Rote Begrenzungsposten kündigten schließlich als Vorboten die Termas Geometricas an und tatsächlich standen wir nach drei, vier letzten Kurven auf dem Parkplatz. Eva hing durch wie eine Bogenlampe als wir zum Eingang gingen, und hoffte auf Erholung und Erneuerung.

Wir traten ein in eine Welt aus Rot und Grün, rot der Steg und grün die Wildnis. Der Holzsteg geleitete uns in eine tiefe, gewundene Schlucht, einen üppig überwachsenen Spalt in der Erde, in dem gewuchert, gesprießt und gerankt wurde. Im überquellenden Dickicht fochten Schlingpflanzen, Lianen, Farne, selbst Bäume, Sträucher und Blumen um die besten Plätze, schossen in die Breite oder reckten sich zu einem grünen Baldachin empor. Die Wände der engen Schlucht sind so hoch, dass nur vereinzelte Sonnenstrahlen bis nach unten kamen. Prall und saftig gediehen die vom gurgelnden Bach getränkten Pflanzen zu gigantischer Größe heran. Farne fächerten sich frische Luft zu, Pflanzengirlanden pendelten von weit oben herab, Sträucher platzten ihre Blüten und Schoten heraus, ein grüner Dschungel, eine Dampfküche, in der es triefte, rauschte und plätscherte. Wir waren begeistert.

Den Ton in diesem Tumult gab eindeutig die „Pangue" an, eine riesige Art Rhabarber-Staude, deren Blätter wie Grammophon-Lautsprecher in der Erde steckten. Träge schaukelten sie hin und her und deckten alles zu, was sich nicht wehren konnte. Selbst durch die Geländer-Planken zwängten sie sich hindurch und bog man sie zur Seite, kam ein Ellen langer Fruchtstand zutage, gerade so, als wären sie bewaffnet. Hier ging es ums nackte Überleben, in diesem Gewächs-Konglomerat längst vergangener Zeiten.

Ein von Sinter verkrustetes Rohr schickt 80°C heißes Wasser über Holzleitungen zu den vierzehn Becken und am Ende der Klamm stürzt ein eiskalter Wasserfall in einen Bach und hindert den simmernden Kochtopf am Überschäumen.

In unserer Badeaufmachung gingen wir die nassen Holzbohlen entlang und steuerten ein kleines, höhlenartiges in die Wand eingelassenes und von Fuchsien umranktes Naturbecken an, in dem eine einzige Frau sanft durchs Wasser glitt. Die rosafarbenen, sonnenbeschienenen Fliesen um das Becken brannten wie Herdplatten. Staksig rettete ich mich in ein Stück beschatteter Erde, bevor ich im Storchenschritt zum Beckenrand stelzte. Vorsichtig stieg ich ins Wasser und spürte, wie sich augenblicklich eine unsichtbare Last von mir löste, als hätte man Ketten abgestreift. Langsam entriegelten sich die Poren der Haut, die tagelang gegen den Staub verschlossen waren. Die Wärme tat unendlich gut. Der Sud lockerte Muskeln, Knochen und Gemüt, eine heitere Stimmung durchflutete uns, wir quollen auf. Eine Bedienstete kontrollierte die Temperatur unseres Zulaufs und da sie so zufrieden nickte, wagte ich mich direkt an den Ausguss und ließ erst davon ab, als ich kurz vor der Garstufe war.

Die dritte Frau im Becken nahm Kontakt zu uns auf und ließ stolz einige deutsche Worte einfließen, nachdem sie unsere Herkunft bemerkt hatte. Sie hatte Freunde in der Schweiz. Kaum hatte sich eine sachte Nähe zwischen uns eingestellt, wies sie mich darauf hin, dass man die Früchte des Fuchsienstrauches essen könne, die dick überm dampfenden Wasser hingen. Nachdem ich meine inneren Warnsignale überwunden hatte, pflückte ich mir eine Frucht und biss zaghaft zu. Womöglich gehörte sie zur hyperlokalen Esskultur der Schlucht und verfügte über wundersame Kräfte, vielleicht gegen Staublunge und „tabanas", kulinarisch bespielte sie jedoch nur die unterste Etage mit ihrem eintönig grasigen Geschmack.

Wir hatten die Zeit etwas aus den Augen verloren und erst als die Wärme aus der Klamm verschwand, erkannten wir die Notwendigkeit, uns auf den Rückweg zu machen. Aufkeimender Hunger meldete sich, als wir aufgeweicht und träge dem Simmertopf entstiegen, den wir mit einem herzhaft pikanten Gemüsekuchen stillten. Müdigkeit nahm uns schleichend in Beschlag und je länger wir saßen, umso mehr sackten wir zusammen. Es hätte für die Abfahrt sicherlich keiner viertausend kräftezehrenden Körperübungen bedurft, allenfalls Konzentration und eine übertriebene Portion an Rüttelfestigkeit, doch Eva hatte um ein Taxi gebeten, das man im Bistro für uns bestellte.

Das Großraumtaxi gabelte 1,5 Stunden später nicht nur uns auf, neben uns saß ein junger Läufer, der tags zuvor einen Ultramarathon gelaufen war, und nun ähnlich müde wirkte wie wir. Stumm schüttelte uns der gähnende Fahrer in einem Affenzahn die Straße hinab, wo wir schläfrig aus dem Bus taumelten und gleich für den anderen Morgen eine weitere Busfahrt vereinbarten. „Punkt 9 Uhr am grünen Haus" lautete unser mündlicher Vertrag und als er nickte, drückten wir ihm im guten Glauben auch gleich die Taxi-Gebühr bar in die Hand. Nicht, dass wir großen Gefallen an der Rüttelei gehabt hätten, wir wollten uns den erneuten Anstieg ersparen, bei unserer Nationalpark-durchquerung, ein Vorhaben, das uns schon jetzt gedanklich arg in Beschlag nahm.

Wir hatten es uns wahrhaftig nicht leicht gemacht mit der Entscheidung, den Villarrica-Nationalpark zu durchqueren anstatt im überreizten Asphalt-Theater nach Pucon zu fahren. Die Idee verdankten wir Theo. In seinen Worten hatte es mehr nach erfrischender Abwechslung als nach Schwierigkeit und Anstrengung geklungen. Natürlich hatte er „Abkürzung" gesagt, aber mehr praktisch gemeint, völlig harmlos. Beschönigend hatte er von „pfiffig und spannend" gesprochen und dabei wilde Purzelbäume in mir entfacht. Erst beim näheren Betrachten waren uns Zweifel gekommen, hatten uns nach längerem Hin und Her dann aber doch mit der Durchquerung angewärmt, und das war unser morgiges Programm.

Nun standen wir spät abends ausgehungert mit ein paar Münzen in der Tasche in Conaripe und suchten reflexartig einen Bankautomaten, den es nicht gab und hasteten deshalb weiter zum Supermercado. Für uns war es inzwischen in Fleisch und Blut übergegangen, im Lebensmittelgeschäft Geld abzuheben, nur leider nicht in Conaripe, wie wir beim Spurt durch den Supermarkt erkannten. Bewohner brachten uns auf die schlüssige Idee, zur Tourist-Info, zum Hotel oder zum Busunternehmen zu gehen, bis uns schließlich dämmerte, dass man in diesem Ort überhaupt kein Bargeld bekommt.

Lican Ray nannte man uns in unserem Dilemma und da wir augenfällige Hoffnungslosigkeit ausstrahlten, bot uns ein junger Mann großzügig an, die Busfahrt dorthin zu bezahlen. Diese Geste trieb uns saftige Röte ins Gesicht und wir überlegten kurzzeitig sogar, die 50 Kilometer hin und zurück mit dem Rad zu fahren. Doch es dämmerte schon und müde waren wir auch, weshalb wir uns zu der tollkühnen Idee entschlossen, die Räder zum Appartement zu bringen und nach Lican Ray zu trampen. Es kam mir nicht ganz zeitgemäß vor, als Sechzigjährige am Straßenrand zu stehen und den Daumen hoch zu recken, als hätte man sich eben geschnitten. Die erstaunten Gesichter, die aus den wenigen Autos, die zu dieser Zeit noch fuhren, herausschauten, waren uns nicht entgangen und da wir mit der Geste auch niemandem einen lebensbedrohlichen Zustand vorgaukeln wollten, klappte ich den Daumen wieder ein.

Mit dem letzten Bus fuhren wir ins 25 Kilometer entfernte Lican Ray und glücklicherweise auch wieder zurück. Schlaftrunken ließen wir die Welt an uns vorbei hasten und träumten längst von unseren Betten. „Zehn Minuten" hatte uns der Busfahrer angemahnt, nachdem wir angekommen waren und hatte auf unsere Frage, wo die Bank denn sei, schräg über die Straße gezeigt. „Zehn Minuten" pochte es in meinem Gehirn, als wir im emotionalen Akkord über den knirschenden, schwarzen Lavasand hinweg jagten, dann fuhr er wieder zurück.

Die Bank war ein an eine Außenwand gedübelter Glaskäfig, hinter dem zwei Automaten hingen und einer langen, geduldig wartenden Menschenschlange davor. Die Erde drehte sich in dieser Nacht ungebührlich schnell. Wippend kasperten wir von einem Bein aufs andere und schnauften wie Lungenkranke schwer vor uns hin, während die Sekunden meiner Uhr leichtfüßig auf und davon galoppierten. Tick, tick, tick, schnappte der Zeiger von Strich zu Strich, es war ein Wettlauf im Stehen, den wir hier ausfochten. Es hatte sieben schrecklich lange Minuten gedauert, bis Eva am Automaten stand, und einige Schrecksekunden mehr, um zu erkennen, dass es der Inlandautomat war, der ihre Karte einfach wieder ausspuckte. Als wäre es eine ihrer letzten Lebensleistungen, hechtete sie zum Auslandsautomaten, stocherte ungehalten aufs Touchscreen ein und schaffte es erst mit der dritten von drei Karten, Geld zu erhalten. Mit dem Papierbündel in der Hand hechelten wir wie Verfolgte zur Haltestelle zurück, stolperten die Stufen zum Fahrer hoch, der uns breit grinsend empfing und umgehend losfuhr. Für unsere Müdigkeit und dem ausgehungerten Loch im Magen war diese Bankabhebung eine respektable Leistung.

22:45 Uhr wäre bei unserem Schlafbedürfnis die optimale Zeit gewesen, ins Bett zu gehen. Stattdessen pressierte der knurrende Magen ins noble Restaurant am Ende des Ortes, wo wir die letzten Gäste waren. Das obligate Volkshuhn stand nicht auf der Speisekarte und war auch nicht in unserem Blick, wir hatten Lust auf Rind und Rotwein. Zur besten Schlafenszeit erhielten wir als Vorspeise die kleinge-häckselte Tomatensalsa mit extra viel Koriander und zwei Glas Rot-wein, danach ein Steak mit Kartoffeln und Bohnengarnitur. Der Wein stieg uns unverhältnismäßig schnell zu Kopfe, was die Geschmacks-vorlieben etwas in den Hintergrund drängte, die sich vor der herben Note des edlen Getränks ehrerbietig verneigten. Selbst Koriander konnte uns in dem beduselten Zustand nichts mehr anhaben, die in-neren Barrieren waren längst gefallen, spaßige Stimmung trieb uns um.

Aufgekratzt traten wir den Heimweg an und zum ersten Mal ent-behrten unsere Ohren das lärmende Gedudel der Ortsmusik. Auch der kläffende Nachbarshund hielt Nachtruhe, als wir um 0:30 Uhr zum heimtückischen Gatter kamen, das Bein erfolgreich hoch und den Kopf runter beugten und unbeschadet unter der labilen Laterne die Unterkunft betraten. Eine stetig klappernde Jalousie wiegte uns umgehend in einen abgrundtiefen Schlaf.

Der Gang durchs Totholz

Ein giftiger Pieps aus der Armbanduhr weckte uns früh am Morgen, wie schon die Nächte zuvor. Schweigend saßen wir beim Frühstück und ich nahm mir nochmals die Landkarte vor und tauchte in die temperamentvolle Signatur des Plans ein, die unserer Durchquerung zugrunde lag. Schotter war es allemal, der uns erwartete aber nicht nur. Laut Karte ging die Straße in einen schmalen Wanderweg über, dann in einen dünnen Pfad und schließlich war es nur noch eine Markierung, die eher einer Geländeschrunde oder einem ausgetrockneten Bachlauf entsprach. Und diese Schmugglerspur war es auch, die uns schon am Vortag Kopfzerbrechen bereitet hatte, derentwegen wir sicherheitshalber Mayela als Ortkundige nochmals befragt hatten. „Auf gar keinen Fall, viel zu gefährlich!" hatte sie mit ihrem dorfbehafteten Erfahrungsschatz und weit aufgerissenen Augen versucht, uns von diesem Vorhaben abzuhalten. Ja oder Nein hatte sich lange die Waage gehalten, Natur oder Straße. Und dann gab es noch leise Zweifel, ob auf den Taxifahrer überhaupt Verlass wäre.

Wir buckelten uns mit den Rädern durch das beschwerliche Tor und zuckelten vorsichtig den rilligen Sandweg hinunter, direkt zum grünen Haus, wo ich noch etwas Zeit hatte, mich im Schaufenster nebenan satt zu sehen.

Das Eisenwarengeschäft in der Größe zweier Doppelgaragen bot mit seinem ausufernden Angebot jedem gutsortierten Baumarkt einer Kreisstadt Paroli, auch wenn unter dem enormen Spektrum die Systematik und Ordnung etwas verloren ging. Selbst größere Gartengeräte, Maschinen und Pumpen konnte man kaufen, Haushaltsartikel, Malerutensilien und natürlich Werkzeug aller Art. Mal lagen die Sachen in Kochtöpfen, mal in Wannen, mal baumelten Rohre und Gitter von der Decke herab. Wand hohe Regale, Kisten und Schübe, kein Platz war vergeudet und Räder und Gabeln klemmten direkt im Schaufenster. Im ersten Moment sah es nach Wirrwarr aus, nach Sammelsurium, mit etwas Geschick könnte man aber bestimmt zehn Handwerksberufe damit ausstatten.

Punkt 9 Uhr ging Eva ins Taxi-Büro und stolzierte auch gleich wieder heraus, denn unser Bus kam. Mit Bettfalten im Gesicht und noch Schlafschafen in Gedanken, quälte sich der junge Fahrer aus dem verbeulten VW-Bus, murmelte ein zaghaftes „Buonas dias", schnappte wortlos Räder und Gepäck, stieg ein und fuhr los. Schwungvoll zog der Bus die steilen, aufgerissenen Schotterrampen empor, es erstaunte, mit welch ruhigem Motor er das tat. Ein Heulen hätten wir uns gewünscht, ein qualvolles Motorgeräusch, das uns der gestrigen Anstrengung angemessen erschien, stattdessen legte der Fahrer den zweiten, manchmal auch den dritten Gang ein. Im Nu waren wir oben. Spröde legte er unsere Sachen an den Straßenrand, verabschiedete sich und fuhr staubig davon. Etwas ratlos standen wir hier mit unserem Kram und wussten nicht, was vor uns lag.

Die Straße meinte es gut mit uns, stieg nur mäßig an und hatte eine griffige Oberfläche, was unser Hochgefühl immens steigerte, die Durchquerung mit Leichtigkeit zu schaffen. Jede Kurbelumdrehung stachelte unseren Optimismus und unseren Glauben daran an. Knorrige, uralte Bäume säumten den Weg, einige bereits abgestorben. Wir frohlockten über die angenehme Straße, sechs Kilometer lang.

Den Eingang zum Nationalpark umzäunt ein Holzgeländer, bis hierher konnte man mit dem Auto fahren. Zwei Parkwächter hantierten an einem Geländemotorrad und hatten nur kurz aufgeblickt, als wir ankamen. Sägen, Äxte und Hacken lagen verstreut vor der Parkhütte, hier ging es ausschließlich um Bäume. Und wer den ganzen Tag nur Bäume sieht, läuft Gefahr, irgendwann wortkarg zu werden. Es verwunderte deshalb nicht, dass sich die Parkwächter weitgehend auf das Kassieren der Eintrittsgelder beschränkten. Aus der Höhe der Gebühr schlossen wir, dass Eintritt, Kurtaxe und Wegegeld zusammengerechnet waren. Auf einem Tisch lagen gestapelte Übersichtspläne, Postkarten und zusammen gefaltete Flora- und Fauna-Drucke. Ich steckte eine Landkarte ein, wir verabschiedeten uns in die Wildnis.

Der Weg war nun nicht mehr befestigt, wurde schmäler und holperiger, war aber immer noch befahrbar. Solche Bedingungen lassen Radfahrerherzen höherschlagen und übermütig werden. „Durchgeraradelt" jubelte es in meinen Gedanken, während wir dicke Wurzeln überquerten, in kleine Wasserpfützen rumsten und an größeren Steinen und Felsnasen hängen blieben. Es hätte so weitergehen können, doch plötzlich war Schluss. Vor uns krümmte sich ein erschreckend steiler Hang in die Höhe und ich fragte mich, in welcher Signatur wir hier standen. Wir hofften, die Schikane wäre nur von kurzer Dauer.

Die feinkörnige Beschaffenheit dieser Rampe war schwarz und bröselig und ich wurde das Gefühl nicht los, eine seriöse Abraumhalde eines Kohlereviers zu besteigen. Eva lief hinter mir her, doch nur kurz, denn es zeigte sich, dass sie mit Schieben wesentlich besser zu Recht kam als ich, ich verhedderte mich ständig. Mal stapfte ich in Hauruck-Methode, mal in kleinen Schritten, bis ich zu der Einsicht kam, dass mir Schieben einfach nicht liegt.

Im lockeren Gestein-Geschiebe stemmten wir uns gegen den Lenker, als müssten wir einen schweren Leiterwagen hochdrücken. Unbeschreiblich, wie hier die Physik der Biologie in die Quere kam, Hangabtrieb gegen Erschöpfung. Und immer wieder mogelte sich ein kleiner Stein in den Schuh. Pausen brachten kaum Vorteil, selbst im Stehen rutschten wir ab. Und als auch noch große Steine, tiefe Furchen und widerspenstige Wurzeln längst vergreister Bäume mitmischten, hatten wir mit den garstig schweren Rädern alle Hände voll zu tun. Je zäher wir vorankamen, umso schneller schwand die Kraft. Ich suchte nach geistiger Ablenkung und dachte an Mayela und ihren verzweifelten Blick am Tag zuvor und an Theo mit seinen lockeren Sprüchen. Beide mit ihrer Wahrheit und wir mitten drin. Zu unseren Füßen schwarzes Lavagestein, über uns ein dichtes Blätterdach, neben uns Stamm an Stamm. Und in dieser Undurchdringlichkeit sah Eva rot, die rote Ampel des Vulkans. Wir stapften weiter, als könnte Gehen ihn am Ausbrechen hindern. In Bewegung sein beruhigte. Wie immer waren wir vollkommen alleine, auch wenn rotweiße Markierungen an den Bäumen uns vorgaukelten, auf einem hochfrequentierten Wanderweg unterwegs zu sein.

Wir kamen höher und erreichten nassgeschwitzt den höchsten Punkt des Weges, was man nicht nur an der nachlassenden Geländebiegung sah, sondern auch am Blau des Himmels, das durch die Baumwipfel spitzelte. Es war ein überwältigendes Gefühl, am Scheitelpunkt angekommen zu sein. Wir streiften unsere Windjacken über, für die Abfahrt, die wir uns verdient hatten.

Die Begeisterung über die Abfahrt ließ uns eine Spitzkehre nach der anderen auf dem steilen Weg nach unten nehmen, und schon wieder regte sich ein leichtes Jubelgefühl in mir. Doch nur so lange, bis sich der Weg zu einem aufgehackten, schmalen Pfad zuspitzte, der steil vor uns abfiel. Eine unfreundliche Tücke, die sich vor uns auftat und zum Absteigen zwang. Die Schlucht sah mehr nach Bachbett aus als nach einem Weg, ein ausgetrockneter Spalt, in den unzählige Bäume hineingepurzelt waren und nun kreuz und quer übereinanderlagen. Eine Geländeschrunde mit hölzernen Wracks, Bannwald-Dickicht, Theos pfiffige Variante.

Wir bohrten uns eine Spur oberhalb des Totholzes, doch die Räder gierten direkt in die Schlucht. Stampfend rammten wir die Fersen in den Boden und stemmten uns gegen den drohenden Absturz, auch runter kann schwierig sein. In Kopfhöhe kämpften wir mit Ästen, die uns peitschend ins Gesicht schlugen, mit den Füßen fädelten wir stolpernd in Wurzeln und Astgewirr ein und mit den Kettenblättern sägten wir Stämme oder klirrten an bockigen Felsen entlang. Mal blieben wir stecken, mal rutschten wir und rissen uns die Beine auf, sei es am Pedal, am Gestrüpp oder an störrischem Geäst. Ständig lief man Gefahr, zu straucheln und kopfüber im Geländetrichter zu landen. In der Balance zwischen gehen und fallen fragte ich mich, wie lange diese Totholz-Jonglage wohl noch gehe.

Und noch eine zwingende Frage stellte sich mir in dieser angespannten Gemengelage aus „Taumeln" und „Straucheln", welche wohl die anspruchsvollere der beiden Übungen war, die Besteigung der Kohlehalde am Anfang des Weges oder das beginnende Hinabstürzen hier an der Geländekante. Eine eindeutige Antwort fand ich nicht, wohl aber die Bestätigung der bereits gewonnenen Erkenntnis, dass Abkürzungen stets einen kürzeren Weg bedeuten, fast nie aber einen zeitlichen Gewinn.

Tatsächlich hatten wir viel Zeit verbracht mit dieser Schrunde, die so gar nicht nach Radfahren schmeckte. Kam ein Stückchen unkomplizierten Weges, retteten wir uns auf die Sättel und freuten uns wie Schüler beim Pausenzeichen. Zusehends entspannte sich das Gelände und mithin auch wir.

Am Ende des Nationalparks ließen wir uns erschöpft auf der hölzernen Umrandung nieder und genossen es, nichts zu tun. Nach einer Weile fuhr ein großer Geländewagen heran, dem ein salopper junger Mann entstieg und der sich ohne Umschweife als „Fidele" auf Englisch vorstellte. Unsere Herkunft interessierte ihn und unsere Reise, doch am allermeisten Pudu. Für mich etwas unverständlich, denn das alte Rad war furchtbar dreckig und Reste der Transport-Verpackung klebten auch noch dran.

Fidele war das ziemlich egal, ihm ging es um Komponenten und die schaute er sich ganz genau an, er kannte sich exzellent aus. Die alte XTR-Schaltung hatte es ihm besonders angetan und spätestens als er die Federgabel in ihrem unscheinbaren Grau ehrfurchtsvoll „Mag 21" nannte, wusste ich um seinen Sachverstand. Liebevoll tätschelte er den dreckigen Rahmen und streichelte sacht über die Anbauteile. Ich ertappte mich, wie ich hier und da etwas Staub abwischte, damit ein Name besser zu lesen war oder das Metall in der Sonne funkelte. Die lila Kurbel hätte er am liebsten gleich mitgenommen und als sie beim Zurückdrehen das typische Hügi-Naben-Geräusch tackte, war ihm dies ein echter Hochgenuss. Sein Interesse schmeichelte mir, es machte mich richtig stolz. Zu guter Letzt nahm er sein Smartphone und machte viele Aufnahmen. Sollte ich mich je von meinem Juwel trennen, nötigte er mir das eiserne Versprechen ab, müsse ich unbedingt Kontakt zu ihm aufnehmen. Wir tauschten die Handynummern aus und ich gewann den Eindruck, dass er uns am liebsten begleitet hätte.

Nach so viel Lobhudelei saß ich nicht mehr auf meinem Fahrrad, ich thronte. Die gemeinen Stolpersteine im sandigen Weg ließen mich völlig unbeeindruckt, mit wehendem Trikot rüttelte ich die Rampe hinab. Nur drei morsche, waghalsig zu einer Brücke zusammen geschusterte Baumstämme zwangen mich, kurz abzusteigen und über den Bach zu balancieren. Wir stießen auf eine Schotterstraße.

An einer kleinen Waldlichtung fielen uns drei große dunkelbraune Zirkuswagen mit welken Vorhängen an den Fenstern auf und wir dachten zunächst an Feriengrundstücke. Tatsächlich wurde hier gewohnt, denn kurze Zeit später standen zwei junge Mädchen an der Straße und rieben sich die Bäuche. Wir verstanden, dass sie hungrig waren und hielten an, woraufhin sie uns zu einem Platz begleiteten, an dem sie selbstgestrickte Socken verkauften. Leider waren die Strümpfe alle viel zu groß und so gaben wir ihnen, mangels besserer Idee, eine Hand voll Bonbons. Im Wechselspiel von Kontakt und innerem Echo verabschiedeten wir uns reichlich beschämt und fuhren gedankenschwer weiter.

Kurze Zeit später gelangten wir zum Kiosk der „Termas Palguin". Das bemerkenswerteste an diesem Kiosk war der ehrenfeste, ältere Herr hinter der Luke, der uns in zackiger Manier auf Deutsch ansprach und dabei sehr rückensteif auf dem Stuhl saß. Sein historischer Wortschatz deutete auf längst vergangene Zeiten hin und die Themen ebenso. Auch wenn in seinen gestelzten Satzkonstruktionen eine gehörige Portion Stolz mitschwang, fehlte mir die nötige Phantasie, daraus ein Gespräch entstehen zu lassen.

Wir kauften Getränke und Kuchen und schon beim zweiten Schluck waren wir nicht mehr alleine. Ein argentinischer Vater kam mit seinem erwachsenen Sohn und vollbepackten Rädern an, die noch heute den Nationalpark in umgekehrter Richtung durchqueren wollten, wie sie uns auf Englisch erklärten. Wir hatten etwas Bedenken, da es schon Nachmittag war, doch die Zuversicht und die Unbekümmertheit, die sie ausstrahlten, beseitigten alle Zweifel. Wir aßen buttrigen Apfelkuchen unter feiner Mandelhaube und füllten unsere leergesaugten Energiespeicher auf, es erstaunte, wie einfach man Strapazen wegessen kann.

Als wir auf die geteerte Hauptstraße einbogen, vermissten wir umgehend das laute Malmen unterm Reifen, unser vertrautes Geräusch auf Schotter. Stattdessen begleitete uns ein monotones, fast fremdar-

tiges Surren, das uns automatisch in eine höhere, rhythmische Tritt-
frequenz geleitete. Schnell schwanden die Kilometer, denn auch das
Gepäck fühlte sich nun angenehm leicht an. An einem kleinen Euka-
lyptushain kraxelten wir auf ein Holzgestell und schauten nochmals
zurück zur Wildnis. Im gleißenden Sonnenlicht thronte die weiße Vil-
larrica-Pyramide mit ihrer unbeschreiblichen Strahlkraft inmitten
grünbewaldeter Kegel, die mächtigen Kamelen gleich vor uns lagen.
Ein einvernehmliches Miteinander, das mit dem hartgesottenen Bannwald-Dickicht nur schwer in Einklang zu bringen war.

Paradiesischer Rückenwind wedelte uns federleicht die Straße entlang. Wir fädelten uns in den breiten Radweg ein und wirbelten best-
gelaunt ins Zentrum Pucons hinein. Das städtische Verkehrs-Gewusel
erfrischten ambitionierte Triathleten in ihren bunten Trikots, die für
die Südamerika-Ausscheidung Ironman 70.3 trainierten, die am Sonntag stattfand, wie man uns erklärte. Dieser ungeheure Trubel erzeugte
in dieser ohnehin belebten Stadt noch mehr Zweifel, eine Übernach-
tungsmöglichkeit zu finden.

In der Touristeninformation händigte man mir anstandslos eine
Liste mit Unterkünften aus und hätte sie nicht beiläufig erwähnt, dass
Telefonieren nicht zu ihren Aufgaben gehöre, wären meine Bedenken
augenblicklich wie weggeblasen gewesen. Ich erkundigte mich noch
nach einem Radweg zum Lago Caburgua, den sie mir mit „immer am
Fluss entlang" wunderbar beschrieb.

Wir fanden eine Cabana und das auch noch für drei Tage. Die zünf-
tige Unterkunft strahlte Almhütten-Charakter aus, der durch ein Sortiment an strammen Baumstammhölzern vor dem Eingang rustikal
unterstrichen wurde, auch wenn die Rugel in der glühenden Hitze so
gar nicht passten.

Nachdem wir unser Gepäck notdürftig im Appartement verteilt hatten, gingen wir zum Supermercado, wo uns gleich im Kassenbereich
ein Schwarm Schüler in neongelben Warn-Westen auffiel, die den
Kunden beim Einpacken halfen. Eva schusselte mit dem widerspens-
tigen Einkaufswagen mehrmals unbeholfen in die falsche Richtung
und säbelte dabei couragiert eine zwei Liter Plastikflasche „agua natu-

rale" um. Bevor es zu weiteren Unfällen kam, überließ sie mir den Wagen und durchforstete nun losgelöst die vielen Gänge. Nach geraumer Zeit entdeckte ich sie vor einem Regal, wo sie andächtig zu frischgegrillten Hähnchen hochschaute, die in Plastikboxen übereinander gestapelt lagen. Der Gedanke, nicht kochen zu müssen, untermauerte ihre Kaufentscheidung, auch wenn sie sich mit der Auswahl, welches der fünfhundert Gramm Hühner wohl das größte war, etwas schwertat.

Als wir mit vollem Einkaufswagen und nichts als dem dünnen Stoffbeutel unserer Vermieterin an der Kasse standen, staunten wir über die unbesonnene Agilität der Verpackungshelferin. Die ersten Artikel waren gerade abgescannt, als sie mit ihrer Praktikantentätigkeit loslegte und Hals über Kopf Lebensmittel in Plastiktüten zwängte, dass einem Angst und Bang wurde. In einer Verquickung aus Hast und Desinteresse drückte sie Sprudelflaschen auf Bananen, Ölflasche auf reife Tomaten, kantige Pappschachteln auf saftige Nektarinen und zu guter Letzt stopfte sie die eckige Plastikbox mit dem erstarrten Huhn knackend auf zwei Schokohörnchen. So sah hier die Kundenunterstützung aus und ich war froh, für dieses Gehabe keine Schulnoten vergeben zu müssen.

Der Transport der ausgebeulten Plastiktaschen war eine größere Herausforderung, die wir auf den 20 Minuten zur Cabana bewältigen durften. Nach wenigen Metern war ein Henkel des Stoffbeutels gerissen, was das Unternehmen um ein Vielfaches erschwerte, und auch die Laschen der Plastiktüten gaben nach. Das Henkeldilemma nötigte uns eine stark altersgebeugte Haltung ab, wir schleiften die Beutel nur knapp überm Boden und das über 1,5 ungesunde Kilometer.

Das vorgegarte Delikatess-Huhn hatte uns leider nicht davon abgehalten, die Küchenstruktur gehörig durcheinander zu bringen. Fetttriefende Speise-Teller, ölige Salatschüsseln und angetrocknete Nudeln im Sieb gehörten heute zu meinen Aufgaben, denn mit Spülen wechselten wir ab. Mit unbeherrschbaren Wassertemperaturen entpuppte sich der Abwasch als äußerst querköpfig und erforderte wie schon so oft unverhältnismäßig viel Spülmittel.

Urlaubsgefühle

Mit kleinem Gepäck machten wir uns zum Lago Caburgua auf, den mir Fernandez mit den hängenden Bremsbacken so glühend empfohlen hatte. Eva hatte ihre Spezialflasche, die mit einer Kappe dicht verschließbar und somit Zelt tauglich war, in den Halter gepfriemelt, wo sie nun tollkühn am Unterrohr hing. Als weitere Besonderheit beherbergte diese Flasche in einer Querrille eine lange Angelschnur, das Fundament unseres Not-Equipments, falls es mit der Nahrungssuche irgendwo knapp werden sollte. Heute rechneten wir nicht mit einem Verpflegungs-Engpass, dafür mit durstigen Temperaturen.

Wir verließen die Hauptstraße und bogen wie beschrieben links in die sandige Seitenstraße ab, die direkt zum Fluss führt. Es war ein befreiendes Gefühl, dem Verkehr entronnen zu sein und auf dem lauschigen Wegchen dahin zu rollen, das nach einer langgezogenen Rechtskurve allerdings an zwei hüfthohen Felsen endete. Ich lehnte mein Fahrrad an und durchstöberte zu Fuß das knifflige Gelände. Vorsichtig rutschte ich den steilen Abhang hinunter und landete an einem kleinen Bach. Ihm entlang durchstreifte ich eine größere Lichtung, querte einen verwilderten Lagerplatz, krümmte mich durch tiefhängendes Geäst eine steile, sandige Böschung hinauf und gelangte exakt zum Ausgangspunkt meiner Erkundungstour. Wir waren falsch.

Ein keuchender Jogger mit der maßvollen Geschwindigkeit eines bedächtigen Wanderers, bot uns auf meine Frage hin an, den Abzweig zu zeigen, aber da er so langsam war, wären wir garantiert vom Rad gefallen. Tatsächlich fanden wir alleine den Einstieg und als es auf knirschend grobem Schotter unverschämt steil und noch verwegener bergab ging, mussten wir richtig sein. Rauf drehte der Hinterreifen durch, runter versackte das Vorderrad im sandigen Kies, einmal mehr fühlte ich mich wie beim Rodeo, kurz vor dem Abwurf. Eva schlich ganz vorsichtig dem bockenden Stier hinterher und manchmal schob sie auch.

An einer dieser gnadenlos steilen, aufgerissenen Rampen, die man, wenn überhaupt, nur mit Vollgas aus dem Flachstück heraus bezwingen konnte, musste der desolate Zustand des Weges irgendjemandem zu viel geworden sein, denn der Weg war schlagartig mit quadratischen Betonplatten bepflastert. Zwei parallele Spuren in Autoreifenbreite zogen sich wie Miniaturautobahnen den Hang empor und krümmten sich elegant um eine Kurve. Auf einer dieser schmalen Spuren zirkelte ich den steilen Berg hinauf und war glücklich, festen Untergrund unterm Rad zu spüren. Die Platten nahmen den Rampen zwar nicht die Steilheit und man war in seinen Lenkmöglichkeiten auch sehr eingeschränkt. Man konnte aber im Stehen fahren, natürlich immer die Hoffnung vor Augen, der giftige Abschnitt möge bald zu Ende sein. Kaum stand ich mit ganzem Körpereinsatz auf den Pedalen, durchzuckte mich ein heftiger Ruck und das Rad stoppte. Das Hinterrad hatte sich unter dem rabiaten Kettenzug leicht verdreht und saß nun schräg im Rahmen. Ich verstand den Wink des Gefährts, dass auch Räder ständig Zuwendung brauchen.

Im zähen Rauf und rasanten Runter war es schwierig, in einen gleichförmigen Rhythmus zu kommen, mühsam erklommen wir Hügel um Hügel, als Eva plötzlich einen fürchterlichen Schrei von sich gab. Es war ein Gebrüll, das automatisch an Sturz oder Gabelbruch denken ließ. Tatsächlich ging es um ihre Unterrohrflasche, die sie bei einer dieser rüttelnden Abfahrten verloren haben musste. Lange hielten wir uns nicht mit der Suche auf und schöpften Mut, sie auf der Rückfahrt wieder zu finden.

Die Landschaft war hier wunderschön, zeitweise wähnte man sich in den Dolomiten und manchmal im lieblichen Schwarzwald. Zur optischen Vielfalt gesellte sich kurze Zeit später ein muskulöser, schwarzer Hund, der zähnefletschend aus einem Gehöft direkt auf mich zu gejagt kam und zähnefletschend, mit markerschütterndem Gebell meine Packtasche attackierte. Wie wahnsinnig tobte er an meiner Seite, wahrscheinlich wegen des Käsebrötchens. Ich war mir nicht sicher, ob ich lebend davonkam, denn da ihn niemand rief, betrachtete er die Straße anscheinend als sein Revier. Fluchtmöglichkeit gab es keine und mir wurde langes Warten aufgezwungen, bis er endlich von mir abließ.

Die Teerstraße, auf die wir kamen, führt direkt zum Lago Caburgua, der eingebettet im dunklen Wald faszinierend schön vor uns lag. Wir folgten dem Beton-Steg – der wie ein Spätzleschaber im Wasser versank – bis zum züngelnden Wellenschlag und genossen den Blick auf den von leichter Brise gefächelten, lockigen See. Die Sonne zauberte Urlaubsatmosphäre. Kleine Boote dümpelten plätschernd im Wasser und an der Landungsbrücke lagen bunte Ausflugsschiffe. Die Schiffe waren mehr Flöße aus zusammen gebundenen Ölfässern, überdacht und bestuhlt. Wir setzten uns auf die Hafenmauer und schauten dem unbeschwerten Treiben der Menschen zu. Manche spielten Beachvolleyball, andere tummelten sich im Wasser oder sonnten sich am Strand und manche waren auch nur mit ihren großen Kühltaschen zum vergnüglichen Picknick gekommen.

Am eindrücklichsten blieb mir die Flottille an aufgespannten Miniatur-Sonnenschirmen in Erinnerung, unter denen Schatten suchende Menschen krumm wie Butterhörnchen lagen. Anscheinend war es verboten, eigenen Sonnenschutz mitzubringen, denn die bunten Schirmchen komponierte ein Spezialist auf die Sandbühne. Der Chef der Hülse war verschiedentlich zielstrebig über den Strand marschiert, dem ein Badegast folgte und der dann am gewünschten Platz auf den Boden zeigte, woraufhin der Hülsen-Mann das Rohr in den Sand rammte und den Sonnenbanner oben draufsteckte. Der Sonnenschutz war wahrscheinlich deshalb so zierlich, da man in der Hochsaison hier Schulter an Schulter lag.

Den Himmel bevölkerten kräftige weiße Zirren, wie man sie in dieser vollendeten Gleichförmigkeit nur ganz selten sieht. Geometrisch radial breiteten sie sich wie ein überdimensional aufgespannter Fächer aus und faserten hoch über dem See gazellenhaft davon. Zauberwölkchen, weißen Rauchfähnchen gleich, ausgebreitet unterm Blau des Himmels und viel zu schön, um Schlechtwetter-Wolken zu sein. Und unter diesem berauschend anmutenden Himmel verkauften zwei junge Männer das prächtige Werk ihrer Großmütter, ganze Kuchen oder in Stücke portioniert. Ich kaufte zwei Stück Mandel-Butterkuchen und war von der Wucht des Geschmacks höchst begeistert.

Erfrischt von dieser Urlaubs-Idylle machten wir uns auf die Rückfahrt und ließen augenblicklich die Köpfe hängen. Kein schwärmerischer Blick in die Landschaft, kein Vogel, dem wir hinterher schauten, stattdessen starrten wir wie zwei Hochdepressive erbittert auf den Boden. „Schau Du rechts, ich schau links", war das Motto der Heimfahrt, in der Hoffnung, Evas Spezial-Flasche zu finden, eine unbeschreiblich stupide, geistig erschöpfende Übung. Erschreckend, wie schnell das Gehirn ermattet, ob der ewig gleichen Steine, die da am Wegesrand lagen, dem ewig gleichen Sand unterm Reifen, den Furchen und Wurzeln und dem bisschen Gras. Monotonie kann furchtbar anstrengend sein. Zum lahmenden Geist gesellte sich Halsstarre, was am Durchhaltevermögen zusätzlich nagte. An keinem anderen Tag hatten wir die Landschaft so sehr missachtet wie auf dieser Strecke, und dennoch blieb die Flasche unauffindbar.

Auf der Hinfahrt zum See waren wir an einem ohrenbetäubend lauten Festival vorbeigekommen, das wir nun in unserem Bedürfnis nach Aufmunterung und in unserer Neugier besuchten. Wir drückten uns unter dem hohen Torbogen am rhythmischen Gewitter der Magen durchwummernden Lautsprecher vorbei und landeten im Fußballfeld großen Hexenkessel, in dem noch immer gehörig viel los war. Mit der hämmernden Trommelmusik war es fast unmöglich, sich zu verständigen und wir gingen zum Ende des Platzes, wo für uns neben einer knatternden Mapuche-Fahne die eigentliche Attraktion dieser Veranstaltung stand, eine originale „Ruka" aus Stroh. Mapuche-Frauen in geschmackvoller Festtagskleidung ermunterten uns, die „Ruka" anzuschauen, wir traten durch den nach Osten zeigenden Eingang ein.

Im Strohhaus lebte man in einem einzigen, rußgeschwärzten Raum, es roch leicht rauchig. In der beengten Geometrie war in der Mitte eine von Steinen eingesäumte, offene Feuerstelle, über der eine dicke Kette baumelte und entlang der Strohwände standen Bänke und ein Holzzuber. Nur wenige Sonnenstrahlen fielen durch die kleinen Ritzen ins Innere, es war bedrückend dunkel. Auf dem Boden schwarze, festgestampfte Erde, kein Holz, keine Steine, nichts Trennendes durfte zwischen Mutter Erde und dem Menschen sein.

Wir verließen die bodenständige Düsternis und wechselten zurück in den kunterbunten Trubel unter der glühenden Sonne. Junge Männer spielten mit handgeschnitzten Schlägern Hockey auf einem erdigen Stück Wiese, Pferde trabten über den Platz, während andere in Trance zum kreisenden, pulsierenden Rhythmus der Musik tanzten. Über allem stand der Rauch von Kesseln und Wannen.

Essen war ein zentrales Thema dieses Festes, wahrscheinlich sogar der existenzielle Antrieb der Besucher. Knusprige Tierleiber kreisten an Stangen vor sich hin, goldbraune „Empanadas" lagen in einfachsten Kohleöfen, es gab Suppen, Eintöpfe und verschiedene Kuchen. Ein Fernsehteam war anwesend, was mir meine Hemmungen, zu fotografieren, etwas nahm. Als ich drei Tonschalen mit Fischsuppe, Maiskolben auf Hühnchen und goldglänzendem Maisauflau anvisierte, näherte sich mir scheu eine ältere Mapuche. In ihrer Aufmachung mit Schürze und Kopftuch trug sie zwei selbstgebackene Bauern-Fladenbrote auf einem Brett vor sich her und ihrem bittenden Gesichtsausdruck war unschwer zu entnehmen, dass ich auch ihre Brote fotografieren möge. So überrascht ich über diese Geste war, erlag ich nicht dem erstbesten Foto sondern ermunterte die Bäckerin, sich mitsamt ihren Broten ablichten zu lassen. Es war nicht leicht für sie und keineswegs selbstverständlich, mir zuzustimmen und noch heute freue ich mich über diese einzigartige Aufnahme.

Wir schoben unsere Räder zu den Holzbuden am Ausgang, wo allerhand zum Kauf angeboten wurde: Fahnen, Tücher, Küchenutensilien und Kunstartikel. Berauscht von der Musik, kauften wir eine CD mit feurigen Mapuche Songs, auch wenn dies mit unserem Gepäck kaum vereinbar war. Am Ende verließen wir, durchpulst von Rhythmus und Farben, das Fest und machten uns auf den Heimweg.

Die Anstrengung des Tages endete damit, die Räder unters Vordach zu schieben und anzuketten. Die Hast der schweißtreibenden Woche war vorüber und wie von Zauberhand entglitt die innere Spannkraft, Eva tat fünf letzte Schritte und ließ sich ins nahe Sofa plumpsen.

Erst viel später bemerkten wir, dass die Cabana aufgeräumt war. Mein Handy lag im Brotkorb, Landkarten steckten unter der Obstschale, meine Lesebrille fand ich hinter einer Tüte Knabberei und das Schreibzeug klemmte zwischen den Wasserflaschen. Als psychologischen Rahmenbruch vermisste ich im Schlafzimmer meine rosa Ohrstöpsel. Vergeblich hatte ich nach ihnen gesucht. „Chickles, chickles!" antwortete die Putzfrau verdutzt auf meine Frage. Sie dachte, es sei Kaugummi.

In der Gewissheit, keine Tatkraft und Wucht für den nächsten Tag aufbringen zu müssen, gaben wir uns − erfüllt vom großartigen Tag und den traumhaften Bildern − dem erholsamen und verdienten Schlaf hin.

Wie üblich standen wir früh auf, auch wenn heute ein Tag war, wo wir einfach nur mal „sein" wollten. Heute schnürten wir kein enges Zeitkorsett, heute genossen wir ausgiebig Frühstück und Gemächlichkeit und folgten dabei einem ungemein einlullenden Geräusch. Es regnete. Nicht schlimm für einen Ruhetag, allenfalls unpassend für unsere schirmlose Aufmachung.

Der Tag war noch jung, als Eva plötzlich in Worte fasste, was wir beide zittrig fühlten, es wurde kühl in der Cabana mit ihren dünnen, nicht isolierten Holzwänden. Und zwar so kühl, dass uns die Baumstämme vor der Hütte nun ungemein beruhigten. Auch den gusseisernen, schwarzen Ofen, der so siegesgewiss im Wohnzimmer stand, umgab eine hoffnungsvoll große Schar an dicken Hölzern, wir würden also nicht erfrieren.

Fröstelnd ging Eva ans Feuer machen, hobelte mit dem Messer von einem Holzklotz dünne, faserige Holzschnipsel ab, legte sie sorgfältig auf zusammen geknülltes Papier und schichtete dicke Scheite obendrauf. Als das brennende Streichholz züngelnd nach dem Papier gierte, schob sie den Luftklappenschieber nach links und schloss die Ofentür, was dem Flämmchen augenblicklich die Luft nahm, es erlosch. Alles noch mal von vorn, Luftklappenschieber diesmal nach rechts, Ofentür leicht geöffnet, ein bisschen blasen, und wieder wurde es nichts mit dem Feuer, auch nicht beim dritten und vierten Versuch. Jedes Mal hatte sie mit ihren rußgeschwärzten Unterarmen die Holzpyramide heraus gekramt und von neuem wieder aufgebaut. Bis sie in einem zündenden Moment übertriebener Neugier unerwartet den Kopf durch die fußballgroße Türöffnung steckte, den Hals ungesund zur Seite drehte und gequält nach oben gierte. Außer Schwarz war anscheinend nicht viel zu sehen, denn augenblicklich verlor sie das Interesse an der Schamotte und wandte sich stattdessen engagiert dem unteren Schubfach zu, der Ursache allen Übels, wie sie vermutete. Dort lagerte tatsächlich noch schaufelweise kalte Asche, die sie mit einem Stück gebogener Pappe hingebungsvoll in eine bereitgestellte Plastiktüte häufelte. Der Fehler war erkannt und dennoch zuckte auch bei weiteren Anzünd-Versuchen das freudlose Feuerchen nur kurz auf und erstarb dann wieder.

Einen zittrig kalten Tag vor Augen, kramte ich nun meinerseits in uralten Kindheits-Erinnerungen, wie meine Mutter immer nach dem gleichen Prinzip Feuer anfachte: Papier luftig zusammenknüllen, hauchdünne Späne darüber, den Knäuel an mehreren Seiten von unten anzünden, Ofentürchen kurz offenlassen, so hatte es immer geklappt, tagein, tagaus. Gemacht, getan, es funktionierte nicht.

Da es keine Anleitung zu dieser Feuerstätte gab, baten wir schließlich mit klammen Fingern unsere Vermieterin um Hilfe. Was dann geschah ließ uns endgültig als eingefleischte Feuer-Analphabeten zurück. Ohne erkennbaren Plan stapelte sie dickste Hölzer wild übereinander, warf ein brennendes Streichholz achtlos hinterher, schloss die Ofentür, ratschte den Luftklappenschieber nach rechts – es brannte lichterloh.

Ich darf mir etwas wünschen, offenbarte mir Eva in der warmen Stube und zielte dabei auf meinen bevorstehenden Geburtstag ab.

Schon beim ersten Gedanken, wusste ich, dass es ein Stück Wildnis werden würde. Fiebrig breitete ich die Landkarte vor mir aus. Wie magisch legte ich meinen Finger auf ein abgeschiedenes Hochtal, mitten in den Anden, dort wollte ich hin. Es gab sogar eine Ortschaft, Reigolil, was dem Manöver etwas den Schrecken nahm. „Aha", sagte Eva knapp, denn weder sie noch ich wusste was uns erwartete.

Angemessen verpackt in Regenjacke und Regenhose und der plattgedrückten und spitzgezogenen Regenmütze auf dem Kopf, huschten wir ins Fremdenverkehrsbüro und vermieden es strikt, in allzu große Regenpfützen zu platschen. Dort erklärte uns die schon bekannte ältere Dame mit dem „Sackgassen-Tipp" auf die Frage nach einer Busverbindung nach Curarrehue, jeder Überland-Bus würde Räder mitnehmen. Da uns die Antwort so wünschenswert entgegenkam, erkundigten wir uns auch gleich noch nach den Straßenverhältnissen nach Reigolil, worauf sie uns mit ihrem unumstößlichen „Unpassierbar" unterm Strich doch reichlich entmutigt auf die Straße entließ.

Im Tante-Emma-Laden an der Straßenecke gebe es Bustickets, hatten wir von einem Passanten erfahren und dem war auch so. Seitenlange Übersichtspläne mit Bus-Linien und den dazu gehörenden Abfahrtszeiten klebten an der Wand, denen wir allerdings auch beim dritten entschlossenen Durchforsten keine Bus-Verbindung nach Curarrehue entnehmen konnten. „Gehen Sie zu Pullman" riet uns die freundliche Verkäuferin, zum Busunternehmen schräg gegenüber. Dort erklärte uns die junge Angestellte, dass die Busse zwar durch Curarrehue fahren, dort aber kein Halt vorgesehen sei und schickte uns zu „Nar", zwei Straßen weiter. Das angenehmste an dieser Informations-Schnitzeljagd war, dass die Bus-Betriebe in Wurfweite beieinanderlagen, denn wir wurden unverzüglich wieder zu „Pullman" zurückgeschickt, da „Nar" keine Räder mitnehme. „Ihr müsst den Fahrer fragen" lautete schließlich der zündende Rat der bereits bekannten Schalterbediensteten und darauf wollten wir uns gerne verlassen, denn heute war eigentlich Entspannen angesagt und Schoppen.

Es regnete mit einer Verbissenheit, die kaum Hoffnung auf ein baldiges Ende ließ. Eilig flitzten wir zur „Artesana"-Halle, wo uns schon am Eingang drückende Düsterheit und eine beklemmende Enge empfing. Kleine, über und über mit Waren vollgestopfte Charakterbuden reihten sich fließend aneinander und buhlten mit ihrem überquellenden Sortiment um die Gunst der Kunden. Heute würden wir schwach werden, war mein offensichtliches Gefühl, als wir die schmalen Gänge entlang schlenderten. Die nebeneinander geschachtelten Stände boten von Kunst über Kleidung bis hin zu Gebrauchswaren eine Fülle an Artikeln an. Ungekünstelte Holzschnitzereien in Form von Brettern,

Schalen und Tieren lagen auf Hallen hohen Regalen, daneben baumelten bunte Socken an Seilen herab, und nicht weit davon hingen Pullover und Jacken in dreilagigen Schichten übereinander. Messer, Spielsachen und Porzellan gab es zu kaufen und natürlich handgefertigten Schmuck. Einer der Stände glich einem Antiquariat, an dem es „cujas" gab, Mate-Trinkgefäße aus Porzellan, Silber oder aus einem Kürbis geschnitzt mit versilbertem Abschluss, die uns besonders interessierten. Als wir den Verkäufer aufgespürt hatten, der bewegungsunfähig in seinem Kabuff hinter zugestellten Bretterwänden verharrte, erstanden wir zwei „cujas" mitsamt den gebogenen silbernen „bombillas" und schafften es tatsächlich, diese filigranen Prachtstücke unbeschadet nach Hause zu bringen. Dem unwirtlichen Wetter gehorchend und meinem verloren gegangenen Fleece-Pulli zuliebe, kaufte Eva noch ein schwarz-weiß gestricktes Alpaca-Wärme-Wunder.

Im prasselnden Regen drückten wir uns unter den Arkaden die Einkaufsmeile entlang und zwängten uns an pitschnassen bunten Stühlen und Tischen der Restaurants vorbei. Selbst die Trottoirs und Straßen waren bestuhlt und nur an der Farbe der Möbel war zu erkennen, wo das eine Lokal endete und das andere begann. Auch an zwei Sportgeschäften kamen wir vorbei, wo Eva sich nach einer Radflasche erkundigte und einmal mehr enttäuscht wurde.

Wesentlich einfacher war es dagegen, in der Sporthauptstadt ausgefallenen Schmuck zu finden. In einer bezaubernd dekorierten Auslage eines Schmuckgeschäfts entdeckten wir Silberschmuck mit eingearbeitetem Lavagestein, mal als Armreif, als Brosche, Anhänger oder Ring. Im unerwarteten Gefühlsüberschwang aus Verdienst, Dankbarkeit und dem Wunsch nach Erinnerung trieb es Eva glattweg ins Juweliergeschäft, wo sie sich einige Ringe zeigen ließ und sich spontan für einen schlicht eingefassten Silberring mit einem halbkugelförmigen Villarrica Vulkangestein entschied. Erst kämpfte sie mit Lava-Brocken unter den Füßen, nun prangte ein Brösel stolz an ihrer Hand und schön war er obendrein. Eva war überglücklich.

Es bedurfte einiger Überwindung, in die nasskalte Witterung Pucons hinauszutreten und nur die Vorstellung eines gemütlichen Cafés trieb uns weiter, inzwischen keimte auch Hunger auf. Keine 15 Minuten später kamen wir zu „Omas Café", einem dunkel gebeizten, bäuerlichen Holzhaus, das uns mit seiner Berghütten-Fassade förmlich anzog. Triefend betraten wir die bollernde Holzofenwärme und waren etwas verwundert, dass wir bei diesem ungemütlichen Wetter die einzigen Gäste waren. Durchs regennasse Fenster beobachtete ich, wie im strömenden Wolkenbruch weiße Zelte am Zieleinlauf der Marathonstrecke aufgestellt wurden, um vor dem allerärgsten Platzregen zu schützen. Im Dunstkreis des wärmenden Ofens kümmerte mich das wenig, und doch hatte ich mit meinem dampfenden Kakao und dem köstlichen Apfel-Rahm-Kuchen vor mir spürbar Mitleid mit den Helfern.

Vergnügt traten wir den Heimweg an, auch wenn wir im schnürenden Landregen knöchelhoch im Wasser wateten. Uns trieb der Kanonenofen an und der Gedanke an die mollige Wärme, die wir entfachen werden. Kaum hatten wir die vollgesogenen Schuhe und die pitschnasse Regenkleidung abgelegt, hasteten wir in flatteriger Hochstimmung zum Ofen, wo wir abstrus grobe Holzklötze in das Füllhorn stapelten. Aufgekratzt warf Eva ein brennendes Streichholz zwischen die Scheite, schloss die Tür, es brannte. Ganz nebenbei hatten wir kurz über eine Holzofen-Bedienungsanleitung nachgedacht, natürlich auf Englisch.

Mein sechzigster Geburtstag

Nach Tagen der Leichtigkeit wandten wir uns frühmorgens den beladenen Kinderbetten zu und sortierten unsere Sachen für die Gepäcktaschen. Zu Beginn der Tour hatten wir die Taschen noch wahllos vollgestopft und nur darauf geachtet, dass die linke in etwa gleich schwer wie die rechte war. Das Ergebnis dieser unzweckmäßigen Packerei war, dass wir unterwegs konfus nach Wecken, Werkzeug oder warmer Kleidung suchten. Inzwischen suchten wir mit System. Da unsere Räder keine Ständer haben, lehnen wir sie – unserer Gewohnheit entsprechend – immer auf der rechten Seite an und zwängten deshalb ab sofort die Dinge, die wir nicht ständig griffbereit brauchten, in die rechte Packtasche. Rechts transportierte ich also meine Ausgeh- und Sportkleidung, die Expeditionsnahrung, Isomatte, Hygieneartikel etc. und das Kochgeschirr. Mehr ging nicht rein. Die Linke fütterte ich mit Schuhen, Apotheke, Werkstatt, warmer Kleidung, Regenkleidung, einmal Sport-Wechselwäsche, Winterhandschuhen, Vesper und Obst.

Der Kochtopf in meiner rechten Tasche war an Gefährlichkeit kaum zu überbieten. Ursprünglich war er mit einer bleischweren Pfanne bedeckt, ehe ich im Keller einen hauchdünnen Alu-Deckel fand, der allerdings zwei Nummern zu groß war. Mit der Flachzange und einem dazwischen geklemmten Stück Fahrradschlauch hatte ich deshalb den Überstand ringsum in kleinen Schritten rechtwinklig nach unten gebogen und ihm den welligen Faltenwurf einer herabhängenden, runden Tischdecke verpasst. Ohne Griff brachte er sagenhafte 120 Gramm Gewichtsersparnis. Dafür ragte nun ein hundsgemein spitzes Stück Schraubengewinde senkrecht nach oben, das bösen Schaden anrichten könnte. Den Topf umschlang ich deshalb in mehreren Lagen mit dem Financial-Microfaser-Handtuch in Extragröße, ehe er in die Tasche durfte.

Aufsatteln, aufsitzen, losfahren, so einfach war unser täglicher Aufgalopp, doch der Euphorie des schwungvollen Aufbruchs stellten sich erst einmal Hürden in den Weg, an diesem wunderschönen Morgen.

Evas Gepäckträger war locker, das Gewinde einer Schraube blank und griff nicht mehr. Meine Reparatur-Improvisation mit Ersatzschraube, Mutter und dazwischen geklemmter Unterlagscheibe war kein technisch brillanter Wurf und rasselte leider mit „mangelhaft" durch, da sich Eva an dem kantigen Schraubenkopf umgehend ein Loch in die Radhose riss, eines von nachfolgend vier. Unter diesem Gesichtspunkt war es für sie vernachlässigbar, dass der Gepäckträger wieder bombenfest hielt und auch, dass wir uns beim Raffen und Zurren der fünf störrischen Gepäckbänder umgeknickte Nägel und aufgescheuerte Finger holten. Denn Eva fuhr nun mit Loch.

Nach wenigen Minuten hatten wir mit unserem monströsen Gepäckkamel die Busstation erreicht, wo uns die Wartenden mit ihren kleinen Taschen und Köfferchen verwundert anschauten. Eine Stunde verging, ehe der hochpolierte, edle Bus in die Haltebucht einfuhr. Vorgewarnt durch das erlebte Gepäck-Tamtam waren wir über die Freundlichkeit des Fahrers sehr überrascht, auch wenn er uns die Mitnahme verweigerte. Wir sollen den „Jac"-Bus nehmen, half er uns weiter.

Stumpf und ausgeblichen stand der blaue „Jac"-Bus etwas zurückversetzt an einer Mauer und bot mit seinem kläglichen Äußeren den Anschein, bereits ausgemustert zu sein. Es bedurfte deshalb einer angemessenen Portion Überwindung, sich ihm anzuvertrauen, zumal wir die einzigen Passagiere waren. Der Fahrer des verschlissenen Gefährts wertete mit seinem hilfsbereiten, warmherzigen Naturell die jämmerliche Erscheinung jedoch gehörig auf, kümmerte sich um unser Gepäck und bat uns, die Räder mit in den Fahrgastraum zu nehmen, was uns zweimal nachfragen ließ. Zu seiner gefälligen Art passte auch, dass er zwei junge Reinigungskräfte mitnahm, die wahrscheinlich über ein soziales Unterstützungsprogramm finanziert wurden. Boden im Bus fegen war ihre Arbeit und während der Fahrt ab und zu über die Armatur zu wischen.

Mit leicht gereiztem Motor fuhr der Bus aus Pucon heraus, als der Fahrer auch schon wieder einen Stopp einlegte, woraufhin der agilere der beiden Reiniger nach draußen hüpfte, an einem vollbehangenen

Kirschbaum einen dicken Ast abriss, und ihn mir wie ein vorgezogenes Geburtstagsgeschenk in die Hand drückte. „In Chile gibt es gelbe, rote, gescheckte und schwarze Kirschen" erklärte der Busfahrer, als wir die knallroten Früchte von den Stielen zupften. Wir revanchierten uns mit einer Stange Pfefferminz-Bonbons.

In Curarrehue versicherte uns der Fahrer, auf den Betrieb am kommenden Sonntag angesprochen, dass ab 8 Uhr stündlich ein Bus zurück nach Pucon fahre. Die mutmachende Zuversicht, die er ausstrahlte, hätte schon genügt, ihm zu vertrauen, nur unser Erfahrungsschatz ließ kleine Restzweifel bestehen, denn pendelnder Busverkehr harmoniert einfach nicht mit einem Radrennen. Wir verabschiedeten uns.

Der anstrengende Tag, der uns bevorstand, trieb mich zum Bäcker schräg gegenüber, wo ich zwei saftige Pudding-Plunder-Stückle kaufte. In meiner aufgewühlten Vorfreude verspürte ich eine erwartungsvolle, feierliche Erregung in mir und war gespannt, was der Tag für mich bereithalten würde. Etwas Besonderes sollte es sein, noch immer hofften wir, Kondore zu sehen.

Gestärkt von der köstlichen Nascherei, fuhren wir auf dem Weg in mein verschwiegenes Geburtstags-Tal schnittig an der verlotterten Herberge mit der emporragenden Dusche vorbei, und verließen über eine Brücke in einem letzten Schwenk den Ort. Schlagartig waren wir allein. Vor uns dehnte sich eine ruhige, friedliche Landschaft aus, Berghänge krümmten sich links und rechts steil in die Höhe und prompt wurde auch die Straße giftig. Schaute man die Berge hoch, sah man Weiden, Wald und Heide – grün in all seinen Schattierungen. Ich war erstaunt, in welch feinen Nuancen sich das Grün hier entfaltete. Nur selten war mir die Buntheit dieser Farbe so bewusst geworden wie in diesem Tal. Von gelblichem Frühlingshauch über frisches Gras, samtiges Moos bis zu düsterstem Dunkel ging das prächtige Farbenspiel fließend ineinander über. Wie immer setzte die herbe, unfassbar extravagante chilenische Schmucktanne mit ihrer markanten Eigentümlichkeit hoch droben den Schlussakkord, mal in männlicher und mal in weiblicher Form.

Ein Reiter trieb Jungbullen vor sich her und als sich die Straße um einen mächtigen Felsvorsprung wand, stakste ein junges Pferd fidel an uns vorbei. Hier im Tal lebt man von Landwirtschaft. Auf den Feldern wuchs Getreide und vor einem Bauernhof sandelte ein Schwein aufgeweckt nach Nahrung suchend im staubigen Boden herum. Um den Hals trug es ein Dreiecks-Gestell aus zusammen gebundenen Hölzern. Angenehm sah das nicht aus.

Ein ganzes Stück weiter, in Pasarela, einer Art Ort ohne Häuser, war außer einer klapprigen, ausgeblichenen Holzhängebrücke nichts zu sehen. Mit ihren rissigen, uralten Holzsparren baumelte die filigrane „Ponte Basa Grande" an dünnen Stahldrähten waghalsig über dem Fluss und wurde nur durch ein kleines, zugewachsenes Schild an einem Baum vor dem Einsturz bewahrt. „Maxi 4 Pers" stand darauf und da weit und breit kein Mensch zu sehen war, setzte ich einen ersten, zaghaften Schritt auf das Gehänge. Unter mir schlackerte eine gebrochene Querlatte, die verhindern sollte, dass man auf der Schräge abrutschte. Kaum hatte ich meinen Fuß auf das Holz gesetzt, schaukelte auch schon der Untersatz zur Seite. Krampfhaft hielt ich mich am rostigen Drahtseil fest und musste mich erst beruhigen, bevor ich einen weiteren zaghaften Schritt wagte. In samtiger Bewegung umging ich Löcher, Schlitze und brüchige Stellen, die mir unheilvoll entgegen klafften. Die ächzenden Geräusche unter mir untergruben meinen letzten Funken Glauben an die Standhaftigkeit des zerbrechlichen Gebildes und dennoch wagte ich den langen Weg zur Mitte. In schwindelerregender Höhe verharrte ich über dem tosenden Bach. Links von mir wölbte sich der lotterige Steg in die Höhe und rechts genauso. Ich stand auf einer Schaukel. Zwischen euphorischem Frohlocken und mulmigem Bangen stellte ich mir die Selbstverständlichkeit vor, mit der die Menschen hier den Steg tagtäglich passieren und Evas blankes Entsetzen, auch nur einen einzigen Schritt zu wagen. Sie hatte mein angelehntes Rad am Baum bemerkt und vom Ufer herüber geschrien, ich solle sofort zurückkommen.

Geologisch frischte kurze Zeit später eine dunkle Basaltsäulen-Formation die Landschaft auf, mit einer grünen Haube Buschwerk oben drauf. So richtig passte die Wand nicht ins Bild und zur Landwirtschaft, die auch bald wieder das Sagen hatte. Gescheckte Schweine kamen in unseren Blick und knochige Kühe auf abgefressenen Wiesen. Aufgeplusterte Küken hechelten pickenden Hühnern hinterher, Schafe und Ziegen lagen im Schatten der Bäume und dicke Gänse, Puten und die schreihälsigen Bandurrias spazierten schnäbelnd über Dreck und Gras. Ein friedliches Beisammensein in all der Hitze und an den Häusern fielen uns erstmals Schindeln auf.

Das Bankett der Schotterstraße fiel wie immer stark ab, und wir mussten ganz besonders aufpassen, als uns zwei kraftstrotzende Ochsen mit breitem Karren entgegenkamen. Das Gespann wurde von einem jungen Mann unter grell oranger Schildmütze gelenkt, der lächelnd auf dem polternden Wagen saß und die wild und mürrisch dreinschauenden Bullen mit einem Bleistift langen Stöckchen im Zaum hielt. Er kam vom Holzlager, auf das wir kurze Zeit später trafen, einer großflächigen Wiese, auf der die angelieferten Baumstämme in Holzgerüste einsortiert wurden. Es war ein geschäftiges Treiben auf dem Depot, volle Gespanne kamen, leere zogen wieder ab. Am meisten beeindruckte uns die gute Laune der Männer, die trotz der schweren Arbeit vergnügt ihre Lieder sangen oder pfiffen und offensichtlich großen Gefallen an ihrer Beschäftigung hatten. Einer fiel uns ganz besonders auf, mit seinem grünen „Deutschland"-Fußballtrikot.

Als wir nach einer letzten Rampe die Hochebene erreichten, glitzerten in weiter Ferne Schneereste auf den Bergen. Wir waren in Reigolil angekommen, einem kleinen Ort, wo Schule, Lebensmittelgeschäft und Unterkunft unmittelbar beieinanderliegen. Eine „Hospedaje" gab es auch, in Lila, mit auffallend hoher Antenne davor und einem knallroten Feuerwehrauto im Hof. Eine stämmige, freundliche Frau begrüßte uns und hieß uns herzlich willkommen.

Die farblichen Besonderheiten dieses Hauses setzten sich auch im Innern konsequent fort und gipfelten in einem vier mal vier Schritte großen, schreiend roten Zimmerchen, in dem ich also sechzig Jahre alt werde, wie mir schlagartig dämmerte. Zwei Herzen am Bett, zwei Hocker, zwei Nachttische und zwei Haken waren fast schon zu viel, für dieses kleine Kämmerchen. Mehr war aber auch gar nicht nötig, denn man setzte hier auf Familienanschluss. Küche, Wohnzimmer, Esszimmer und Bad, alles stand uns offen. Im Haus herrschte Hochbetrieb, als man uns einführte. Vier Erwachsene, vier Kinder und ein Enkel wuselten umeinander herum, manchmal stürzten noch zwei Hunde in die Küche und ab und zu stakste ein Huhn ins Haus. Wir waren bei einer Großfamilie gelandet.

So abgeschieden das Dorf lag, so umtriebig zeigten sich die Bewohner. Vorneweg unser Vermieter, der ganz unterschiedliche Funktionen in sich vereinte, wie wir erfuhren: Ortsvorsteher, Feuerwehrkommandant, Projektleiter, Hotelbesitzer, Landwirt und Pferdezüchter. Selbst Grillpfannen konnte man sich bei ihm ausleihen, auch Schubkarren, Hacken, Sägen und Schaufeln, die weit verstreut im Garten lagen. Sein Tag schien kein Ende zu nehmen, als er spät abends in die Küche hetzte, sich noch schnell ein belegtes Brötchen einsteckte, seinen breitkrempigen Hut vom Haken nahm und in die Steigbügel seines dunkelbraunen Hengstes stieg. Eilig ritt er davon, womöglich zu einem allerletzten Einsatz.

Schräg gegenüber bediente im Lebensmittelgeschäft ein junger Bub. Der ca. 11jährige Junge hatte uns bemerkt und war die paar Schritte vom Wohnhaus herübergekommen, um die Tür zu öffnen. Im Laden, kaum größer als eine geräumige Garage, war er Herr über ein imposantes Warensortiment. Zwei Holzregale bogen sich unter der Last von Nudeln, Reis, Konservendosen, Öl aber auch Putz- und Kosmetikartikel und auf dem gefliesten Boden lagen fünf dicke Mehlsäcke prall übereinander. Obst- und Gemüsekisten waren neben Getränken gestapelt und eine Gefriertruhe stand gleich am Eingang. Auf der Theke, die für den Jungen etwas zu hoch war, was man an seiner angestrengten Haltung erkannte, stand eine Waage und ein Glas mit Süßigkeiten. Aufmerksamen beobachtete er uns ständig und holte, als es ums Bezahlen ging, schnell einen kleinen Schreibbock samt Stift hervor, auf dem er eifrig die Preise für Getränke, Obst, Kekse und Bonbons notierte. Dann begann die Rechnerei. Wiesel flink und in voller Konzentration rasselte er spanische Zahlenfolgen rauf und runter und schrieb schließlich einen krummen Betrag aufs Papier, das er uns hinschob. Wer hätte ihm je misstrauen wollen?

Wir hatten Halbpension vereinbart und nach dem Einkauf noch etwas Zeit, uns bis zum Abendessen die Waden zu lockern. Als wir zum nahen Rio Maichin schlenderten, sprach uns ein Jugendlicher aus einem Auto heraus in tadellosem Deutsch an. Er musste uns zugehört haben und begann überschwänglich von Projekten zu erzählen, die im Tal durchgeführt wurden und dass auch noch weitere geplant seien. An einigen hatte er sogar selbst mitgewirkt. Ich vermutete, dass es um Projekte ging, die die Landflucht eindämmen sollten. Kurze Zeit später stießen wir auf junge Fußballspieler, die erhitzt vom Training kamen und sich ausgelassen in die stiebenden Stromschnellen des kalten Flusses warfen. Alles wirkte so herrlich unbeschwert, hier oben, inmitten der Anden.

Das eigentliche Herz unserer „Hospedaje" war die offene, in schrillem Grün und Blau gestrichene Küche, in der es, als wir zurückkehrten, schon munter dampfte. Emsig werkelten auch die Kinder mit, putzten und schnitten Gemüse, schälten Kartoffeln, spülten und klapperten mit Schüsseln, Tellern und Besteck. Wie schön es war, in Gemeinschaft zu sein und wir genossen es sehr, entspannt am Tisch allem zuzusehen. Die Hausherrin brachte schließlich jedem von uns das Ergebnis des Gemeinschaftsprodukts, einen großen Teller mit Pellkartoffeln, eine üppige Portion Thunfisch auf bunter Salatgarnitur, zwei hartgekochte Eier und einen Berg saftigen Krautsalat. Die Begeisterung über das erfrischende Kraut brachte mich auf die glorreiche Idee, der Chefin des Hauses den Begriff „Kraut" beizubringen. Es muss eine äußerst schwierige Vokabel für sie gewesen sein, denn je mehr sie sich anstrengte, desto witziger klang es. Bei „Krausch" beließ ich es, doch kulinarisch waren wir höchst zufrieden.

Der Fernseher in der angrenzenden Stube lief ständig und wir fragten uns, wie es die 12jährige Tochter Maite nur schaffte, sich dem lästigen Geflimmer zu entziehen und sich auf ihr Naturkunde-Heft zu konzentrieren. Seelenruhig hockte sie im Schneidersitz auf dem Sofa und vertiefte sich mit einer selten beobachteten Hingabe in ihre Aufschriebe und ließ sich durch nichts aus der Ruhe bringen. Stolz vertraute sie mir ihr Heft an, als ich sie darauf angesprochen hatte. Die Texte waren in sagenhaft schöner Schrift geschrieben und von wunderbaren Pflanzen- und Tier-Bildern umrahmt.

Es war herrlich, zu erleben, wie offen und neugierig sich die Kinder uns gegenüber zeigten, nur leider haperte es wie so oft an der Verständigung. Es wurmte mich sehr, ihre heraus sprudelnden Fragen nicht richtig zu verstehen und deshalb auch nicht schlüssig beantworten zu können. Erwachsene müssen das doch können, warf ich mir in dem Moment selber vor. Es tat mir unendlich leid, so sprachlos beieinander zu sitzen.

In meiner lähmenden Hilflosigkeit holte ich meine Kamera, um mit ihnen Bilder anzuschauen und das tat richtig gut. Gebannt schauten die Kinder auf das kleine Display und schon nach wenigen Bildern entspann sich ein kleiner Wettbewerb daraus. Jeder wollte als erster den richtigen Begriff nennen, sie waren unglaublich flink dabei. Je länger wir schauten, umso lauter wurden sie, sie brüllten geradezu auf die Kamera ein. Nur der zweijährige Miguel hatte noch sprachliche Nachteile und wiederholte die Bezeichnungen wie ein kleines Echo. Und doch fühlte auch er sich richtig wohl, in seinem enormen Bedürfnis, sich ganz nah an mich heran zu kuscheln. Ich musste schmunzeln, wie einfach es gelang, ein klein wenig Kinostimmung zu schaffen.

Die Hausherrin ging währenddessen ihrem eingefleischten Mechanismus folgend zum Brötchenbacken über. Das mache sie jeden Abend, hatte sie erzählt, immerhin habe sie neun Personen zu versorgen, da auch der Schwiegersohn samt Enkel mit in der Familie lebe. Rasch hatte sie mit der Kelle Mehl in eine große Schüssel geschaufelt, als ihr auch schon die älteste Tochter warmes Wasser zuschüttete und sie sogleich mit dem Oberkörper zu schwingen begann, als würde sie in einem Zuber Wäsche waschen. Es dauerte nicht lange, und sie schlug mit Getöse den Teig auf dem Küchentisch ab und formte daraus eine unüberschaubare Anzahl an Teiglingen. Auf zwei langen Blechen wanderten die Rohlinge schließlich in den Holz-Backofen und kamen als erstaunlich gleichmäßig gebackene Bräunlinge wieder heraus. Am Ende zählte ich vierzig knusprige Brötchen und freute mich wie selten aufs Frühstück am anderen Morgen.

Wann und wo baumelten jemals frischgewaschen Radhosen über frisch gebackenen Brötchen, fragte ich mich, als die Wäsche am Rohr-Gestänge überm Herd zappelte. Ich war selbst überrascht, wie wenig Skrupel wir hatten, das Angebot der Hausherrin zum Trocknen anzunehmen. Einen durchrüttelnden Moment lang kamen mir berechtigte Zweifel, ob die Polyesterhosen und -hemden die pulsierende Holzofen-Hitze überhaupt vertragen konnten und ich war froh, als die ärgsten Hitzewellen abzuebben begannen und das Knistern und Knacken im Ofen langsam verstummte. Eine Zeit lang strahlte der gusseiserne Herd noch Wärme ab, ehe es langsam fröstelig im Holzhaus wurde. Wir wunderten uns, wie wenig Isolation selbst die Häuser auf neunhundert Meter Höhe zu bieten hatten. Es war Hochsommer und dennoch würde es bitterkalt werden in der Nacht, hatte uns die Vermieterin gewarnt und vorsorglich zusätzliche Wolldecken aufs Bett gestapelt.

Als ich nach durchschlafener Nacht am nächsten Morgen aufwachte, umgab mich eine reine Stille. Es war eine fast unheimliche Stille, die mich zwang, den dunklen Raum auszuloten. Die Familie schlief anscheinend noch, kein Huhn gackerte und auch der Wind zerrte nicht an den Wänden. Erstmal setzte ich mich auf und war über das Rascheln der Decke sehr erleichtert. Und dann war es ein Segen, als Eva die Stille durchbrach und mir zum Geburtstag gratulierte. Es war ein kleines Wunder, ihn hier zu erleben, mein absoluter Höhepunkt dieser Reise. Ich musste daran denken, welch großen Aufwand wir seinetwegen betrieben und wie viele Nächte er uns gekostet hatte. Lächelnd unbeschwert saß ich auf der Bettkante und konnte es kaum glauben. So unaufgeregt war es also, in den Anden sechzig Jahre alt zu werden.

Zum Geburtstagsfrühstück überraschte man mich mit einem liebevoll gerichteten Tisch. Das zentrale Element bildeten zwei mit selbstgemachter Kirschmarmelade bestrichene Brötchenhälften, auf denen je eine Kerze steckte, links thronte eine Sechs, rechts eine Null. Selten freute ich mich so sehr über eine Kleinigkeit, es rührte mich geradezu, wie liebevoll und authentisch man mir hier Freude schenkte.

Mit ritualisiertem Schwung packten wir unsere Taschen und nahmen Abschied vom behaglichen und unverkrampften Aufenthalt in der Familie. Die Gedanken daran erzeugen noch heute unbeschädigte Bilder in mir. Beispielsweise war der kleine Miguel schnell in den Garten gerannt, hatte sein Dreirad geschnappt und es geschickt ganz nah bei mir eingeparkt. Er wollte mir zeigen, dass auch er schon ein großer Junge ist. Lange winkten wir ihm zu und sein lachendes Gesicht mit den strahlend glänzenden, schwarzen Augen sehe ich noch deutlich vor mir.

Curarrehue, ganz verwandelt

Noch ganz in Gedanken, wandten wir uns dem fordernden Nächst-liegenden zu, den herben Gegebenheiten der schmalen Straße, die uns mit ihrer schartigen, von Löchern übersäten Oberfläche äußerste Auf-merksamkeit abverlangte. Links und rechts des Weges gierten umge-drehte, knorrige Baumstümpfe halsstarrig in die Höhe, was uns in der Anstrengung der Auffahrt gar nicht aufgefallen war. Stutzig fuhren wir an dem Wurzelwerk vorbei und erst als wir an Bahnschwellen vor-beikamen, die senkrecht um Häuser herum im Boden steckten, kam mir der Gedanke, es könnte der Puma-Abwehr dienen. Gewissheit bekamen wir erst später.

Der Rio Maichin war im unteren Teil des Tales in seiner Wildheit längst besänftigt, in seinem breiten Flussbett lagen blankgeschliffene graue Felsbrocken wie badende Elefanten. An einem Kiosk legten wir eine Pause ein und kauften direkt von der Ladepritsche Bananen und saftige Nektarinen, die wir unter einem Baum gleich aßen. Ein inte-ressierter, älterer Anwohner kam aus seinem angrenzenden Grund-stück zu uns herüber, den ich umgehend fragte, ob es hier Kondore gebe. Noch immer war es ein unerfüllter Wunsch von uns, den größ-ten Geier der Welt fliegen zu sehen. Gebannt lauschten wir seinen Ausführungen, die er mit ausgestrecktem Arm zu den Bergflanken in östlicher Richtung hin untermalte. Dort gebe es einen See, an dem sie nisten. Und da wir, für Frauen ganz untypisch, mehr zuhörten als sprachen, schob er gleich noch eine weitere atemberaubende Ge-schichte hinterher.

Ich denke nicht, dass wir mit den Fahrrädern am Baum und der Ba-nane in der Hand eine derart offene Sensationsgier ausstrahlten, dass er uns so direkt mit seiner Erzählung hätte ins Haus fallen müssen. „Vor zwei Tagen" begann er seine Schilderung, seien genau hier drei Pumas gestanden. Dabei deutete er direkt vor sich auf den Boden, als müssten noch Tatzenspuren zu sehen sein. Wie angewurzelt starrten wir auf die Erde. Pumas waren uns bisher ausschließlich fauchend im sicheren Käfig in der Stuttgarter Wilhelma begegnet, weshalb wir von keiner besonders friedfertigen Haltung uns Menschen gegenüber ausgingen. Und weil wir keinen Sprung in den Rücken oder Biss ins Genick riskieren wollten, beendeten wir umgehend die Pause. Auf der Abfahrt folgte uns noch lange ein unsichtbarer Feind und hätten nicht zwei harmlose Schlangen den Weg gequert, wir hätten ihn wahrscheinlich bis Curarrehue gespürt.

Wir verließen das Hochtal und waren gesättigt von außergewöhnlichen, einzigartigen Eindrücken. Alles war überraschend anders in diesem Tal. Ich denke dabei nicht vordergründig an die unendlichen Farbnuancen der Landschaft oder das harmonische Zusammenleben der Tiergemeinschaften, auch nicht, dass hier die Landwirtschaft intakter, die Ochsen grimmiger und die Pumas näher waren. Es waren die zufriedenen, schaffigen Menschen, die uns in ihren Bann gezogen haben, wie sie mit innerer Freude und Leichtigkeit ihren Alltag bewältigten. Diese Wesensart verknüpfe ich mit dem Tal, sie war einmalig und begeisterte mich. Ich war mit meinem Geburtstagswunsch außerordentlich zufrieden.

Hatten wir Curarrehue bei unserer ersten Ankunft auf dem falschen Fuß erwischt, fragte ich mich, als wir in den Ort zurückkehrten. Jugendliche Fußballspieler in bunten Trikots erfrischten die Szenerie, kein einziger Mensch war zu sehen, der dumpf vor sich hin sinnierte. Eine lebendige, heitere Stimmung lag über dem Ort, er war aus seinem Dornröschenschlaf erwacht. In einem kleinen Tante-Emma-Laden kaufte ich gekühlte Getränke und war überrascht, dass selbst in diesem kleinen Geschäft ein paar Spielautomaten standen.

Wir setzten uns auf eine wackelige Holzbank und genossen es, den Menschen zuzuschauen. Entspannung machte sich breit, innere Ruhe und ganz leise spürte ich auch die verhaltene Melancholie des nahenden Abschieds in mir. Jeden Eindruck versuchte ich zu konservieren an diesem Ort der zwei Gesichter, wobei das freudlosere Erscheinungsbild uns viel stärker unter die Haut ging und plastischer in Erinnerung blieb.

Mühsam rappelten wir uns nach geraumer Zeit auf und gingen auf Zimmersuche, vielmehr auf Cabana-Suche, denn Eva hatte genug von kleinen Kämmerchen. Auch das war nun kein Problem mehr. Bäume, Zäune und Fassaden waren bepflastert mit Hinweis-Schildern und eines davon zeigte zu einer schmalen Staffel, die sich zwischen zwei sich fast berührenden Häusern steil hinauf schlängelte. Ich folgte ihr und landete direkt an einem unverputzten Neubau, wo ich im Handumdrehen eine Ferienwohung ergatterte.

Der morgige Aufbruch war wie eine Trennlinie. Vier Wochen waren wir bis jetzt durchs Land gezogen, hatten Kisten voller Erfahrungen und Eindrücke gesammelt, jede aus ihrem Blickwinkel und persönlichen Verständnis heraus, jede hatte ihr eigenes Mosaikbild gelegt. Es war Zeit, diesen Erfahrungsschatz mit einer Zeremonie zu versiegeln. Der blauweiß gestreifte Schlauch, der zusammen gekringelt im Garten lag, kam uns wie gerufen. Mit stiebenden Wasserfontänen spritzten wir wie schlammverliebte Kinder Staub und Dreck von den Rädern ab, ein ausgelassenes Wassergelage, eine psychische Befreiung. Sämtliche Anspannung war weggewaschen, innere Zufriedenheit und auch Stolz machte sich breit. Zwei prächtig glänzende Bikes kamen zum Vorschein, gerade richtig für einen Neu-Beginn.

Der Tag hatte uns hungrig gemacht und zu unserer Freude hatte das moderne zweistöckige Grillrestaurant an der Hauptstraße geöffnet. Um dem lauthals herauskrakelten Amerikanisch zu entgehen, das von einer großen Gruppe junger Menschen im Obergeschoß stammte, zwängten wir uns auf die schmale Terrasse, von der aus wir einen herrlichen Blick auf den Abendhimmel überm nahen Wald hatten. Der Mond war aufgegangen und verleitete mich, Eva in leicht lehrmeisterlichem Ton zu fragen, ob er denn zu- oder abnehme. „Zu" kam es wie aus der Pistole geschossen, da sie ihn seit Tagen beobachtete, obwohl er ein eindeutiges „a" zeigte. Wieder saß ich da mit meinem heimatverbundenen Denken, der Lapsus wurmte mich ungemein. Leicht sauer schaute ich nochmals zum Mond hinauf, der genau wie die Sonnenbahn Schabernack mit mir trieb. „Bürschchen, Bürschchen" flüsterte ich kaum hörbar.

Am Nachbartisch saß ein älteres deutsches Ehepaar, das unsere Nationalität natürlich sofort erkannte. Sie seien Südamerika-Fans, gaben sie ungefragt zu erkennen und gierten postwendend um Aufmerksamkeit. Doch die herablassende Art, in der sie die Länder herunter spulten, die sie schon bereist hatten und die noch vor ihnen lagen, störte uns ungemein. Als sie uns dann auch noch sprachlich unter die Arme greifen wollten, lehnten wir dies kategorisch ab. Denn noch immer rangen viel zu viele Satzfragmente in meinem Kopf sich gegenseitig nieder, es war allerhöchste Zeit, ihnen Auslauf zu gewähren. Ich bestellte den „Grillteller".

Aus den Augenwinkeln bemerkte ich einen jungen Mann hinter der langen Fensterfront, der aufgeregt mit blutigen Fleischbrocken in unsere Richtung wedelte. Erst langsam dämmerte es mir, dass er womöglich gerade unseren Fleischberg erschuf. Sollten wir jemals auf unserer Reise an Ernährungsmangel gelitten haben, wurden wir heute für alles entschädigt. Auf einer zweistöckigen Etagere brachte uns die schwungvolle Bedienung eine gewaltige Ansammlung an Fleischprodukten, die uns restlos überforderte. Steaks, Spareribs, Fleischküchle, Grillgemüse und Kartoffelspalten waren derart massig übereinandergeschichtet, dass gut und gerne vier Leute davon satt geworden wären. Und es gab Würstchen, vier kleine, fingerlange Würstchen, die wie eine Delikatesse aus dem Fleischtumult hervorstachen. Das alarmierende Englischrot dieser Bratlinge hielt uns zunächst etwas auf Distanz, doch da dieses Thema in unseren Gedanken tief verwurzelt und noch immer unerledigt war, griffen wir aufgeregt zu. Der Biss war knackig, unmittelbar entfaltete sich ein Maximum an Geschmack. Das Aroma war derart würzig, dass Senf als Beigabe nur gestört hätte. Wir schwelgten in den Heiligtümern des Fleischberges und hätten am liebsten nur Wurst gegessen. Heute wurde Curarrehue auf grandiose Art entschädigt.

Als sich der einfallsreiche Mond aus unserem Blick entfernt hatte, war es Zeit, nach Hause zu gehen. Ungemein satt schleppten wir uns die wenigen Stufen zur Cabana hoch, zur vorletzten Nacht in Araukanien.

Beim Frühstück kauten wir an diesem wunderschönen Morgen schweigend an unserer kulinarischen Käsebrötchen-Langeweile, es fühlte sich an, als müssten wir vorzeitig abreisen. Zaghaft kramte jede noch einmal in ihrem Erlebniskoffer und ließ Erinnerungsbilder Revue passieren: Vulkane, Weihnachten bei Mama Mapuche, der Sud in der Wildnis, der überwältigende Heilig Abend, mein Geburtstag. Unser Erwartungshunger war unsagbar gestillt.

Dummerweise bestätigte sich, was wir insgeheim befürchtet hatten, dass bis 14 Uhr kein Bus nach Pucon fuhr. Als wir aufsattelten, drückte mir ein älterer Mann eine Tüte mit roten Kirschen in die Hand. Mit diesem Abschieds-Geschenk verließen wir Curarrehue und surrten mit geöltem Räderwerk durch die Landschaft, und da kein Auto fuhr, rauschten wir nebeneinander die Straße entlang. Ca. 20 Kilometer genossen wir die unbeschwerte Fahrt, dann stoppte uns ein einzigartiges Meer an kunterbunten Radflaschen, die die Sportler auf ihrem Rundkurs achtlos weggeworfen hatten.

Noch immer schleppten sich bei unserer Ankunft in Pucon erschöpfte Läufer in der glühenden Hitze die Marathon-Strecke entlang, während andere bereits den Heimweg antraten. Wir fuhren direkt zum Busterminal, wo wir Zeuge eines schrecklichen Unfalls wurden.

Ein herrenloser Hund ohne Halt und innerer Zugehörigkeit war aufgeregt vor der Bus-Einfahrt hin und her gelaufen, bis er aus einer verhängnisvollen Entscheidung heraus plötzlich die Richtung zur vielbefahrenen Straße einschlug, wo er von einem herannahenden Auto erfasst wurde. Mit dumpfem Knall wurde er zu Boden geschleudert, woraufhin sich in entwürdigender Szene seine Eingeweide auf den Asphalt ergossen. Mit einem letzten Winseln gab der Hund zu verstehen, dass dieses freudlose Leben nun endgültig vorüber war. Es war ein grauenvoller Anblick, der uns ewig lange nachhing.

Die Fahrt mit dem Bus nach Temuco lief unerwartet komplikationslos, auch ein Zimmer war schnell gefunden. Der Rezeptionist begrüßte uns mit hinreißender Freundlichkeit und da es ihm auch sichtlich Vergnügen bereitete, uns ein Taxi für 9 Uhr am nächsten Morgen zu bestellen, bescherte er uns einen angenehmen Abend und eine unbekümmerte Nacht. Nur eine Sache galt es noch zu erledigen, bevor wir uns den Kissen anvertrauten, wir mussten etwas essen.

Es war schon dunkel, als wir uns auf die Suche nach einem Lokal machten, und das Erstaunliche dabei war, dass die Straßenzüge immer unbelebter wurden je mehr wir sie abklapperten. Irgendwie vermissten wir die Passanten in dieser so hektischen Stadt und als auch das fünfte Restaurant, vor dem wir standen, geschlossen hatte, begann sich unsere innere Tektonik offenkundig zu verschieben. Dachten wir beim ersten Lokal noch an „Ruhetag", vermuteten wir beim zweiten „Sommerpause", als auch schon „Feiertag" in mir schrillte. Und dann wurde es gedanklich brenzlig auf unserer aufwühlenden Wanderung an den gespenstisch dunklen Häuserfronten entlang. „Streik", „Geldnot", „Staatskrise", „Militärputsch", nichts ließen wir aus in unserer überschäumenden Phantasie, die in unserem ausgehungerten Zustand aufzukeimen begann. Inzwischen war unser Anspruch an ein Abendessen auf ein erschreckend niedriges Niveau gesunken. Unser Wunsch reduzierte sich auf „satt werden" und das möglichst bald.

Rettung kam von einem schwach erleuchteten Eingang, aus dem Lärm zur Straße hin drang. Die blanke Wirklichkeit war eine Fußballkneipe, die mit ihrem besonderen Gebrüll auf uns hereinbrandete, als wir eintraten. Die Wände dekorierten leuchtende Flachbildschirme, auf denen blau gegen weiß Fußball spielte. Das optische Geflimmer irritierte die Augen und das Krakeele verursachte Schäden am Gehör, doch wir hielten durch, Eva bis zum letzten Bissen Pizza und ich, bis mein Schnitzel im Bauch war.

Auf nach Los Andes

Gelassener hätten wir dem Flug nach Santiago nicht entgegen schlafen können, wie in dieser Nacht und das war auch gut so. Denn kaum waren wir den Betten entsprungen, teilte uns der Rezeptionist mit seinem umwerfenden Dauerlächeln mit, dass unser Taxi schon dastehe. Es war kurz nach 7 Uhr und wir hatten weder gefrühstückt noch eine Verpackung für die Räder organisiert. Wir gaben dem quälenden Hungergefühl nach und baten den Taxifahrer freundlich, er möge doch bitte zur vereinbarten Zeit wiederkommen. Bei Lichte betrachtet war er sowieso mit einem viel zu kleinen Auto gekommen, was uns zu der ergänzenden Bitte verleitete, auch ein größeres Auto zu wählen.

Meinem Gefühl nach zu urteilen, war das keine gute Idee gewesen, tief in mir drin rumorte eine finstere Ahnung. Vielleicht hatte das Gefühl mit seinem Gesichtsausdruck zu tun, kurz bevor er kehrtgemacht hatte, vielleicht auch mit der inzwischen gewonnenen Erkenntnis, dass hier Zeitangaben eine etwas andere Bedeutung haben. Wir jedenfalls waren nun hellwach und in Höchstgeschwindigkeit aus dem Hotel gestürmt. Im Supermarkt drei Straßen weiter rissen wir aus einem Stapel vier zusammengelegte Kartons heraus und von Evas Autovermieter bekamen wir Klebeband und Folie. Erst danach hatten wir die nötige Ruhe zu einem ausgiebigen Frühstück.

Der nüchtern ausstaffierte Frühstücksraum war im ungleichen Rippenmuster bestuhlt, 2er Tische am Rand, 4er Tische in der Mitte. Unser Tisch stand dabei so unbedacht an der Wand, dass man sich je nach Sitzrichtung den rechten bzw. linken Arm aufscheuerte, sobald man ihn bewegte. Ich war dazu übergegangen, linkshändig zu frühstücken und schaffte es sogar, ohne größere Blessuren davon zu kommen.

Das Gepäck häuften wir planlos in einen Wäschewagen und stellten fest, dass dies das optimale Transportmittel für strukturlose Taschen ist. Völlig unangestrengt landeten wir im Foyer bei unseren Rädern, wo uns der Rezeptionist in aller Freundlichkeit mit der schlechten Nachricht, das Taxi sei noch nicht da, in aufgeregten Schwung versetzte. Unaufhaltsam zuckte der Zeiger der Wanduhr vor sich hin, wir waren uns keineswegs sicher, ob er überhaupt noch einmal kommen würde. Andauernd telefonierte der sonnige Rezeptionist und trug mit seiner unerschütterlichen Gelassenheit entscheidend dazu bei, dass wir nervlich nicht völlig aus dem Ruder liefen. Als die vereinbarte Zeit schon lange überschritten war, fuhr das Taxi vor.

Da stand er nun vor uns, der gewiefte Geschäftsmann. Breitbeinig und mit viel zu kleinem Auto eröffnete er uns die etwas verblendete Forderung von 2000 Pesos mehr als ursprünglich vereinbart und stellte uns damit vor die Wahl, bezahlen oder hierbleiben. Wir entschieden uns für erstere Option und schauten nicht ganz frei von gehässiger Freude zu, wie er Evas Rad tollpatschig in den Fond des Kombis bugsierte. Mit Fahrrädern schien er kein Geschick zu haben, denn der Kofferraum war damit so gut wie voll. In dieser Preislage sahen wir bewusst davon ab, mit an zu packen, auch dann noch, als er mit meinem Fahrrad schier strauchelte. In seiner Unerfahrenheit zwängte er das Rad so stümperhaft in den PKW, dass er sich den hellen Autohimmel mit einer schwarzen Spur Kettenfett nachhaltig ruinierte. Ob auch sein hellgrauer Anzug farblich gelitten hatte, sahen wir nicht, seine Hände jedenfalls ließen darauf schließen. Unterm Strich empfanden wir den Preis nun doch mehr als gerechtfertigt.

Gerade noch rechtzeitig kamen wir am Flughafen an und gaben unser Gepäck mit dem Gefühl auf, bei herrlichem Sonnenschein einen wunderbaren Flug entlang der Anden zu erleben. Tief in uns drin schwang Freude und Erleichterung mit, den ersten Teil der Reise so erlebnisreich und störungsarm bewältigt zu haben. Eine gewisse Strahlkraft war uns also sicherlich anzumerken. Genüsslich saß jede an einem Kabinen-Fensterplatz und lehnte sich gelassen in die bequemen Ledersitze. CC-BCB stand auf der rechten Tragfläche in großen Lettern. Was man mit zwei Buchstaben alles kombinieren kann, dachte ich beiläufig. Bald würden die Motoren darunter aufheulen und der Start eingeleitet. Doch nichts passierte.

Unruhe machte sich breit und schließlich Erleichterung, als eine lächelnde Sicherheitsbeamtin des Flughafens erschien. Zielstrebig ging sie die Sitzreihen entlang und steuerte geradewegs auf Eva zu, zur Ursache des Problems. Köpfe drehten sich wissbegierig um. „There's a little problem with your baggage" umschrieb die Flughafenangestellte den Vorfall so zierlich wie möglich und verdeutlichte das „little" noch mit einem kaum erkennbaren Abstand zwischen Zeigefinger und Daumen. „Messer" durchzuckte es meine Gedanken und „Akte". Eva pulsierte in heller Aufregung, die Passagiere nicht minder, die ihr mit fassungslosem Blick hinterher starrten, als sie das Flugzeug verließ. Für solche Fälle hielt man Deeskalations-Schoko-Bonbons bereit, die die Stewardess verteilte.

Ungefähr 15 Minuten später erschien Eva abgehetzt und sichtlich mitgenommen. „Alles wegen Deiner blöden Kartusche!" brach es ungehalten aus ihr heraus und sie begann haarklein zu erzählen, was sie erlebt hatte. Zwei finster blickende Sicherheitsbeamte mit Gewehren im Anschlag hatten in standhafter Beharrung vor unserem Gepäck herumgefuchtelt, als wollten sie es mit der letzten Patrone verteidigen. Dabei hatten sie Eva andauernd mit der Frage „Was ist das?" gepiesackt, während sie mit dem Aufnesteln wirrer Schnur-Knoten beschäftigt war. Als sie in Tasche vier endlich die harmlose Gas-Kartusche gefunden und übergeben hatte, war das Interesse an unserem Plunder augenblicklich erloschen, die Beamten zogen ab. Unter der nervenzermürbenden Bedrängnis eines wartenden Piloten hatte sie die Beutel nur notdürftig verschnürt und war dann durch die düstere Gepäck-Halle zum Flugzeug gejagt. Als sie schließlich ein Schoko-Bonbon im Mund hatte und wir auf Flughöhe waren, lagen unspektakuläre, braune Felder unter uns.

Der Tag war schon früh aus den Angeln geraten und hatte noch weitere Aufregungen parat. Gemeinsam mit vier hochnervösen Triathleten starrten wir nach der Landung, umgeben von unseren trostlosen Taschen, gebannt auf den leeren Gepäck-Kreisel, während die Mitpassagiere längst mit ihren Koffern davongeeilt waren. Anstelle von sechs Fahrrädern ruckelte ein einziger, schwarzer Koffer unter der Plastikstreifen-verhängten Gepäckluke aufrecht auf uns zu, bog wankend um die Kurve und verschwand dann wieder, insgesamt acht

Mal, als wollte er uns eine lange Nase drehen. Erst auf Nachfrage händigte man uns zutiefst abgeklärt die Fahrräder aus.

Noch waren wir nicht am Busterminal. Für die Fahrt dorthin fühlte sich anscheinend ein ca. 1,60 Meter großer Taxi-Anwerber zuständig, der unaufhaltsam in sein Handy schrie, während er uns gleichzeitig mit überreizten Gesten wie Hühner aus dem Flughafengebäude trieb. Mitsamt dem Gepäck ließ er uns zwischen rangierenden Taxis verloren in der prallen Sonne stehen und rannte davon. So hatten wir uns das nicht vorgestellt. Erst nach zehn ungewissen, überaus glühenden Minuten gabelte uns ein auffallend beschwingter Fahrer mit seinem Großraum-Taxi auf und beglückte uns mit einer wunderbar entspannten Fahrt und einem nicht minder reizenden Einblick in seine Verwandtschaft.

Doch dann durchpflügte am Busterminal ein gebeugter, älterer Herr unsere heitere Stimmung. Überfallartig und ohne Vorwarnung hatte er unsere Taschen aus dem Kofferraum herausgerissen, sie hastig auf einen Gepäckkarren gescheffelt und war japsend davon gestürmt. Mit diesem Geschehen waren wir völlig überfordert und jagten ihm in größter Sorge mit den Rädern hinterher. Als er sich dann mitsamt unserem Plunder auch noch hartnäckig in den Fahrstuhl zwängen wollte, beendeten wir die Darbietung. Ärgerlich kippte er uns das Gepäck vor die Füße und hechelte murrend zurück. Noch lange blickten wir ihm entgeistert hinterher.

„Eine Ziege, ein Kohlkopf und ein Wolf" - vor diese Aufgabe sahen wir uns gestellt, als wir unser Gepäck-Sammelsurium im Menschen überlaufenen Bus-Bahnhof sicher ein Stockwerk höher schaffen mussten. Gepäckwagen gab es keinen, dafür eine Treppe, die wie eine Himmelsleiter hoch schnürte und einen Miniaturaufzug, in den kein Fahrrad passte. Im Gefecht mit der Hürde entdeckte Eva einen verführerischen Einkaufswagen im angrenzenden „Supermercado", der allerdings hinter einer hohen Metallschranke stand und den sie nur mit grobschlächtigem Gezerre durch den viel zu schmalen Spalt bekam. Jetzt hatten wir noch drei Teile für zwei Menschen, was sich mit einer gehörigen Kraftanstrengung bewerkstelligen ließ.

Das Busterminal in der Sechs-Millionen-Stadt Santiago ist mit seinen -zig Schaltern eine Welt für sich. Für uns war es auf den ersten Blick unmöglich, zu erkennen, welches das richtige Kassenhäusle war, da unendlich viele Städtenamen oben dran standen. „Los Andes" murmelnd klapperten wir sie rauf und runter ab und hatten die Auswahl schließlich auf sechs Schalter reduziert. Am ersten Schalter mit der kleinen Sprechluke waltete ein älterer Herr in Uniform, der in seiner selbstversunkenen Art nur knausrig knapp „anderer Schalter" auf Spanisch schnappte, nachdem Eva um eine Fahrkarte gebeten hatte. In ähnlicher Wagenburg-Mentalität verteidigten auch die fünf anderen Schalterbediensteten ihre Tickets, sodass Eva mit schon leicht angezupften Nervenfäden notgedrungen wieder beim ersten Schalter ankam. In seiner komödiantischen Haltung gab er ihr dann anstandslos zwei Tickets und das auch noch in allerfeinstem Deutsch. Der Vorgang gehörte wahrscheinlich zu den Strategiespielen für deutsche Radfahrer, auch wenn mir der tiefere Sinn dieser Darbietung tatsächlich verborgen blieb.

„Im Bus ist es verboten, links zu sitzen", gab der Busfahrer die deutliche Anweisung übers Mikrofon durch. Die Notwendigkeit dieser Maßnahme verstanden wir nicht, da die Klimaanlage auf höchster Stufe tobte, die Fenster durch Rollos schon verdunkelt waren und an Stoßdämpfer- oder Achsenprobleme wollten wir erst gar nicht denken. Wir setzten uns nach rechts und empfanden die Fahrt durch die prickelnde Vorgabe noch wesentlich spannender.

Auf der Autopista Central verließen wir das Häusermeer Santiagos und es dauerte nicht lange bis der Bus auf die Autopista de Liberttadores einbog. Schnell veränderte sich die Landschaft hin zu ausgetrocknetem Einheitsbeige, ab und zu aufgepeppt durch eine eingestreute, rostrote Häuseransammlung. Im Übrigen stemmte sich fades, windgepeitschtes Savannengestrüpp der Erosion durch herrschende Stürme entgegen, und veredelte die ausgebleichten Hügelzüge zu einem ocker-oliv gepunkteten Teppich. Menschen oder Tiere waren nicht zu sehen. Die Hitze flimmerte unruhig überm Asphalt und beim Anblick dieser verdorrten Landschaft geisterte mir besorgt die Frage durch den Kopf, was wir hier mit den Rädern überhaupt wollen. Und als wir uns an der Monotonie längst satt gesehen hatten, tauchten haushohe Kandelaberkakteen im knorrigen Gelände auf. Wasser gab es hier demnach nur noch saisonal.

Die Glut, die uns bei der Ankunft in Los Andes entgegenschwappte, taxierte ich zwischen Gichtbrücke und Metallschmelze. Sie war so ungeheuerlich spitz, dass sie uns schmerzend in die Lungen drückte. Wir waren am Breitengrad 32 angekommen, auf der Nord-Halbkugel also mitten in Afrika. Irritiert verdrückten wir uns in die hinterste, dunkelste Ecke des Wartestandes und ließen uns ewig lange Zeit beim Aufsatteln des Gepäcks. Die Luft flirrte bedrohlich als wir uns aus dem Schatten der Wartehalle in die gleißende, überbelichtete Mittagshitze trauten und uns der brütenden Sonne aussetzten. Wir fuhren in Richtung Stadtzentrum, direkt zum Fremdenverkehrsbüro.

Das Touristeninformationsbüro erinnerte in Größe und Bauart spontan an den Degerlocher Schillerbrunnen, außer dass es aus rotem Stein ist und nicht Tag und Nacht erfrischendes Wasser spendet. Es ist so klein, dass nur ein Tourist darin Platz fand. Der Angestellte begrüßte mich mit der aufkeimenden Heiterkeit alter Freunde und hieß mich herzlich willkommen. „Dieses Hotel" zentrierte er das Gespräch auf einen Punkt in der ausgebreiteten Stadtkarte „gehört meinem Onkel und ist sehr zu empfehlen". Es lag in nächster Nähe.

Wieder sesshaft

Drei, vier Mal winkelten wir um Häuserecken ab und kamen zu einem kleinen, gelben Hotelchen. Erfreulich war, dass wir die Räder mit ins Haus nehmen durften, weniger angenehm dagegen, dass unser Zimmer kein Fenster, sondern nur eine Plastikglaskuppel für Licht von oben hatte. Es machte den Hoteliers aber keine Umstände, uns in ein anderes Zimmer umzuquartieren, von dem aus wir nun Ausblick zu einer palmenbewachsenen Gartenecke samt 4x3 Meter großem Swimmingpool hatten. Eine kleine hübsche Gartenidylle, die leider auch Freunde zum abendlichen Schwatzen und Lachen anzog, aber das wussten wir ja noch nicht.

Tatsächlich waren wir mit dem Zimmertausch vom Regen in die Dachtraufe gekommen, falls man in dieser verdorrten Gegend diese Begriffe überhaupt noch benützte. Abend für Abend versammelte sich der Freundeskreis der Hotelbesitzer am Wasser und es erstaunte uns, wie leicht es ihnen gelang, bis weit in den Morgen hinein zu schnattern, während wir geplagt in unseren Betten lagen und auf Schlaf und Erholung warteten.

Trotz dieser Widrigkeiten, machte die Frühstücks-Choreografie am andern Morgen vieles wieder wett. Als gut einstudiertes Defilee startete das Hotel-Ensemble zur Bedienung und trug in stolzer Prozession Marmelade, Toast und Rührei wie eine Monstranz vor sich her, nachdem wir Kaffee und Tee am kleinen Zweiertischchen bestellt hatten. Die Juniorchefin führte strahlend vorneweg die Gruppe an und brachte Teewasser, gefolgt vom Seniorchef mit Käse und Marmelade, ihm folgte die Seniorchefin mit frischem Toast, dann kam die Juniorchefin mit duftendem Kaffee und zuletzt brachte der Juniorchef das Rührei. Die Juniorin lief zweimal und als auf dem putzigen Tischchen die noch putzigeren Schälchen standen, zog die gesamte Gefolgschaft erneut an uns vorüber und erkundigte sich, ob denn alles recht sei. Erst danach löste sich die Polonaise auf und die Familienangehörigen verteilten sich aufmerksam im Raum. Wir fanden die 2:1 Betreuung, gemessen an den übersichtlichen Portionen, sehr komfortabel.

Angenehm war auch, dass uns die jungen Menschen zum Frühstück, mit informativen, aufschlussreichen Geschichten aus ihrem Leben unterhielten. Beide hatten ein abgeschlossenes Studium, wie sie uns auf Englisch erklärten, konzentrierten sich nun aber ausschließlich auf das erst kürzlich eröffnete Mini-Hotel. Der umweltbewusste Juniorchef war hier aufgewachsen und gab Einblick in seine Kindheit, als er vor der Eröffnung der Kupfermine noch im glasklaren Rio Blanco badete, heute sei dies undenkbar, der Fluss inzwischen eine giftige Dreckbrühe. Beim Thema Kupfermine war er in seinem Element, gab Einblick ins chilenische Bergbaugeschäft, das als größtes Kupferexportland der Welt hier Vorkommen abbaue. Und das habe seinen Preis, z. B. der extrem hohe Wasserverbrauch in der ausgetrockneten Region, der mit Schwermetallen kontaminierte Abfall und dass der Bergbau insgesamt so gut wie nicht überwacht werde. Die Gesetze des Bergbaus stehen über allen anderen, wird hinter vorgehaltener Hand gemunkelt.

Kaum hatte der junge Mann seine kritischen Äußerungen beendet, stellte sich die Juniorchefin beruflich vor. Sie war zart wie eine Elfe und ich hätte nie vermutet, dass sie als Geologin viele Berghänge und Gesteinsaufschlüsse mit dem Hämmerchen abgeklopft hatte, kleine Proben entnommen und diese dann bestimmt. Oft hatte sie bei ihren Exkursionen auch Kondore gesehen, sogar aus nächster Nähe. Unser Thema, und als sie unser aufgewecktes Interesse bemerkte, zeigte sie uns Bilder auf ihrem Laptop, herrliche Großaufnahmen. Bilder, die Begehrlichkeiten weckten, diese außergewöhnlichen Tiere mit ihrer Hamburger Halskrause endlich selbst zu sehen. Wir waren angestachelt.

Die Fahrt zum Libertadores-Pass, die ich mir schon bei der Planung so sehr gewünscht hatte, war die größte Herausforderung für mich, was Länge, Höhe und Hitze anging. Am späten Vormittag brachen wir deshalb zu einer kleinen Akklimatisationsfahrt auf, um Gefühl fürs Radfahren in stechender Glut zu bekommen. Wir fuhren auf der Camino Internacional ohne nennenswerte Steigung aus der Stadt hinaus direkt ins Aconcagua Tal, eigentlich eine Rennradstrecke, wäre der bequeme Asphalt nicht schon nach wenigen Kilometern in eine holperige, große Baustelle übergegangen. Noch wesentlich unangenehmer stießen uns die dramatischen Autobahnzubringer auf, die sich wirr um uns herum ringelten, auf denen eingefädelt, überholt und gebrettert wurde, dass uns ganz schwindlig wurde.

Als wir den Verkehrsknoten hinter uns hatten, entspannten wir zusehends und auch die Landschaft hatte nun Platz und Muse, sich in beruhigenden Farben und Formen auszubreiten. Maisfelder, Obstbäume und terrassierte Weinhänge wechselten sich ab. Bis zum Paso de Libertadores sind es knapp 60 Kilometer und die teilen sich im friedlichen Nebeneinander Straße, Bahnlinie und der Rio Aconcagua. Je schmäler der Talboden wurde, umso karger wurde auch die Vegetation. Kakteen bekamen die Oberhand und Sträucher. Mit sonnengebräunter Leichtigkeit kurbelte ich eine steile Rampe empor. Es war sehr heiß, Eva hatte mit den Temperaturen richtig zu kämpfen und auch ich schluckte bei der Vorstellung, einen ganzen Tag lang in dieser sengenden Hitze zu fahren. Wir hielten Ausschau nach den Gleisen. Mal lagen sie links der Straße, mal rechts und manchmal waren sie auch plötzlich verschwunden.

Auf einer Anhöhe kamen wir am Monument von Jose Miguel Carrera vorbei, der heute zu den Gründungsvätern des unabhängigen Chile zählt. Wir hatten uns vorgenommen, bis zum „Saldo del Soldado" zu fahren, einer Stelle, an der ein berittener Soldat durch einen beherzten Sprung über die Schlucht seinen Verfolgern entkommen sein soll. Danach drehten wir um. Nase, Mund und Augen waren staubtrocken, als wir im Leerlauf die steile Straße hinunter tobten. Bleierne Hitze und bleiche Landschaft zogen an uns vorüber und als die knaubigen Kakteen wieder die Szenerie beherrschten, entdeckte Eva ein „Gringa"- Schild.

Wir legten eine kurze Pause in dem reizenden Biergarten ein und nahmen Platz im Schatten einer rustikalen, dunkelgebeizten Hütte, die mit ihrem Charme auch wunderbar in einen abgelegenen Winkel in den Hochalpen gepasst hätte. Wir waren über das vollgepfropfte Bücherregal überrascht, das in der heimeligen Hütte stand. Die Wirtin bot Mittagessen für die Angestellten des Elektrizitätswerks an und wir staunten nicht schlecht, wie geschwind sie fünf verschiedene Drei-Gänge-Menüs für ca. 40 Leute auf die Tische zauberte. Wir begnügten uns mit Käsekuchen und kaltem Getränk.

Los Andes ist der Ausgangsort der Transandino-Schmalspurbahn, die einst über den Paso de Libertadores bis nach Mendoza fuhr und damit Valparaiso am Pazifik mit Buenos Aires am Atlantik verband. Ein 1400 Kilometer langer Schienenstrang, das beachtliche Ergebnis eines fantastischen Chilenisch-Argentinischen Gemeinschaftsprojektes. Baubeginn der Schmalspurbahn war im Jahr 1887 von Los Andes aus und folgte ehemaligen Maultierpfaden. Schon im Mai 1910 fuhr anlässlich der „Expedicion Internacional del Centenario" der erste Zug. Ruhe gab es auf dieser Strecke aber nie, immer wieder ruinierten katastrophale Geröll- und Eislawinen die Gleise und die Bahn. Der Aufwand für die Instandsetzungen war so hoch, dass man sich 1984 nach einem Lawinenabgang schließlich entschloss, die Bahnstrecke still zu legen. Seither rotten die Schienen vor sich hin. Auch wenn wir keine ausgewiesenen Bahnliebhaberinnen sind, interessierten uns die Überbleibsel, der Bahnhof und natürlich die Loks.

Mit gespanntem Schauder machten wir uns am späten Nachmittag auf die Suche nach den alten Loks und bekamen den Tipp, direkt zum Bahnhof zu gehen, was uns äußerst plausibel erschien.

Schon von weitem war zu erkennen, dass das Gebäude hinter dem Bauzaun umfangreich renoviert wurde, das uns in seiner Gesamterscheinung sehr beeindruckte. Wand hohe, gewölbte Sprossenfenster gliedern die schneeweiße Fassade, die in einem holzunterlegten Dach gipfelt. Da keine Arbeiter zu sehen waren, hoben wir den Drahtzaun aus den Betonblöcken und zirkelten an der Gemengelage aus Gips- und Zementsäcken, Sandhaufen, alten Türen und Brettern vorbei direkt zur Frontseite. „Ferrocarril trasandino", stand auf einer Tafel, wir waren richtig.

Den Innenraum der Bahnhofshalle dominiert ein riesiges Wandgemälde, das den historischen Handschlag zwischen Chile und Argentinien in erdigen Farbtönen festhält. Stiefel und Sporn auf der einen

Seite, Pumphose mit Lendenschurz auf der anderen, dazu Uniformen, Pferde und Musikinstrumente. Dem festlichen Akt wohnten sogar zwei Kondore bei. Als wir uns gedanklich in die Abbildung vertieften, erschienen zwei Bauarbeiter. Kein böses Wort, noch nicht mal eine Frage stellten sie uns, selbst als wir ins Untergeschoß gingen, störten sie sich nicht daran. Wozu auch, unten gab es außer provisorischen Treppen und kahlen Wänden nichts zu sehen.

Auf unserem rastlosen Erkundungsgang kamen wir an einem Sortiment alter Fabrikhallen mit grauen, ausgebleichten Holztoren vorbei, die in ihrem Ausmaß optimal auf Lokomotiven zugeschnitten schienen. In fiebriger Erwartung drückten wir die Gesichter an der splittrigen Oberflächen platt und spitzelten einäugig durch Schlösser und Spalte und sahen doch nur konturloses Schwarz. Auf weitere Nachfrage schickte man uns zu einer abgelegenen Industrieanlage.

Das Schienengeknäuel, zu dem wir kamen, sah vielversprechend aus. Drehscheibe, Bahndepot und Abstellgleis, wir waren richtig. Wir mogelten uns am Zutrittsverbot-Schild vorbei direkt zu den alten Loks, die auf einem abseitigen Gleisstrang standen. Achtlos und ungepflegt standen sie da, dennoch gaben sie uns das Gefühl, „Entdecker" zu sein.

Der graugrüne Dampf-Koloss „Kitson-Meyer 3348" aus dem Jahr 1909, eines von drei noch existierenden Exemplaren, hockte monströs überm schmierigen Montierschacht. Und da sich niemand für uns interessierte, kauerte ich mich auf den öligen Boden und schaute gespannt in die metallenen Eingeweide. Plattfederpakete konnte man sehen, Laufradsätze, Kolbenstange, in meiner Phantasie könnte die Lok sofort losfahren. Überm wuchtigen Kessel thronte der dicke Schornstein mitsamt dem Umlenkrohr, das in den knappen Wellblech-Tunnels stets umgeklappt werden musste. Drei Stufen kletterte ich hoch zum Blick ins düstere Ensemble aus Rohren, Hähnen und Hebeln. Bei all der Finsternis hätte ich das frische Orange der rückseitig angedockten Schneefräse wahrhaftig nicht erwartet.

Neben diesem Giganten schrumpfte der schmächtige, beigerote „Cummins"-Schienenbus auf eine abgemagerte Bimmelbahn zusammen. „Transandino" stand großspurig an der Seite, doch es fiel uns schwer, uns dieses kleine Gefährt auf dem steilen Weg zum Pass hinauf vorzustellen. Und mindestens genauso unglaublich wäre es, ihn wieder fahren zu sehen. Lange schwänzelten wir um die alten Loks herum, um die einfachere der beiden Aufgaben. Die schwierige wartete morgen auf mich, die Fahrt den Schienen entlang, direkt zum Pass.

Die Backofentemperatur hatte uns völlig ausgemergelt, wir gierten nach Obst und Sprudel. Im „Supermercador" kauften wir auch eine Tüte „Hallullas", diese bleichen, platten und perforierten Weißmehlwecken, die unseren Vollkornbrot verwöhnten Gaumen ziemlich erschauderten, denen es aber in diesem Lebensmittelgeschäft nichts entgegen zu setzen gab. Wir reihten uns geschmacklich anstandslos in die kulinarische Eintönigkeit ein, doch der Einkauf endete mit einem fulminanten Erlebnis.

Es schien ein zutiefst chilenisches Bedürfnis zu sein, dem Kunden die abkassierte Ware einzupacken. Wie schon in Pucon erlebt, war das hier nicht anders. Im Gegensatz zur unbeholfenen Azubi und ihrer Plastiktüten-Stapelei, war hier jedoch eine Verpackungskünstlerin am Werk, ein professionelles Showtalent, das mit seiner Luftakrobatik alles jemals Bestaunte in den Schatten stellte. Schon der Kennerblick für die passende Kartonage war erstaunlich, doch weit beeindruckender verlief die Verschnürung.

Die meisterhaft antrainierte Technik musste der Verpackerin in Fleisch und Blut übergegangen sein, denn sie unterhielt sich mit der Kundschaft, während sie mit der Schnur hantierte. Am Anfang der Vorführung, als sie die Länge am Karton bemaß und die Schnur von der Rolle schnitt, konnte ich ihr noch folgen. Doch als sie begann, mit der Schnur Schnittmuster in die Luft zu zaubern, leidenschaftliche Schnurmalerei zu betreiben, verlor ich umgehend den Faden. Aufgeregt sah ich die Schnur zwischen den Händen hin und her fegen und als es die choreografische Vorgabe erforderte, band sie auch noch ihren Ellenbogen mit ein. Es war kein Schlingen, wie man es selbst schon unzählige Male gemacht hat, es war ein Tanz, ein akrobatisches

Luftgewirr mit nichts als einem Bändel. Im Tumult des Durch- und Übereinanders, als ich mich im Schnurgestrüpp längst schon haltlos verfangen hatte, verlagerte sie einen Teil des dynamischen Treibens plötzlich auch noch auf den Boden. Im Bruchteil einer Sekunde hatte sie dem Seil einen Drall nach unten gegeben und es blitzartig mit dem Fuß fixiert. Es war der Moment, wo ein kleiner Tusch gepasst hätte, vielleicht ein Trommelwirbel, doch den besorgte sich die Künstlerin nun selbst. Ich wusste längst nicht mehr wo Anfang und Ende war, ob ich eher zum Ellenbogen, zum Fuß oder doch lieber zum Karton schauen sollte, als sie zum lauten Schlussakkord ansetzte und Peitschenhiebe verteilte. Peitschenhiebe wie bei einer Dressur, wo es nur noch knallte und in diesem irren Spektakel entstanden beinharte Knoten, die sie auf den Karton zauberte. Selbstvergessen hätte ich um ein Haar Beifall geklatscht, doch dann war auch alles schon vorbei. Lächelnd schob sie dem Kunden das verpackte Bündel hin.

Der Zweck dieser unerbittlichen Verschnürung blieb mir ein Rätsel, es sei denn, das Lebensmittelpaket wurde rund um den Globus verschickt. Eva unterbrach mein verträumtes Staunen und bat mich, unseren Einkauf einzupacken. Neiderfüllt schnappte ich unsere läppischen Plastiktaschen und war auf dem Weg zum Hotel kurz davor, mich für die biederen Beutel zu schämen.

Brütend auf dem Rad und zitternd im Bus

Es gibt Tage, da fühlt man sich so ermattet, als wäre man mit den Füßen am Boden festgenagelt. Solch ein Exemplar hatte ich am anderen Tag erwischt, als jedes Bein bleischwer an mir zerrte. Ich war müde und wusste nicht, ob die Nacht noch über mich wachte oder der kaum begonnene Tag mich schon erledigt hatte.

Um 6 Uhr stand ich auf, ich hatte um ein frühes Frühstück gebeten. Ganz erschreckt waren die jungen Hoteliers bei meinem Plan am Vorabend zusammengezuckt, was natürlich mit der unchristlichen Zeit zusammenhing. Sie fanden aber auch mein heutiges Ziel, den Paso de Libertadores so unerreichbar weit entfernt und genauso unerreichbar hoch, dass man unmöglich an einem Tag mit dem Rad hin und auch wieder zurückfahren könne. Immerhin stellten sich mir ca. 120 Kilometer und eine Höhe von über 3000 Metern in den Weg, ein Menü, das unter der sengenden Sonne eine zusätzlich pfeffrige Note bekam. Ich hätte ihren Bedenken mehr Gehör schenken und meinen körperlichen Zustand an diesem Morgen verstandesmäßig beachten sollen, doch ich ignorierte alles.

Widerstrebend schleppte ich mich zum Frühstück mit der heimlichen Erwartung, von zwei Tassen Tee erneuert zu werden. Manchmal geschehen ja Wunder, dieses blieb jedoch aus. Unter halb geschlossenen Lidern blinzelte ich dem Morgen entgegen und war vom Erfolg meiner Mission inzwischen nur noch wenig überzeugt, auch wenn mir mein Traum optimistische Zuversicht zuwedelte.

Als ich mit meinem Minimalgepäck aus Vesper, wetterfester Jacke und zwei Flaschen Wasser losfuhr, keimte noch immer die Hoffnung in mir, dass mich ein unverhoffter Energieschub von irgendwoher treffen und beim stundenlangen Treten unterstützen würde. Sei es auch nur eine anhaltende Sturmbö, die mich wie eine Hand am Rücken zum Pass hochschiebt.

Ich zeigte guten Willen und trat erstmal ohne Beistand los, noch zog mich das Ziel magisch an, noch waren die Temperaturen moderat. Nur die gierige Erregung des Vortages wollte sich nicht einstellen, die

Macht schien heute nicht mit mir. Den Anfang der Tour kannte ich schon, ich war gespannt auf das „Dahinter".

Der Verkehr ruhte als ich auf die Hauptstraße einbog, und auch die gefürchteten Lastwagen waren auf dieser hysterischen Passstraße noch nicht unterwegs. Ein Gefühl von Vorsprung machte sich in mir breit, den ich so lange wie möglich halten wollte. Ein kleiner Wettlauf mit der Zeit, ein Ansporn, der mich vielleicht beflügeln könnte.

Ich genoss die frühmorgendliche Stimmung, wenn im weichen Licht die Bergketten wie zarte Aquarell-Pinselstriche in der Landschaft liegen, als bläuliche Silhouetten, die immer mehr verblassen und verwässern, je weiter entfernt sie sind. Davor eine uralte Hängebrücke und ein moosgrüner Hügel, eine vergnügte Landschaft, eine Idylle am frühen Morgen.

Punkt 9 Uhr nahm der Verkehr schlagartig zu, vor allem die Lastwagen legten los, als hätte man sämtliche Tore geöffnet. Ob alt oder hochmodern, ob ellenlang oder klein, in allen Farben zogen sie plötzlich an mir vorbei. Bei der überwiegenden Anzahl werkelte der Motor unter einer langen Schnauze, vielleicht wegen der besseren Kühlung, vielleicht auch wegen der Reparaturen. Pannen jedenfalls gehörten hier zum Alltag. Immer wieder preschten knallrote Pickups hastig die Strecke entlang, als gelte es, einen Schwerstverletzten zu bergen. Jeder mit nichts als einem LKW-Reifen auf der Ladefläche. Kein Brummi würde lange liegen bleiben, als Fahrer konnte man also gute Laune haben. Die allermeisten hatten auch Spaß bei ihrer Arbeit, was sie mit hupen, winken oder Gegröle zeigten oder auch nur, indem sie gebührend Abstand zu mir hielten.

Doch es schien auch andere Kaliber zu geben. An einem steilen Berghang über einer verzwickt engen Straßenstelle, riefen mir Maschendrahtgeflecht verlegende Arbeiter zu, ich solle ja aufpassen, die LKW-Fahrer fahren ohne jede Rücksicht. Ich verabschiedete mich mit „Grande trabajo!", was ihre Stimmung sichtlich hob.

Ohne Spiegel am Rad hatte ich keine Ahnung was hinter mir fuhr. Ich schaute mit den Ohren. Früh kündigten sich die Laster mit ihrem einschachtelnden Dröhnen an und dann war ich mir auch schon der

Wolken stickiger Abgase sicher, wenn sie keuchend und qualmend an mir vorbeizogen. Ein Hexenkessel aus Dreck, Lärm und Ruß, ein brüllender Job, den manch Trucker auch leider mit dem Leben bezahlte. An einer Unglückstelle war einem abgestürzten Lastwagen-Fahrer mit einer aufgestellten Stoßstange und einem darüber gehängten Pullover gedacht.

Manchmal brauchte ich Abstand vom Gebrüll der Straße, so wie jetzt am „Saldo del Soldado", wo der Granithügel der Straße eine steile Serpentine abzwingt und das Tal zu einem schmalen Spalt verengt. Ich stand im böigen Wind an der Abbruchkante, unter mir gurgelte der Rio als braunes Rinnsal und direkt daneben verschwanden die Schienen im Berg. Kurz genoss ich diese Vogelperspektive, dann fuhr ich weiter. Ich hatte eine Zwischenhöhe erreicht, denn vor mir fiel die Straße steil ab. Höhe verlieren, um Höhe zu gewinnen, geisterte trist durch meine Gedanken, wo sich schon jetzt jede Kurbelumdrehung wie schwere Arbeit anfühlte.

In Rio Blanco fielen mir farblich außergewöhnliche Akzente auf. Quer über die Straße spannt sich eine angemackte, gelbe Metall-Eisenbahnbrücke, an der schon mancher Lastwagen hängen geblieben war, und unter mir feuerroter Straßenbelag, nagelneu verlegt. In einem Stadion hätte man Tartanbahn dazu gesagt, so grobkörnig wie die Struktur war. Ich konnte mir keinen Reim darauf machen, wieso gerade hier der Streifen verlegt war und warum nur so kurz. Genau in dem Moment als ich grübelnd auf dem elastischen Aufstrich hin und her federte, lärmte mit ohrenbetäubendem Getöse ein offener Kesselwagen über die Brücke, der berühmte Höckerzug. Unzählige rostige, durchnummerierte Metallbottiche rüttelten vorbei, begleitet von einer Symphonie aus Quietschen, Rumpeln und Rattern. Jeder Kübel war bereit für eine große Ladung Kupfererz.

Richtig gefährlich waren die Tunnels auf dieser Strecke, die nun immer öfter auftauchten, schwarze, gefräßige Schlunde, mit einer giftgelben Umrandung. Freiwillig fuhr da kein Radfahrer hinein, es war auch ausdrücklich verboten. Für uns waren extra Schikanen angelegt, natürlich auf Schotter und besonders steil.

Die Fahrt wurde zäher, die Hitze glühender, die Gegend trostloser. Der Wind nahm gleichermaßen zu wie meine Zuversicht schwand. Jeden Meter trotzte ich der buckligen Straße nun mit grimmiger Ausdauer ab, während sich mir die drückende Faust des böigen Windes lähmend in die Brust bohrte. Kraft, Schwung und Haltung nahmen erschreckend ab, ich wankte wie ein Schössling im Sturm. Jede Kurbelumdrehung war mühsam und mit jeder verzweifelten Kurbelumdrehung versackten auch die letzten Reserven. Selbst eine Unmenge unverhoffter Energieschübe hätte mich keinen Kilometer mehr weitergebracht. Die Stimme der Vernunft hatte mir längst ins Ohr geflüstert, die 120 Kilometer bis zum Abend sowieso nicht zu schaffen, davon abgesehen wollte und konnte ich auch nicht mehr.

Karge, lebensfeindliche Einöde hatte hier die Oberhand, graubraune Sedimenthänge und gefalteter Fels. Ab und zu zeugten Miniatur-Grasinseln und geduckte Blumengrüppchen von Leben und natürlich der tosende Wind. Ansonsten herrschte endlose Leere in der Natur und dieselbe Leere spürte ich auch tief in mir drin. Kein Vogel, der seine Kreise über mir zog, nur die giftige Hitze, die mit voller Wucht auf mich herunter stach. Das Gefühl der Einsamkeit und Hoffnungslosigkeit ging hier Hand in Hand. Alle Bewegung war plötzlich wie angehalten, selbst die Lastwagen gaben Ruhe, kein Auto, nichts. Zufrieden war ich nicht damit, als ich zum letzten Mal die Kurbel nach unten drückte und saft- und kraftlos vom Rad stieg. Scheitern hat sich noch nie gut angefühlt.

Ausgelaugt, mit kläglicher Stimme in mir, stand ich nach 50 Kilometer an einem trostlosen Stück Straße und wusste, was mir entgangen war: die 29 „tornantes" zum Pass, der imposante Blick von oben, die letzte gesteckte Ziellinie, der höchste Punkt unserer Reise, der Triumph über die Straße, alles nicht erreicht. Mein Wunsch blieb unerfüllt. Ausgepumpt im Nichts suchte ich mit abgestumpftem Blick nach irgendetwas, etwas Besonderem, das als kleines Ziel, eine Art Ankunftspunkt herhalten könnte, als Trostpflaster auf die Wunde der Enttäuschung. Ein einsamer Metallpfahl nahm sich meiner an. Doch selbst dabei wurde ich besiegt.

Kaum hatte ich Pudu schräg an den Pfahl gelehnte, wurde es von einer unbändigen Sturm-Böe niedergerungen und knallte scheppernd aufs Geröll. Mein endgültiger Nackenschlag. Nicht, dass ein Mountainbike keinen Sturz überleben würde, aber auch die Lenkertasche war mit voller Wucht auf die Steine gekracht und mit ihr meine Spiegelreflex-Kamera. Ich rechnete mit einem Totalschaden, sozusagen an Mensch und Material und ärgerte mich über meine Nachlässigkeit. Mit zittrigen Knien fischte ich sie aus der Tasche und sah mich einem kleinen Wunder gegenüber. Im Gegensatz zu meiner lädierten Erscheinung funktionierte sie noch tadellos.

Lustlos kaute ich auf einem Bissen klebrigen Käsebrötchens herum und kippte grausam warmes Wasser hinterher. Dann trat ich als windzerzaustes Häuflein den Rückweg an. Wer nun glaubt, es wäre eine berauschende, beflügelnde Abfahrt geworden, der kennt die südamerikanische Radler-Weisheit nicht: „wundere Dich nicht, der Wind kommt immer von vorn". Und das war die deprimierendste Erfahrung an diesem Tag. Es gab nichts, was die Kraft des Windes hätte brechen können, ich schuftete, als würde es bergauf gehen. In geistiger Leere trat ich dumpf, rein der Notwendigkeit gehorchend, auf die Pedale ein. Rechts, links, rechts, links, weitermachen mit dieser Monotonie, Kilometer des Schindens. Stechende Hitze und glühender Asphalt trockneten mir die Kehle aus. Immer wieder würgte ich einen Schluck abgestandenen Wassers in mich hinein, das den Durst schon lange nicht mehr löschte. Ausgedorrtes Wüstenklima und kein Mensch war unterwegs. Ständig schaute ich auf meinen Tacho. Als ich mich kurz vor einem Hitzeschaden befand, trudelte ich in Los Andes ein.

An einer ampelgesteuerten Kreuzung, mitten im dichten Verkehr, verkaufte ein junger Mann eisgekühlte Getränke an durstige Autofahrer. Die beschlagenen Flaschen kollidierten mit meiner angespannten Seelenlage und kamen mir in meinem tropischen Zustand wie eine Fata Morgana vor. Nur der übermächtige Wunsch, so schnell wie möglich der qualvollen Glut zu entgehen, ließ mich weiterfahren. Nach vier Abbiegungen war ich endlich wieder unter Dach und Fach.

Eva pulsierte in wesentlich üppigerem Energieformat in meine Richtung als mir es in meiner demoralisierten Gemütsverfassung umgekehrt möglich war und erzählte in großen Schüben die Geschichte, die sie im Tourismusbüro erfahren hatte. „Ich weiß wo es Kondore gibt!" bestärkte sie ihre Erzählung und gab mir zu verstehen, ich solle mich etwas beeilen.

Drei Monate zuvor waren demnach zwanzig Kondore mit Vergiftungserscheinungen vom Himmel gefallen und in einem kollektiven Anfall von Angst und Schrecken in die Tierklinik am Ort eingeliefert worden. Auch die Menschen befanden sich am Rande eines Kollapses. Die Vögel wurden aufgepäppelt und auch die Allgemeinheit erholte sich nach und nach, der Erfolg ließ sie wieder zu Kräften kommen. Zur Stabilisierung des labilen Gefüges legen ab sofort Minenarbeiter des Kupferbergwerks Fleischbrocken aus und erreichten damit, dass sich die Tiere dort jetzt heimisch fühlen. Man müsse nur die Arbeiter vor Ort ansprechen, um Zugang zu erhalten, es sei die einfachste Sache der Welt, ermunterte mich Eva, nachdem sie meinen Drang, mich zu erholen, erkannt hatte.

Mit kleinem Gepäck gingen wir kurze Zeit später zur Bushaltestelle ins Zentrum und fieberten unserer gezielten Beobachtung entgegen, unserem absoluten Herzenswunsch.

Der Bus, der in die Station einfuhr, war mit seinem herunter gekommenen, eingebeulten Äußeren ein regelrechter Schock, doch die unbekümmerte Art, wie die Passagiere einstiegen, ließ uns hoffen, dass er technisch gut in Schuss war. Beim spindeldürren Fahrer, der locker zweimal auf seinem Sitz hätte Platz nehmen können, bezahlte ich die Fahrt, deren Preis ich nicht verstanden hatte. Nachdem er mir kein Rückgeld gegeben hatte, ging ich davon aus, dass er einem Trinkgeld nicht abgeneigt war. Wir nahmen Platz in dem betagten Gefährt und fürchteten augenblicklich um unser Lebensgefühl, denn der Bus war mehr oder weniger ein ausgebeintes Wrack. Aufgerissene Sitzpolster beherrschten das Interieur, deren Metallgerippe sich einem spitz in den Schenkel bohrten. In einer ehemaligen Scheibe steckte ein Stück Karton, zerstörte Netze baumelten an den Rücklehnen herab, dazu der Boden voller Abfall. Der Zustand überlagerte unsere erwartungsvolle Stimmung, wir rechneten mit dem Schlimmsten.

Mit asthmatischer Heiserkeit fuhr der Bus los. In meiner Ängstlichkeit orientierte ich mich an der beruhigenden Gelassenheit der Menschen rings um uns herum. Ich redete mir ein, dass der Fahrer auf dieser Tour jahrelang Erfahrung gesammelt hatte, auch wenn die drakonische Geradlinigkeit, mit der er unterwegs war, der Wagemut, mit dem er die Kurven schnitt, nervenzerreißend war. Mit weißen Knöcheln hielten wir uns krampfhaft am rostigen Sitzgestänge fest und schaukelten gemeinschaftlich hin und her. Bloß kein Gegenverkehr bat ich zum Himmel und keine Engstellen. Brummend übertönte der getriebene Motor unser Stöhnen und zog die schwarzen Abgas-Schwaden eines akuten Raffinerie-Brandes hinter sich her. Zum Glück fuhren wir bergauf, sodass es kein Bremsversagen geben konnte. Mental zerrüttet kamen wir an der Endhaltestelle in Rio Blanco an.

Ein ungemütlich dreinschauender Kontrolleur in Plastik-Warnweste bestieg nun den Bus und steuerte geradewegs auf uns zu. Seiner finsteren Mine nach zu schließen war er mit unserer Anwesenheit nicht einverstanden, was sich auch in der unwirschen Art, wie er nach unseren Ausweisen verlangte, bestätigte. Ein flüchtiger Blick in die Pässe hatte ihm tatsächlich genügt, uns mit zackigem Fingerzeig zur Tür zu verstehen zu geben, dass wir sofort den Bus verlassen müssten. Mir schien, die psychischen Blessuren nahmen Überhand an diesem Tag. Es war kein guter Beginn einer Kondor-Besichtigung, doch die Ankunft war erst mal durch.

Die gelben Markierungen auf dem Asphalt stellten sich uns leider als weitere Hürde in den Weg, die wir ignorant überschritten hatten und deshalb von der nächsten Aufsicht, einer jungen Frau ebenfalls mit Warnkittel, zurück kommandiert wurden. Ihrem jugendlichen Alter entsprechend hätte man von einer gewissen Freundlichkeit ausgehen können, stattdessen lag eine überzogene Strenge in ihrem Gebaren, der man sich auf keinen Fall widersetzen wollte. Dabei gab es hier rein gar nichts zu holen. Außer einer Aufsichtskaserne mit einem Tor überwog an diesem trostlosen Ort schrundiger Asphalt und friedfertige Natur. Von Minenarbeitern war weit und breit nichts zu sehen.

Aussortiert kamen wir uns vor, an dieser geklebten Abschrankung und wussten nicht, wie es weitergehen könnte. In unserer Sommeraufmachung begann es auch noch zu tröpfeln, und als wir nach oben zu den dunklen Wolken schauten, die sich über den Bergen zusammenbrauten, sahen wir fünf Stecknadel große schwarze Punkte, die über dem Gebirgsmassiv kreisten. „Kondore!" schrie Eva in ihrem Überschwang. Erwartungsvoll wie wir waren, mussten das auf jeden Fall Kondore sein. Sie waren jedoch so verschwindend klein, dass mir der Gewinn, gerechnet zum Ärger, den man uns hier bereitete, erschreckend dürftig vorkam. Es blieb uns keine Wahl, als den Rückweg anzutreten. Womöglich war es gut, nicht in eine trostlose, vernarbte Bergbau-Landschaft geblickt zu haben, vordergründig waren wir jedoch tief enttäuscht.

Das Tor zum Minengelände öffnete sich, nachdem wir längere Zeit gewartet hatten, und derselbe Bus fuhr vor. Der erneute Anblick dieses kaputten Gefährts mit dem bedenkenlosen Fahrer schlug uns mächtig aufs Gemüt und doch war es die einzige Möglichkeit von hier wegzukommen, es sei denn, wir wollten auf dem Teer übernachten. Eva bezahlte beim ausgemergelten Fahrer - diesmal nur den halben Preis -, den er anstandslos akzeptierte.

Auf der Rückfahrt sortierten wir uns ins unmittelbare Milieu an frisch geduschten Minen-Arbeitern ein, die nach der Schicht gutgelaunt heimfuhren. Wir fielen auf in unserer bunten Erscheinung und stachelten womöglich ihr aufgedrehtes Lachen, Schwatzten und Grölen noch zusätzlich an, die Betriebsausflug-Atmosphäre, die sie verbreiteten. Es blieb uns nicht verborgen, dass über uns gesprochen und getuschelt wurde, doch dann gab es eine Reaktion, die mich total verblüffte.

Ein junger Arbeiter hatte sich plötzlich zu mir umgedreht und mir lächelnd eine Orange hingehalten. Während ich die Orange anstarrte, begann es wild in meinem Kopf zu arbeiten. Durch mein angespanntes Gefühlsleben kam mir allen Ernstes der Gedanke, dass ich gerade dieselbe Orange zurückbekam, die man mir bei meiner Ankunft in Santiago mit großem Tamtam abgenommen hatte – über verwandtschaftliche Beziehungen oder so ähnlich. Für mich war es ein magischer Moment, ein Symbol der besonderen Art, meine Orangen-Akte konnte geschlossen werden.

Durch dieses Geschenk gewann ich an innerer Ausgeglichenheit, an heiterer Gelassenheit, mit der ich die Schrecken der Abfahrt einigermaßen abfedern konnte, während Eva mehrmals ein Stoßgebet gen Himmel stieß. „Busunglück in Chile mit deutschen Urlaubern!" frotzelte ich spöttisch, als der Bus in leichtfertiger Beliebigkeit die steile Straße hinunter raste. Nur den äußerst seltenen Bremsmanövern war es wahrscheinlich zu verdanken, dass die Anlage nicht kollabierte.

Es klang nach Musik, als sich die Tür des ruinierten Busses in Los Andes mit einem Zischen öffnete und wir uns zurück auf das gewohnte Terrain des Gehwegs begaben. Selten hatte uns der Boden unter den Füßen ein solches Maß an Sicherheit vermittelt, wie in diesem Augenblick, als wir mit weichen Knien davongingen.

Gerettet wurde der Tag durch ein Fest im Stadtpark, wo eine fröhliche Kindergruppe in sonnengelben Shirts und der Aufschrift „Simlora" vor dem mit Fahnen geschmückten Pavillon zu Musikklängen tanzte. Verträumt schaute ich den Kindern eine Zeitlang zu, wie erfrischend unbekümmert sie ihre eingeübten Schrittfolgen vorführten. Die Tanzeinlage verdrängte das Erlebte, Ärger und Missstimmung verflogen und machten freudiger Leichtigkeit Platz. Ich sog die Vorführung förmlich in mich auf, doch plötzlich bemerkte ich, dass tief in mir drin ein schlimmes Gefühl zu toben begann – Hunger.

Auf dem Weg zum Hotel kamen wir durch eine belebte Einkaufsstraße, wo uns der Anblick eines Schaufensters mit blank gerupften, rohen Hühnern sehr irritierte, denn es war noch immer glühend heiß in der Stadt. Eine Seitenstraße weiter entdeckten wir ein Miniatur-Fahrradgeschäft mit geöffneter Tür, die uns geradezu einlud, einen kurzen Besuch abzustatten.

Der Ladenbesitzer saß auf seinem kleinen Drehhocker und reparierte ein rosafarbiges Kinderrad. Einen Montageständer gab es nicht, dafür Kleinteile auf dem Boden verstreut, als wären ihm fünf volle Schubladen ausgekippt. Das Sortiment aus Schrauben, Muttern, Ventilen, abgezwickten Drähten usw. schien jedoch zu seiner Arbeitsweise zu gehören, denn er wirkte sehr entspannt und nichts deutete darauf hin, dass ihm ein Malheur passiert wäre. Seelenruhig fischte er eine Mutter vom Boden und drehte sie fest. Am meisten staunten wir aber über eine Carbon-Triathlon-Maschine allerneuester Generation, die an der Wand hing. Eine unglaubliche Spannung erfüllte diesen kleinen Laden, in dem es keine Grenzen zwischen Trödel und Luxus gab. Für heute hatten wir genug gesehen und spät war es inzwischen auch geworden.

Zwei erfüllte Wünsche

In Los Andes hielten wir uns am längsten auf, was die Annehmlichkeit mit sich brachte, den Tagen wieder eine feste Ordnung zu geben. Nachts schliefen wir im selben Bett und zu unserer eigenen Überraschung besuchten wir abends immer dasselbe Restaurant. Wir hatten gut daran getan, den Tipp der Hoteliers zu befolgen und der Pizzeria in fünf Gehminuten Entfernung einen Besuch abzustatten. Sie wurde zu unserem Stamm-Lokal und wir hatten auch gleich unseren Lieblingskellner ausgemacht, einen jungen, schlaksigen Lockenkopf, der uns in seiner natürlichen Eleganz und freundlichen Höflichkeit sehr gefiel. Es muss ihm mit uns ganz ähnlich ergangen sein, denn er steuerte immer strahlend auf uns zu, sobald er uns entdeckt hatte. Ein gegenseitiges, unausgesprochenes Einverständnis schwang an diesen Abenden mit, wir fühlten uns sehr wohl.

Unserer Alltags-Neugier entsprechend wählten wir stets einen strategisch günstigen Tisch, in gewisser Weise einen Beobachtungsstand, der es uns ermöglichte, den Gästen mit ihren Gewohnheiten zuzuschauen. Viele Familien kamen mit kleinen Kindern zum Essen und genossen ein erholsames Erlebnis, da Kinder sehr willkommen waren. Zum unbeschwerten Abend trug die Gelassenheit bei, mit der man ihnen begegnete.

Wir aßen ausschließlich Lasagne, Pizza und Salat und dennoch entwickelte sich das angenehme Gefühl, unseren Essgewohnheiten wieder ein deutliches Stück näher gekommen zu sein. Wir freuten uns auf diesen rituellen Ausklang eines jeden Tages.

Am Nachbartisch saß eines Abends ein etwa 5jähriger Junge mit seinen Großeltern beim Suchspiel, wie ich es nannte. Die Aufgabe könnte gelautet haben: finde Eiskugeln und Bananenstücke unter einem großen Berg aus Sahne. Der Eisbecher, den man ihm servierte, war ein Schiff in Weiß und kleinen Gebäckröllchen oben drauf, wahrscheinlich ein Bananensplitt. Mutig machte er sich mit funkelnden Augen und dem langen Löffel am viel zu hohen Tisch an die große Arbeit und begann ganz vorsichtig die oberen Spitzen des weißen Gebirges abzutragen. Eifrig schob er sich Löffel um Löffel in den Mund. Mit vollen Backen schaufelte und grub er immer weiter, wurde mit der Zeit aber merklich langsamer und sackte schließlich erschöpft vor dem Ungetüm, das so gar nicht weniger werden wollte, in sich zusammen. An der Motivation hatte es bestimmt nicht gelegen, dass er vorzeitig kapitulierte. Die Großeltern reagierten auch nicht ärgerlich oder enttäuscht, ein verständnisvolles Nicken gab ihm schließlich das befreiende Signal, das Spiel zu beenden. Es war nur schade, dachte ich, dass er zum Eis noch gar nicht vorgestoßen war. Vielleicht wären drei Kugeln Eis doch die bessere Variante gewesen.

Am heutigen Tag der zwei Fiaskos sprachen wir beim Abendessen aus, was uns beide innerlich umtrieb: der Paso de Libertadores. Er sollte ein Highlight unserer Reise werden, und nun war er in unendliche Ferne gerückt, denn mit dem Fahrrad würden wir ihn nicht mehr erklimmen. Es gibt Dinge, die müssen einfach zu Ende gebracht werden, sollen sie nicht negativ in Erinnerung bleiben und dieser Pass gehörte zweifelsfrei dazu. Kurzzeitig hatten wir deshalb überlegt, uns ein Taxi zu nehmen. Die Idee war uns gekommen, als wir beobachtet hatten, wie viele Hausfrauen sich mit ihrem Einkauf nach Hause fahren ließen, und hatten daraus geschlossen, dass Taxifahren nicht die Welt kosten würde. Das mag auch zutreffen, jedoch nicht für Touristen, uns hätte die Hin- und Rückfahrt Einhundert Euro gekostet, ohne Pause auf dem Pass. Unter diesem Aspekt verwarfen wir den Plan und dachten stattdessen darüber nach, ein Auto zu mieten.

Nachdem der morgendliche Formationstanz von Brötchen, gebratenen Eiern und anregendem Heißgetränk zu Ende war, fragte ich in die heitere Frühstückstimmung, ob es denn möglich wäre, uns beim Mieten eines Autos behilflich zu sein. Wir hegten die Hoffnung, dadurch nicht unnötig über die Ohren gehauen zu werden und kein Schrottauto zu erhalten. Der frühe Elan trieb den Juniorchef freudig an, umgehend setzte er sich an den Laptop und fand auch gleich zwei PKW-Vermietungen. Schon beim ersten Telefonat hatte er zu seiner Freude einen früheren Schulkameraden in der Leitung, was uns zu dem wunderbaren Angebot von 40 Euro Miete ohne Kaution verhalf.

Dass wir vom Vater des Unternehmers direkt zum Autoverleih gefahren wurden, gehörte sicherlich mit zum Posten „Schulfreundschaft".

In der offenen Garage, vor der wir ausstiegen, hätte ich Autos, Motorräder, vielleicht Reifen oder eine Werkbank erwartet. Tatsächlich lehnten Gewehre an den Wänden. An einem Haken hingen farbverschmierte Schutzanzüge und auf einem Brett lag ein fleckiger Helm. Ich vermutete, dass den Schießübungen „Paintball" zugrunde lag, eine Sportart, die ihren Ursprung im Markieren von Rindern hat.

Mit festem Händedruck bat uns der stämmige Mann in sein 2x3 Meter großes Büro, das aus einer an der Wand verschraubten, halbkreisförmigen Tischplatte bestand mit großem Bildschirm darauf, zwei Bücher-Regalbrettern darüber und drei Stühlen vorne dran.

Es wurde formal, wie mir schien und das war ein Problem. Die Verständigung war zunächst gar nicht möglich, denn sein flutendes Spanisch und die fremden Begriffe, mit denen er uns die Vertragsmodalitäten erklärte, überrannten uns, und auf Englisch wollte er sich in dieser heiklen Angelegenheit nicht mit uns unterhalten. Stattdessen rief er nach kurzem Nachdenken ein Übersetzungsprogramm auf, mit dem wir nun kommunizierten. Hatte er etwas geschrieben, drehte er den Bildschirm zu uns hin und wartete fragend, während wir aus den eigenartig auf Deutsch übersetzten Sätzen versuchten, Sinn und Inhalt zu verstehen. Die unzusammenhängende Aneinanderreihung deutscher Vokabeln trotzte uns anfangs viel Gedankenarbeit ab, amüsierte uns aber mehr und mehr. Langsam kamen wir schreibend unseren Vorstellungen näher, ich unterzeichnete den Vertrag. Als wichtigstes merkte ich mir, dass wir mit dem Leihwagen auf keinen Fall nach Argentinien fahren dürfen und dass es verboten ist, tote Hunde von der Straße aufzusammeln.

Eva übernahm das Steuer des weißen Kleinwagens und fuhr direkt ins Aconcagua Tal hinein, doch nur kurz, denn noch vor dem „Saldo de Soldado" überkam sie plötzlich das belastende Gefühl, Steilheit, Straßenführung und Straßenbreite seien nichts für sie. Es war genau an der Stelle, wo die Straße am schmälsten, der Abgrund am nächsten und das Aussteigen am schwierigsten war. Zaghaft öffnete ich die Tür und blickte ins senkrechte Nichts. Es war die reinste Unvernunft, hier auszusteigen und doch ging der Tanz am Abgrund mit seiner magischen Anziehungskraft gut aus.

Die Bahn-Trasse über die Anden verläuft auf ehemaligem Maultierpfad und erforderte unzählige Sprengungen. Tunnel mussten durch Felsen gebohrt und Brücken über Schluchten und Flüsse gebaut werden. Vom Auto aus war es kaum möglich, den Schienenverlauf zu verfolgen. Grasüberwuchert zog sich das dünne Band hoch droben am schroffen Abhang als kleine Kante durch die Bergwand, als dünne Rille im Fels, und war manchmal nur an durchbrochenen Tunnelwänden zu erkennen. War ein Abschnitt besonders steil, verloren sich die Gleise in langen Schleifen im Gelände und manchmal verschwanden sie auch einfach.

Wir kamen nur unmerklich weiter, als ich es mit dem Fahrrad geschafft hatte, denn wir fuhren auf einen Stau auf. Unvermittelt wurden wir Teil eines skurrilen Bildes, einer bunten Blechlawine inmitten eines faden, reizlosen Gebirgsstocks. Vor uns legte sich ein Autofahrer in seinen mitgebrachten Liegestuhl und verströmte chilenische Entspanntheit, während wir enttäuscht am belanglosen Gerinne des Rio Juncal zwischen kahlen Bergflanken saßen und die Autofenster herunterkurbelten. Die Wolkendecke verdichtete sich zusehends, wir rechneten mit Regen.

Unwillig starrten wir auf die bröseligen Hänge, als Eva plötzlich zwei Vögel entdeckte. „Kondore" brüllte sie mir ins Ohr, was meinen Blick unverzüglich schärfte und tatsächlich sah auch ich zwei schwebende, schwarze Bögen, die ohne jeglichen Flügelschlag durch die Luft glitten. Gemächlich kreisten sie kaum sichtbar über dem dunklen Felssturz und nützten die thermischen Aufwinde, um wieder an Höhe zu gewinnen. Gebannt verfolgten wir ihren Flug und hofften inständig, dass sie näherkommen würden. Der Stau war zum Freund geworden, die Zeit zur Nebensache. Ich weiß nicht mehr, wie lange wir dort standen, jedoch lange genug, um zu erleben, wie sie auf einmal ihre Richtung änderten und in einem großen Abwärtsbogen auf uns zu schwebten. Sie kamen näher, wurden größer, wir zählten sieben abgespreizte Flügelspitzen und sahen deutlich ihre weiße Flügeldecke und die markante Halskrause. Es war ein überwältigendes Erlebnis, für uns ein kleines Wunder.

Startende Motoren rissen uns aus unserem versunkenen Staunen, im geschlossenen Verband zuckelten wir den Asphalt entlang. Ich konnte den Schluss-Akkord der Straße kaum erwarten, das spektakuläre Kurvengewirr. Als wir an einem See vorbeikamen und die Straße Richtung Norden schwenkte, erblickte ich die Rampe. Ein kegelförmiger Schutthang mit einem gewundenen Schnürsenkel obendrauf, ein Serpentinenband, auf dem die Lastwagen als kleine Spielzeugautos hochkrochen und wir hinterher. Knapp 700 Höhenmeter werden auf diesem Steilstück überwunden und ich stellte mich als verlorene Radfahrerin in diesem rußigen Gewühle vor. An jeder Kurve steckte eine Nummer, 29 insgesamt.

Als wir den Scheitel erreicht hatten, parkte ich das Auto in einer Bucht an der Straße und schon beim Aussteigen bemerkte ich, wie dünn die Luft auf über 3000 Meter war.

Wir stiegen auf einen schrundigen, erdbraunen Sedimenthügel und hielten inne. Von hier aus hatten wir einen atemberaubenden Blick auf die schroffen Berge und verinnerlichten die überwältigende Andenlandschaft mit ihren besonderen Farben und Formen, die so ganz anders als die der Alpen sind. Dunkel, steil und unheimlich wild, eine kolossale Gebirgskette, die sich vor uns ausbreitete, ein Amphitheater aus schroffen, gezackten Gesteins-Türmen, ohne jegliche Spur von Milde. Hier waren wir den gewaltigen Bergen am nächsten. Immer wieder brach ein Stück Geröll ab und donnerte mit grauer Staubwolke polternd ins Tal. Es waren beängstigende Momente. Druck und Einsamkeit waren fast unerträglich, als Eva den Anblick unterbrach und sagte „ich freu mich auf Zuhause". Dabei kramte sie unruhig in der Jackentasche nach ihrem Handy.

Düstere Wolkenformationen schoben wie Schlachtschiffe über den Himmel und verstärkten das hochandine Gefühl. Jederzeit konnte sich ein Unwetter zusammenbrauen, aber noch gab sich die Sonne nicht geschlagen. Wie mit einem Sägeblatt schnitt sie hier und da ein

Loch in die Wolken und zauberte mit kantigen, leuchtenden Kegeln punktuelle Lichtflecken auf die Hänge. Als mir Eva das Display ihres Handys unter die Nase hielt, blendete mich die Sonne und ich sah nur schemenhaft etwas Weißes. „Hannes-Brunhilde" lachte sie in einem Anfall von Nostalgie.

Der Wind peitschte uns kalte Böen ins Gesicht und zerrte an Jacken und Hosen. Krumm gebeugt kehrten wir zum Auto zurück, ein zufriedenes Lächeln auf den Lippen. Auf der Rückfahrt redeten wir kaum. In uns tobte der Abschied.

Epilog

„Beim Rückflug könnte es Probleme mit dem Sperrgepäck geben" wiederholte sich der Satz in meinem Kopf, als die Angestellte unsere Räder an der Gepäckabfertigung strikt verweigerte. Eine Verpackung sollten wir uns besorgen, Kartons oder ähnliches, hatte sie gemeint und sich dann dem nächsten Passagier zugewandt.

Zehn anstrengende Minuten lang hielten wir Ausschau nach einer Hülle und waren gleichzeitig damit beschäftigt, unsere Kreislaufwerte in Schach zu halten. Auch wenn wir inzwischen auf einen gewissen Erfahrungsschatz an Unwägbarkeiten zurückgreifen konnten, hatten wir in dieser Situation Puls und zwar richtig.

Ein freundlicher, älterer Herr erkannte unsere Notlage und machte uns auf die „SecureBag"-Station aufmerksam, die mitten in der Schalterhalle stand. Die Wickel-Maschine war mir bis jetzt noch gar nicht aufgefallen, an der Reisende ihre Koffer und Taschen mit neongelber Folie zu einem Einheitslook einbinden ließen. Unter der Tarnhaube sahen die Gepäckstücke plötzlich alle gleich aus, und ich fragte mich, ob dies womöglich der Grund für häufige Gepäck-Verwechslungen war. Räder ließ niemand foliieren, wir konnten es uns auch gar nicht vorstellen.

Der ernstere der beiden Maschinen-Männer, schaute uns fragend an als wir mit unserem Sperrgepäck dastanden und gab uns dann nach einer Gedankenpause mit klarer Geste zu verstehen, dass wir die Laufräder ausbauen und am Rahmen fixieren müssten. Das war nun ein weiteres Problem, denn zum Festbinden hatten wir nichts dabei. Wir gaben den Dreiteiler lose auf, auch wenn sich alles in mir sträubte, ein Rad mit freihängendem Schaltwerk im allgemeinen Gepäckmischmasch zu transportieren.

Einwickeln von Rädern gehörte nicht zum Alltag der Männer, wie sich schnell zeigte, mit ihnen hatten sie keine Übung. In bewährter Methodik stellten sie den wackeligen Dreierpacken auf den Kreisel, von wo er umgehend wieder herab rutschte, kaum dass der Knopf an der Maschine gedrückt war. Viel zu schnell legte der Teller los und der

Zug der Folie war auch zu straff. Mehrmals wiederholten sie den Versuch, scheiterten aber jedes Mal. Es war, als müsste man Ameisen in Geschenkpapier einwickeln und das noch vor wachsendem Publikum, denn inzwischen hatte sich eine Schlange ungeduldiger Menschen gebildet. Verständlich, dass die Männer nervös, fahrig und grimmig wurden.

Mit hochrotem Kopf gaben sie schließlich ihre Gewohnheit auf. Es fasziniert immer wieder, wie in prekären Situationen Geistesblitze zünden, so auch hier. In einem lichten Moment ergriff einer der Verpacker plötzlich die gelbe Hülle und lief mit dem Streifen unter Zug angestrengt davon, quer durch die Halle. Der zweite folgte mit Evas Radteilen, drückte sie in die Folie, um dann gemeinsam unter andauerndem Wickeln wieder zur Maschine zurück zu kommen. Zum Schluss legten sie Eva ihr UFO ähnliches Gebilde vor die Füße und wanden sich Pudu zu.

Nun benahmen sie sich wie gewiefte Rad-Verpackungs-Profis. Mit geradezu überschießendem Selbstbewusstsein marschierte der jüngere der beiden mit weit ausholendem Schritt und der Folie unterm Arm quer durch die Schalterhalle, bestimmt fünf Schritte weiter als zuvor, bevor der zweite mit meinem Mountainbike folgte. Spätestens jetzt waren sich die beiden der Zuschauerblicke sicher, als sich auch der letzte Passagier angesprochen fühlte, zum gelben Band zu schauen. Selbst das Personal an den Schaltern war auf die beiden aufmerksam geworden und ließ sich vom spektakulären Gehabe ablenken. Und wieder mal ging es um mich.

Wir checkten ein, hoben ab und plötzlich war alles Vergangenheit. Das Gefühl, eine außergewöhnliche Reise erlebt zu haben, kam von ganz alleine.

9 783752 625301